dtv

D. Vollmers zum 75.

Mit dem Attentat auf Adolf Hitler am 20. Juli 1944 wird vor allem der Name Stauffenberg verbunden. Viele andere der damals beteiligten Widerständler haben dagegen bis heute nicht die ihnen gebührende Aufmerksamkeit erfahren. Doch ohne ihren Einsatz wären die Planung und der Versuch des Attentats nicht möglich gewesen. Die meisten wurden nach dem 20. Juli zum Tode verurteilt und hingerichtet. In zehn Porträts stellen Antje Vollmer und Lars-Broder Keil einige von ihnen vor und beschreiben ihr Handeln, ihre Beweggründe und das Schicksal der Angehörigen. Interviews mit den inzwischen verstorbenen Zeitzeugen Richard von Weizsäcker und Ewald-Heinrich von Kleist eröffnen sehr anschauliche und persönliche Einblicke in das damalige Geschehen.

Antje Vollmer, Theologin und Politikerin und Autorin, war viele Jahre Bundestagsabgeordnete für Bündnis90/Die Grünen und 1994–2005 Bundestagsvizepräsidentin. Veröffentlichung u.a.: ›Doppelleben. Heinrich und Gottliebe von Lehndorff im Widerstand gegen Hitler und Ribbentrop‹.
Lars-Broder Keil ist Redakteur im Ressort Innenpolitik der ›Welt‹-Gruppe. Veröffentlichung u.a.: ›Mord an der Mauer. Der Fall Peter Fechter‹ (mit Sven Felix Kellerhoff).

ANTJE VOLLMER
LARS-BRODER KEIL

Stauffenbergs Gefährten

Das Schicksal der
unbekannten Verschwörer

Deutscher Taschenbuch Verlag

Ausführliche Informationen über
unsere Autoren und Bücher
finden Sie auf unserer Website
www.dtv.de

Ungekürzte Ausgabe 2015
Deutscher Taschenbuch Verlag GmbH & Co.KG, München
Lizenzausgabe mit freundlicher Genehmigung des Carl Hanser Verlags
© Hanser Berlin im Carl Hanser Verlag München 2013
Das Werk ist urheberrechtlich geschützt.
Sämtliche, auch auszugsweise Verwertungen bleiben vorbehalten.
Umschlagkonzept: Balk & Brumshagen
Umschlaggestaltung nach einem Entwurf von Peter-Andreas Hassiepen,
München, unter Verwendung des Fotos ›Friedrich Karl Klausing‹
von Peter Kraske/Antje Vollmer
Satz: Greiner & Reichel, Köln
Druck und Bindung: Druckerei C.H.Beck, Nördlingen
Gedruckt auf säurefreiem, chlorfrei gebleichtem Papier
Printed in Germany · ISBN 978-3-423-34859-1

Für Sandra und Johann Joß

Inhalt

Vorwort

Ein junger Mann allein im Gebirge, vor sich eine eisige weite Fläche und einen schwer zu erreichenden Gipfel – so sehen wir ihn auf einem Sepia-Foto aus den vierziger Jahren des letzten Jahrhunderts. Der da sitzt, den Arm leicht auf dem Knie abgestützt, ist entspannt und angespannt zugleich. Er wartet auf etwas, er denkt nach, er macht eine Pause.

Konkret ist es der Offizier Friedrich Karl Klausing, der sich während einer Winterkampfübung seines Ausbildungslehrgangs auf der Trögel-Hütte in der Nähe von Garmisch-Patenkirchen befand. Aber dieser Moment der Einsamkeit und des konzentrierten Wartens trifft auf fast alle Personen zu, die wir in diesem Buch porträtieren. Es sind zehn Personen aus dem Kreis oder dem Umfeld jener Verschwörer, die einen Staatsstreich zur Entmachtung des NS-Regimes planten, der mit dem Attentat auf Hitler am 20. Juli 1944 beginnen sollte. Alles, was sie planten und taten, war durch einsame Entscheidungen und unsichere Erfolgsaussichten gekennzeichnet.

Wer damals bereit war, gegen den Strom seiner Zeit zu stehen und sein Leben aufs Spiel zu setzen, »war zur Einsamkeit im eigenen Volk verurteilt«, betonte der frühere polnische Botschafter Janusz Reiter am 20. Juli 2012 in seiner Gedenkrede im Ehrenhof der Gedenkstätte Deutscher Widerstand in Berlin. Tatsächlich verkörperten die hier Porträtierten mit ihrem Vorhaben nicht den Willen ihres Volkes, sie konnten, selbst bei Gelingen, nicht einmal auf Zustimmung rechnen. Sie wurden nicht vom Ausland gestützt und ermutigt. Sie waren allein.

Zwar gab es unter ihnen ein teilweise erstaunliches Netzwerk von familiären, berufsbezogenen, freundschaftlichen Verbindungen, die wir in vielen der Porträts auch nachzeichnen können. Wer hinzukam, wurde in der Regel von einem Freund, Vorgesetzten, Verwandten oder Nachbarn angesprochen. Wer aber zusagte, riskierte viel, nicht nur für sich selbst, sondern auch für sein gesamtes soziales Umfeld. Die meisten derjenigen, die wir hier vorstellen, sind den heutigen Zeitgenossen kaum bekannt. Damit geht es ihnen so wie circa 180 Personen allein aus dem Kreis des militärischen Widerstands, die zwischen dem 20. Juli 1944 und dem 8. Mai 1945 hingerichtet wurden – einige starben durch Selbstmord, um nicht unter der Folter in die Gefahr zu geraten, andere Mitverschwörer zu verraten. Wir haben zehn ausgewählt, doch auch die anderen verdienten das Interesse nachfolgender Generationen und sind es wert, nicht vergessen zu werden. Ihr persönlicher Anteil am Staatsstreich war höchst unterschiedlich. Einige standen im Zentrum der militärischen Umsturzplanungen, andere knüpften Kontakte zur zivilen Opposition. Was sie einte, waren die Gegnerschaft zum NS-Regime und der Wille, etwas zu tun. Das Interesse am Schicksal dieser Gruppe aber war immer merkwürdig gering. Als Vorbild schien sie nicht geeignet. Sei es, weil so viele aus diesem Kreis Militärs waren, denen man nicht traute; sei es, weil einige – keineswegs alle – früher selbst Anhänger des Nationalsozialismus gewesen waren, deren Geschichte mehr als zweifelhaft erschien; sei es, weil etliche Adlige darunter waren, mit denen man sich auch schwer identifizieren konnte. In der frühen Bundesrepublik spielte eine Rolle, dass der moralische Druck eines »anderen Deutschlands« in einem Volk von Schuldigen, Mitläufern oder doch von Menschen, die weniger gewagt hatten, als störend und unangenehm empfunden wurde.

Nicht zuletzt hatte das Misslingen des Attentats zusätzlich bittere Folgen für das Ansehen der Akteure im Nachhinein. Wer an so einem historischen Wendepunkt verliert, scheitert doppelt: Er scheitert in der Wirklichkeit, und er verliert auch den Respekt, dass es überhaupt möglich war, die Tat zu wagen. Auf der politischen Linken konnte schon deswegen wenig Interesse und Mitgefühl erweckt werden, da ja auch die eigenen Opfer in den Konzentrationslagern, vor dem Volksgerichtshof, in früher Verfolgung, in der Emigration und im Exil kaum Gegenstand öffentlicher Trauer waren. In der DDR wurde dieses Erbe der »Opfer des Faschismus« zwar gepflegt, aber der militärische Widerstand wurde doch lange eher auf der Seite der »Täter« verbucht.

Was bei dieser Haltung kollektiver Gleichgültigkeit unter den Tisch fiel, war das Interesse an den einzelnen Personen, ihrer ganz individuellen Geschichte, ihren Zweifeln, Irrtümern, aber auch ihrem unerschrockenen einsamen Mut, viel zu wagen und oft nicht nur das eigene Leben zu riskieren.

Bei einigen der Porträtierten ist es notwendig, falsche historische Einschätzungen zu korrigieren, wie beim Meister seines Metiers, dem Nachrichten-General Fellgiebel. Manchmal ist beeindruckend, wie weit sie sich, um in Stauffenbergs Nähe zu bleiben, von allen familiären Bindungen trennen mussten, wie Klausing, der aus einem Haus überzeugter Nationalsozialisten stammte. Bei anderen ist faszinierend zu beobachten, wie das eigene Erleben der Diktatur aus einem Sympathisanten einen Gegner machte, der seinem Gewissen folgte, wie der Katholik Breidbach-Bürresheim. Man findet unter den Porträtierten ebenso einige, die von Anfang an Gegner dieses Regimes aus Machtmissbrauch und Terror waren und von äußeren Einflüssen unbeeindruckt blieben, wie der Offizier, Landwirt und Mitstreiter in der Bekennenden Kirche, Dohna, oder der Diplomat und liberale Weltbürger Bernstorff. Wiederum andere entwickelten sich zu unverzichtbaren Stützen im Hintergrund, die es braucht, um so einen Staatsstreich zu wagen; dabei beeindruckt besonders die Entschlossenheit der jungen Offiziere Oertzen und Schulze-Büttger. Nicht jeder konnte zu den entscheidenden Aktionen aktiv beitragen, sein Anteil und das Risiko, das er durch sein Wissen und seine Unterstützung einging, waren deshalb nicht geringer, wie das Beispiel Plettenbergs zeigt, der in Königs- und Fürstenhäusern als Verwaltungsexperte diente.

Bei einigen schließlich wird man begreifen, wie schwer es war, einem solchen Verschwörerkreis, der ja auch in die soziale und berufliche Isolation und Perspektivlosigkeit führte, bis zum Ende treu zu bleiben. Keiner verkörperte das stärker als Gisevius, der mit seiner

Darstellung des 20. Juli nach dem Krieg auf fatale Weise das Bild von diesem Ereignis prägte. Fehlen durfte letztlich in dieser von Männern dominierten Gruppe nicht eine der Frauen, deren Anteil an der konspirativen Widerstandtätigkeit ihrer Männer, Väter, Söhne und Freunde häufig unterschätzt wurde. Der Historikerin Elisabeth Raiser, geb. von Weizsäcker, die Margarethe von Oven noch persönlich kannte, danken wir für ihr Porträt dieser ungewöhnlichen Frau aus dem Umfeld des militärischen Widerstands.

Wenn wir den Titel »Stauffenbergs Gefährten« gewählt haben, so wollten wir dabei bewusst nicht ein homogenes Kollektiv zeichnen, das es nicht gab, sondern den historischen Augenblick, in dem sich so viele Individuen aus sehr individuellen Gründen und mit sehr unterschiedlichen Persönlichkeitsstrukturen zusammenfanden, um einen Staatsstreich zu wagen, der dann doch scheiterte.

Alles in allem haben wir bei unserer Suche nach den »vergessenen Widerstandskämpfern« keine Helden gefunden, sondern Menschen. »In Zeiten der totalitären diktatorischen Herrschaft entsprechen menschliche Schicksale nur selten dem Schönheitsideal gotischer Kathedralen«, sagt Janusz Reiter. Aber sie sind Zeugnisse von Menschlichkeit und aufrechtem Gang in unmenschlichen Zeitumständen. Um diese Menschen unter all den historischen Bildern, Urteilen und Vorurteilen wiederzuentdecken, hat uns geholfen, dass ihre Angehörigen und Freunde, Ehefrauen, Kinder und Enkel in erstaunlichem Maße auch Einblick in private Archive gewährt haben: in Briefe, Tagebücher, Dokumente und für die Familie gedruckte Erinnerungen – vieles davon ist bislang unbekannt gewesen. Für dieses Vertrauen sind wir dankbar. Zumal wir in vielen Gesprächen erfahren haben, wie viel von der Isolation und dem Trauma der beteiligten Mitverschworenen auf die Familien überging, die nach dem Verlust ihres Angehörigen keineswegs von gesellschaftlichem Mitgefühl getragen wurden.

Ihre Schilderungen, die in die Porträts mit einflossen, stützen die von uns gewählte Vorgehensweise. Uns ging es weniger um eine Neuschreibung des Staatsstreichversuchs, sondern vielmehr darum, das Handeln der Beteiligten erlebbarer, verständlicher, emotionaler zu zeichnen – ohne dabei das historische Geschehen aus den Augen zu verlieren. Dafür sind Zeitzeugen unverzichtbar, denn schriftliche Quellen aus Zeiten der Diktatur sind immer unvollständig und selten ein präzises Abbild der Gegenwart unter Zensur und Terror. Uns ist bewusst, dass das menschliche Gehirn ein unzuverlässiges Medium ist, was konkrete Abläufe oder korrekte Daten angeht. Es ist aber unübertrefflich, wenn es darum geht, Gefühle zu beschreiben, das Geschehen aus eigener Erinnerung zu schildern, zu erklären, warum man sich an diese oder jene Begebenheit besonders nachhaltig erinnert. Zeitzeugen bringen nicht nur Lebendigkeit in eine Geschichte, sondern füllen ganz wesentlich Lücken aus, die Dokumente, Fotos und Aktennotizen nicht füllen können.

Der Freitod Plettenbergs vor der ihm angedrohten Folter wäre aufgrund der Überlieferungen gut zu beschreiben. Aber wie die Nachricht von seinem Tod und die späteren Erklärungsversuche der Mutter auf ihre Kinder gewirkt haben, können nur diese sagen. Über die besondere Rolle, die Volksgerichtspräsident Roland Freisler im ersten Prozess gegen die Mitverschworenen für Klausing vorgesehen hatte, liegen ausreichende Schilderungen vor. Aber wie der junge Offizier als Mensch auf seine Freunde gewirkt hat und was diese an ihm schätzten, können nur sie mitteilen. Welche Aufgabe Oertzen am 20. Juli 1944 in Berlin beim Staatsstreich übernommen hatte, ist in den Unterlagen gründlich aufgearbeitet. Wie seine Frau die letzten Tage und Stunden mit ihm in der Reichshauptstadt empfunden hat und die Zeit der Ächtung in den Wochen und Monaten danach, kann jedoch nur sie beschreiben.

1969 hielt der Schriftsteller Carl Zuckmayer die Rede zur Gedenkfeier des 20. Juli. Wie Janusz Reiter griff auch er das Bild der Einsamkeit auf, um das Dilemma jedes Einzelnen im Widerstand zu beschreiben. »Für die, welche viele Jahre lang anders dachten und schweigen mussten, gab es eine Einsamkeit, die kaum zu ermessen ist«, formulierte Zuckmayer. Zwar seien aus diesem Gefühl, in das »jeder Andersdenkende einer großen Menge gegenüber verstoßen ist und das Denken und Handeln zu lähmen droht«, wunderbare Verbindungen und Gemeinschaften erwachsen – letztlich aber sei auch das Attentat auf Hitler eine einsame Tat geblieben. »Es ist leicht«, so der Schriftsteller, »am Mißlingen dieses Aufstands Kritik zu üben, seine vielfache Verspätung, seine ungenügende Vorbereitung und Absicherung zu bemängeln. Aber wer, der lebt, könnte von sich sagen, daß er unter gleichen Umständen den gleichen Mut und die gleiche Haltung aufgebracht hätte?«

Wir, die beiden Autoren, haben uns seit Jahren mit dem Widerstand im Nationalsozialismus beschäftigt. Wir haben über dieses Thema publiziert, Vorträge und Lesungen gehalten und uns darüber kennengelernt. In den gemeinsamen Gesprächen entstand die Idee, wenigstens zehn der bisher kaum bekannten oder missverstandenen Widerstandskämpfer – unser Arbeitstitel hieß »Die zehn Gerechten« – zu mehr Anerkennung und Aufmerksamkeit zu verhelfen. Die Auswahl der Porträts haben wir gemeinsam getroffen, die historischen Recherchen gegenseitig ergänzt, die meisten Familien zusammen besucht und die Interviews mit den so wichtigen Zeitzeugen Richard von Weizsäcker (der viele der Verschwörer persönlich kannte) und Ewald-Heinrich von Kleist (dem allerletzten Überlebenden der Aktionen im Bendlerblock am 20. Juli 1944) gemeinsam geführt. Einzig die Ausformulierung der einzelnen Porträts haben wir unter uns aufgeteilt, wir betrachten sie aber als Ergebnis einer gemeinsamen Arbeit.

Berlin, Januar 2013

Antje Vollmer
Lars-Broder Keil

Richard von Weizsäcker (1920–2015) über seine Begegnungen mit Beteiligten am militärischen Widerstand

»Diese völlig unsinnigen Befehle, dieser tägliche Wahnsinn«

Sie haben im Infanterie-Regiment 9 aus Potsdam gedient, aus dem viele spätere Widerstandskämpfer kamen. Wen kannten Sie persönlich aus diesem Kreis?

Ich habe aus dem Kreis des Widerstands vor allem mit meinem ältesten Freund Axel von dem Bussche zu tun gehabt, und zwar in meinem Truppenteil an der Front. Dort habe ich auch Friedrich Karl Klausing kennengelernt. Er war zwar in meinem Alter. Aber Klausing war aktiver Offiziersanwärter, ich war nichts anderes als Wehrdienstleistender. Später wurde ich Reserveoffizier und war im Regiment sogenannter Regimentsadjutant. Ich hatte die Neuankömmlinge in Empfang zu nehmen und auf die jeweiligen Truppen zu verteilen. Dort waren wir ein Kreis von Leuten, die sich ab und zu zusammensetzten und sich Gedanken darüber machten, was wir uns eigentlich dabei dächten, die unsinnigen Befehle, die wir von oben bekamen, unsererseits nach vorne weiterzugeben. In erster Linie waren das neben Axel von dem Bussche die aktiven Offiziere Hans Albrecht Bronsart von Schellendorff und Klausing. Ich habe die letzten beiden also erst an der Front kennengelernt.

Wie war Ihr Verhältnis zueinander?

Als wir uns einmal wieder unterhalten hatten über die unsinnigen Befehle, saßen wir in einem Bauernhaus in einem Dorf zusammen, in dem der Kommandeur residierte, und da hing ein Hitlerbild an der Wand. Bronsart, der Spontanste von uns allen, zog seine Pistole und schoss auf das Bild. Daraufhin habe ich gesagt: »Wir ziehen jetzt alle unsere Pistole und schießen auch.« Das haben Klausing, Axel und ich dann auch getan. Es war wichtig, dass alle beteiligt waren. Das war aber keine große Heldentat. Dann haben wir nüchtern überlegt, dass es besser wäre, das Bild abzuhängen, bevor der Kommandeur wiederkommt, und ihm zu sagen, das Bild sei beschädigt worden.

Das Zentrum unserer Gespräche, der, der alle überragte, war immer Axel von dem Bussche. Er hatte einmal ein Kommando im rückwärtigen Heeresgebiet. Dort hat er mit eigenen Augen gesehen, wie jüdische Gefangene eine Grube ausgraben und sich hineinlegen mussten und dann erschossen wurden. Das waren keine gefangenen Soldaten, das waren Bewohner einer Stadt. Mit diesen Eindrücken kam er zurück zum Regiment und erzählte mir das.

Axel von dem Bussche wurde am 5. Oktober 1942 Augenzeuge der Exekution von mehreren Tausend Juden auf dem Flugplatz Dubno in der Ukraine durch ukrainische und deutsche SS-Leute. Die »Aktion« sei, wie ihm ein Offizier erklärte, vom »Führer« befohlen worden.

An welche Offiziere können Sie sich noch erinnern?
An Fritz von der Schulenburg. Er kam als Reserveoffizier zu uns ins Regiment. Der war auch so ein Original. Einmal lag Axel irgendwo auf der Erde und ruhte sich aus, Fritz setzte seinen Fuß auf ihn drauf und sagte scherzhaft: »Ich trete auf den niederen Adel.« Das war frech, denn Schulenburg war im Dienstgrad unter Bussche. Aber er war auch eine Autorität und ein enger Gesprächspartner. Als dann die Attentatspläne Gestalt annahmen und Stauffenberg und Tresckow einen an der Front bewährten jungen Offizier suchten, der neue Uniformen bei Hitler vorführen und diesen dabei umklammern und mit einer Bombe in die Luft sprengen sollte, hat Schulenburg Axel von dem Bussche vorgeschlagen. Er kannte dessen kritische Einstellung und Eindrücke vom Geschehen hinter der Front. Er traute ihm auch die nötige Entschlossenheit zu.

Die Vorführung der Uniformen sollte im November 1943 stattfinden. Ein durch Schulenburg vermitteltes Vorgespräch mit Stauffenberg fand in Berlin statt. Bussche war zum Attentat bereit und hielt sich zu diesem Zweck einige Tage – versehen mit einem Verwen-

dungsschreiben, das Weizsäcker unterschrieben hatte – in der Nähe
der »Wolfschanze« auf. Da aber der Zug mit den Probeuniformen
durch alliierte Bomber zerstört wurde, fiel die Vorführung bei Hitler
aus und wurde auf Anfang 1944 verschoben. Bussche musste zurück
an die Front.

Wie sahen die Gespräche mit den anderen aus?
Sie müssen sich das nicht so vorstellen, dass wir uns täglich zum Tee
getroffen haben. Die gemeinsamen Treffen unter Freunden waren
schon selten. Es ging aber darum, dass wir, junge Kerle von Anfang
bis Mitte zwanzig, mittlerweile die Nase voll hatten von dem, was
wir an Wahnsinn um uns herum erlebten. Darüber und über die völlig unsinnigen Befehle sprachen wir oft. Ich hatte als Regimentsadjutant auch die Aufgabe, Befehle von hinten [aus dem Generalstab]
entgegenzunehmen und umzuarbeiten in das, was das Regiment und
weitere untergeordnete Einheiten machen sollten. So hatten wir im-
merfort mit der Frage zu tun, was das soll, diese Art von Befehlen.
Ewald-Heinrich von Kleist, der auch eine Zeitlang bei Ihnen war, sagt,
Schulenburg sei ein ganz energischer Motor gewesen. Der würde heu-
te unterschätzt, sei aber enorm wichtig gewesen. Stimmt das?
Schulenburg war weiter als wir, nicht so sehr vom Alter, aber von der
Lebenserfahrung her. Das war schon spürbar. Er war unser erster An-
sprechpartner und hatte ein ganz klares Urteil. Er war es, der letzten
Endes die gestaltende und auch die moralische Kraft hatte, so etwas
anzupacken. In meiner Generation war Axel von dem Bussche für uns
prägend. Klausing war zu bescheiden, aber er war etwas Besonderes.
Sie haben einmal bei einem Treffen gesagt, Sie hätten das Wesen von
Klausing ganz genau vor Augen.
Das stimmt auch.
Wie war Klausing?
Klausing war durch seine Zurückhaltung und seine wenigen, aber
klugen Anmerkungen der Stillste, am wenigsten die Aufmerksamkeit
auf sich Ziehende in unserem engeren Kreis, ein besonders gewinnender Charakter. Er war im höchsten Maße vertrauenswürdig, gar
keine Frage. Nach einer Verwundung ist er verschwunden und nie

wieder zu uns zurückgekommen. Dass er später bei Stauffenberg gelandet war, könnte auf Schulenburg zurückgehen. Ich nehme das an, genau wissen tue ich das nicht. Ich habe übrigens Schulenburg im Frühsommer 1944 bei einem Urlaub zufällig in Potsdam getroffen. Da hat er mir lediglich gesagt, es gehe jetzt mit »den Plänen« voran und es könne sein, dass dann Anforderungen an Truppenteile gestellt werden, die ihnen in Berlin helfen sollten, darunter auch das I. R. 9 in Potsdam. Damals wusste ich nicht, dass Klausing schon bei Stauffenberg war. Schulenburg war in solchen Fragen eher verschwiegen.

War Klausing beliebt, trotz seiner Zurückhaltung?

Ich kann nur sagen, Axel und ich waren von ihm beeindruckt. Er hat unseren Gesprächen meist schweigend zugehört. Das entsprach wohl seinem Wesen.

War er schwermütig?

Das nicht. Aber auf seine Weise war er verzweifelt – angesichts des letzten Endes doch unverständlichen Krieges und der unsinnigen Befehle. Ich gebe Ihnen ein Beispiel: Im Dezember 1941 standen wir kurz vor Moskau, und weil es tiefer Winter war, funktionierte das Öl für die Maschinengewehre nicht mehr. Im Frühjahr 1942 hielt der Reichspressechef Hitlers, Otto Dietrich, eine Ansprache, in der der Halbsatz zu hören war, »als uns im Dezember 1941 kurz vor Moskau der Winter überraschte«. Der Winter überraschte!! Im Dezember!! Da hatten wir wirklich das Bedürfnis, diesen Dietrich umgehend nach Moskau zu schicken. Später war ich auch bei der Blockade von Leningrad eingesetzt. Dieser ständige Ablauf eines Krieges hat uns belastet, und jedes Mal, wenn von hinten ein neuer Befehl kam, wurde wieder die Frage aufgeworfen: Wieso soll man das überhaupt ausführen?

Klausing hat Stauffenberg zweimal, am 11. und 15. Juli 1944, zu Attentatsversuchen als Ordonnanzoffizier begleitet, Stauffenberg muss ihm also sehr vertraut und sich ganz auf ihn verlassen haben. Überrascht Sie das?

Nein. Das kann ich mir gut vorstellen. Dafür war Klausing wie geschaffen vom lieben Gott. Das kann man nicht anders sagen.

Wussten Sie, dass Klausing einen überzeugten Nazi-Vater hatte?

Nein, von seiner ganzen Herkunft hatte ich keinen Schimmer. Er machte es nicht zum Thema, so fragten wir auch nicht nach. Wir waren etwa gleich alt, lernten uns aber erst an der Front kennen. Ich stand persönlich natürlich Axel von dem Bussche besonders nahe, weil wir uns aus früheren Zeiten, schon vor dem Krieg, kannten. Axel war sehr forsch und mutig, ja tapfer.

Welche Erinnerungen haben Sie an die Zeit, als er das Attentat plante?
Die Anforderung per Fernschreiben, Axel von dem Bussche abzukommandieren, ging an das Regiment und landete bei mir. Später, nach dem 20. Juli, war dieser Schein wieder ein brisantes Thema. Wir hatten einen NSFO [Nationalsozialistischer Führungsoffizier], der für die »politische Reinheit« in der Truppe sorgen sollte. Der kam nach dem 20. Juli zu mir und fragte: »Können Sie sich noch an ein Fernschreiben erinnern, das von einem Stauffenberg kam und in dem Axel von dem Bussche von ihm angefordert worden war?«

Er war vom Volksgerichtshof einbestellt, um darüber auszusagen. Ich hatte ja generell im Falle einer Abwesenheit von der Truppe die Papiere auszufertigen und hatte das auch für Axel getan. Gegenüber dem NSFO habe ich angegeben, ich könnte mich nicht so genau erinnern. Er ist dann auch vorgeladen worden, aber es kam nie eine Nachfrage mehr zu dieser Sache. Darüber habe ich mich sehr gewundert – und war vor allem sehr erleichtert.

Diese zweite Anforderung Bussches durch Stauffenberg erfolgte Ende Januar 1944 telefonisch und fernschriftlich. Bussche bekam aber diesmal nicht frei von seinem Divisionskommandeur, der nicht einsah, einen seiner besten Bataillonsführer während schwerer Kämpfe für eine Uniformvorführung freizugeben. Dann fiel er am 31. Januar durch eine schwere Verwundung, die ihn ein Bein kostete, für den Staatsstreich aus. An seiner Stelle wurde am 28. Januar Ewald-Heinrich von Kleist aus dem Urlaub geholt und gefragt, ob er einspringen könne, offenbar auch aus dem Kontakt mit Schulenburg heraus.

Sie haben 1938 beim Potsdamer Regiment angefangen. War das I. R. 9 tatsächlich so besonders, wie es heißt? Was hat es ausgezeichnet?
Seine Geschichte. Vorgänger des I. R. 9 war das 1. Garde-Regiment zu Fuß, das in Preußen hoch in Ansehen stand. Das Regiment gehörte zu den hervorgehobenen Teilen der alten Truppen. Aber mir ging es nicht so um die Tradition, meine Familie kam ja aus Süddeutschland. Ich hatte meinen Arbeitsdienst von sieben Monaten zu erledigen und dann meinen Armeedienst. Ich wollte einfach in der Nähe von meinem Zuhause sein, also in der Nähe von Berlin, wo wir damals lebten. Deshalb absolvierte ich in Potsdam mein erstes von zwei Jahren Militärdienst.

Klausing hat sich dagegen bewusst als Fahnenjunker beim Infanterie-Regiment 9 in Potsdam beworben, wie er im Dezember 1937 in einem Bericht über seinen Bildungsweg schreibt, mit dem er um die Zulassung zur Reifeprüfung bittet: »Schon einer meiner Urgroßväter hatte bei dem 1. Garde-Regiment zu Fuß gedient, dessen Tradition jetzt das 2. R. G. weiterführt. Auch mein Bruder diente dort noch im Verband der Reichswehr und macht in diesem Regiment seine Übungen.«

Haben Sie jemals Stauffenberg getroffen?
Ich habe Stauffenberg kennengelernt, als ich ein paar Monate im Generalstab des Heeres als Ordonnanzoffizier von General Gerhard Matzky zu arbeiten hatte. In dieser Funktion musste ich den Offizieren des Generalstabs Akten bringen und kam so auch eines Tages zu Stauffenberg. Ich meldete mich bei ihm mit meinem Namen. Seine erste Frage war, ob ich Stefan George kenne. Stauffenberg wusste wohl, dass der spätere »Erbe« Georges, Robert Boehringer, ein naher Freund meiner Eltern war.
Stauffenberg war im Gespräch sehr lebhaft, direkt und spontan. Er war eine eindrucksvolle Erscheinung. Es war imponierend, ihm entgegenzutreten. Er hatte schon einen besonderen Ruf. Und ich war etwas befangen. Ich kannte natürlich Gedichte von George, habe ihn persönlich aber nur einmal in jungen Jahren getroffen. Da hatte ich Robert Boehringer begleitet bei einem Besuch bei George im vierten

Stock eines Hauses am Kurfürstendamm. Für mich war das ein Besuch bei einem alten Mann.

Heute bekommt man manchmal den Eindruck, als ob damals in bestimmten Kreisen des Militärs ganz offen über den geplanten Staatsstreich gesprochen wurde, können Sie das bestätigen?

Nein, so war das nicht, schon gar nicht unter den normalen Soldaten an der Front. Da war man schon vorsichtig. Die Planung des Attentats wurde nur in ganz engen Kreisen besprochen, wo man sich blind vertraute. Auch Schulenburg hat über seine Gespräche mit Stauffenberg uns jungen Offizieren nicht berichtet.

Was war das größere Thema in diesen Jahren, die Beendigung des Krieges oder die Beseitigung Hitlers und seines Regimes?

Das kann man nicht trennen. Für uns Jüngere – ich war noch nicht 22 Jahre alt, mein Bruder fiel am zweiten Tag des Krieges unmittelbar neben mir, er war ein ganz wunderbarer Mensch – war schon das große Thema die Unerträglichkeit der Führung eines solchen Krieges, wie wir ihn täglich erlebten. Aber wir waren offen und hörten genau zu, wenn in den Gesprächen der Älteren davon geredet wurde, diese Führung abzusetzen, bis zu der Notwendigkeit, Hitler selbst zu beseitigen.

Wie wurde in Ihrem Elternhaus über Hitler und den Widerstand gegen das NS-Regime gesprochen? Ihr Vater war Staatssekretär im Außenministerium. War das überhaupt ein Thema, über das offen geredet wurde?

Für meinen Vater war das Hauptziel, einen Krieg überhaupt zu verhindern und diese quälende Auseinandersetzung mit Ribbentrop zu bestehen. Wir erfuhren als Kinder keine Details, aber die Entschlossenheit, die Pläne Ribbentrops zu unterlaufen und mit einigen Diplomaten in diesem Zusammenhang ein Gegengewicht zu schaffen, war ganz klar. Großbritannien war damals ja noch keinesfalls entschieden, Hitler einen deutlichen Widerstand entgegenzusetzen.

Eigentlich war der Aufstand vom 20. Juli ja der Versuch einer »Revolution von oben«. Haben Sie das auch so gesehen?

Das ist eine zentrale Frage. Sie ist nicht leicht und schon gar nicht lückenlos zu beantworten. Das Attentat hätte eine große Erleichterung

20. Juli 1984: Kranzniederlegung durch den Bundespräsidenten
Richard von Weizsäcker im Innenhof des Bendlerblocks während der
Gedenkfeier zum 40. Jahrestag des Umsturzversuchs vom 20. Juli 1944

geschaffen, der Attentäter wäre und ist als Mörder diffamiert worden. Die Frage der gewaltsamen Beseitigung der Regierung war nie
ein Gegenstand öffentlicher Auseinandersetzung in der Bevölkerung.
Die Menschen haben gelitten, aber eine Lösung der Katastrophe in
Form einer gewaltsamen Beseitigung des »Führers« war das gefähr-
lichste Thema. Die Menschlichkeit und die Geschichte hatten das
nötig. Aber so denkt ein Volk nicht. Ja, 1938 gab es eine Phase, wo
eine gewaltsame Beseitigung der Regierung ein Thema war, bis hin
zu konkreten Planungen. Aber das stand unter dem Hauptziel der
Verhinderung dieses ganzen Krieges. Hitler sollte damit an dem
Krieg gehindert werden, den er mit allen Mitteln wollte. Das war ein
schrecklicher, tragischer Zielkonflikt: Erst Hitler beseitigen oder erst
den drohenden Krieg verhindern?

**Warum wirkten die wenigen Überlebenden des 20. Juli in der Zeit
nach 1945 so einsam, irgendwie so verloren? Warum bestimmten sie
nicht die Nachkriegspolitik?**

Wie hätten sie das können, die wenigen, die noch am Leben waren?

Axel von dem Bussche zum Beispiel war überhaupt kein Politiker, er war ein ganz anderer Geist. Außerdem: Er war doch gerade so am Überleben, er allein war sechs Mal schwer verwundet worden. Er bestand ständig seinen täglichen Kampf um die Existenz. Ich habe ihn immer als ein einziges Vorbild betrachtet.

Friedrich Karl Klausing (1920–1944)

»So fragt nicht mehr nach mir,
sondern laßt mich damit ausgelöscht sein«

I.

Als Friedrich Karl Klausing am 7./8. August 1944 vor dem Volksgerichtshof steht, ist er nicht nur der mit Abstand jüngste Angeklag-
te, er ist auch der, dem Roland Freisler am wenigsten anhaben kann.
Vielleicht ist dies das ungewöhnlichste Ereignis an diesem aufsehen-
erregenden ersten Prozesstag, dem noch viele grausame Schaupro-
zesse im Zusammenhang mit dem 20. Juli folgen werden. Der Hauptmann Friedrich Karl Klausing, gerade einmal 24 Jahre alt, hat bereits
mit allem abgeschlossen. Er ist unerreichbar geworden.

Wenige Stunden später – unmittelbar vor seiner Hinrichtung in
Plötzensee – schreibt er einen kurzen Abschiedsbrief an seine Eltern
in Prag:

Lieber Vater, liebe Mutter!
Heute ist nun über mich das Urteil gesprochen, das dem angemes-
sen ist, was ich getan habe. Wenn Ihr diesen Brief erhaltet, ist es
auch vollstreckt.
Ich möchte Euch nur noch eins sagen. Rückschauend betrachtet,
insbesondere nachdem ich die Anführer des Ganzen gesehen habe,
kann ich es nur als ein Zeichen göttlicher Gnade ansehen, die es unmöglich machte, daß der Putsch gelang und damit das Chaos und
Ende des deutschen Volkes heraufbeschworen wurde. Durch diese
Gewißheit kann ich ruhig auf mich nehmen, was mich erwartet.
Wo sich meine verschiedenen Sachen befinden, weiß Tante Mar-
tha.
Ich kann zwar für das, was ich getan habe, einstehen, kann es aber
nicht wiedergutmachen, und die Schande, die ich über unseren

Namen gebracht habe, nicht wegwischen. So fragt nicht mehr nach mir, sondern laßt mich damit ausgelöscht sein. – Vielleicht ist es eine Beruhigung zu sagen, daß ich ja längst schon irgendwo im Felde hätte bleiben können. Das war mir nicht vergönnt. So laßt es damit zu Ende sein.

Daß ich Euch zu allen Sorgen auch noch diesen Schmerz antue, ist mein größter Kummer. So gilt Euch beiden, Vater und Mutter, in liebender Dankbarkeit mein letzter Gruß.

Euer Friedrich Karl

II.

Wer war dieser junge Mann, nach dem – wie die Nachkriegszeit in Deutschland belegen sollte – auch wirklich fast niemand mehr fragte?

Findet man die, die ihn noch kannten, so suchen alle erst einmal nach Worten:

»Sein Wesen steht mir ganz genau vor Augen«, sagt Richard von Weizsäcker, der mit ihm im selben Regiment diente, dem berühmten Potsdamer Infanterie-Regiment 9 (I. R. 9), aus dem eine beachtliche Reihe von Widerstandskämpfern kam.

Dann steht er auf, lächelt, geht im Zimmer hin und her und formuliert schließlich fast vorsichtig-liebevoll: »Klausing war durch seine Zurückhaltung und seine wenigen, aber klugen Anmerkungen der Stillste, am wenigsten die Aufmerksamkeit auf sich Ziehende in unserem engeren Kreis, ein besonders gewinnender Charakter. Er war nichts weniger als vorlaut. Ihn zeichnete eine völlige Unaufdringlichkeit und Bescheidenheit aus – er war in höchstem Maße vertrauenswürdig, gar keine Frage. Dafür, dass Stauffenberg ihn in den entscheidenden Momenten in seiner persönlichen Nähe haben wollte, dafür war Klausing wie geschaffen vom lieben Gott.«

Peter Kraske, der spätere Präsident der Kirchenkanzlei der Evangelischen Kirche der Union, wurde von Klausing militärisch ausgebildet. »Die Seele vom Ganzen«, erinnert er sich, »war unser ›Fähnrichsvater‹, zu unserer Zeit noch Leutnant Friedrich Karl Klausing,

Jahrgang 1920 und seit 1938 beim Regiment. Unter uns hieß er ›Bubi‹, und so sah er auch aus. Man konnte in Zweifel sein, ob er überhaupt schon einen Rasierapparat besaß. Aber er war ein schneidiger Offizier, der sich auch an der Front schon ausgezeichnet hatte und der trotz seiner gar nicht überzeugenden Fistelstimme eine natürliche Autorität ausstrahlte.«

Kraske, Jahrgang 1923, bewahrt bis heute zwei freundschaftliche Briefe auf, die ihm Klausing bei seinem ersten Fronteinsatz zur Ermutigung geschrieben hat. Und er erinnert sich an ein langes Nachtgespräch unter vier Augen über das Christentum, den Glauben und ewige Dinge – da war er selbst 18 und Klausing 21 Jahre alt.

»Ich fühlte mich besonders durch eine persönliche Sympathie mit ihm verbunden«, schreibt Kraskes Kollege Georg-Sigismund von Oppen. »Klausing war nicht der Prototyp eines Nationalsozialisten ... Er mußte Vorbehalte gegenüber der Bewegung haben. Das spürte man an Kleinigkeiten: Er pflegte uns morgens nicht mit ›Heil Hitler‹, sondern mit ›Heil Fahnenjunker‹ zu begrüßen. Er ließ durchblicken, daß es erwünscht wäre, wenn die Fahnenjunker sich am sonntäglichen Kirchgang beteiligten.«

Und Ewald-Heinrich von Kleist, der einzige noch Lebende der Verschwörer aus dem Bendlerblock, der zusammen mit Klausing noch ganz zuletzt am 20. Juli 1944 Stauffenberg zu verteidigen versuchte, sagt:

Was war er für ein Mensch? Schwierig zu sagen. Irgendwo ein bisschen scheu, auf der anderen Seite soldatisch fest fundiert, mit geistig hohem Niveau, gebildet, belesen, geistig interessiert, machte es sich immer wieder schwer, prüfte alles sehr genau. Das galt auch für den Widerstand. Das war für ihn eine große Schwierigkeit: Sollte man da mitmachen? War es richtig?
Vielen fiel das eher einfach. Ihm nicht. Er hat sich sehr darum bemühen müssen. Manche Menschen sind immer ganz sicher. Das war er nicht. Er musste immer wieder mit sich selbst seine Position erarbeiten. Er hatte Zweifel, und die beschäftigten ihn. Er war auch scheu bei Mädchen.

Er zweifelte grundsätzlich. Das ist auch richtig. In dieser damaligen Zeit hatte man verschiedene Vorstellungen und Einstellungen zu einem Attentat auf Hitler. Das war ja nicht ganz klar. Es ließ sich auch allerhand dagegen sagen. Zum Beispiel: Ist es richtig, einen Staatsstreich mit einem Mord zu beginnen? Das ist ja nicht leicht. Und ich glaube, es ging Klausing so, weil er sehr sensibel war bis zu einem gewissen Grade, bei aller Tapferkeit, die ihn ja auch auszeichnete … Klausing war ein Mann, der nie kneifen wollte. An ihm war etwas Entschlossenes und auch Tragisches. Er war irgendwie ein Parzival.

III.

Friedrich Karl Klausing hatte – von seinem familiären Hintergrund aus gesehen – bis zu jenem 20. Juli im Bendlerblock einen besonders einsamen und weiten Weg hinter sich zu bringen. Darüber hat er auch mit seinen Kameraden und Fahnenjunkern nicht gesprochen. Als einer der wenigen Bürgerlichen im I. R. 9 – ohne Titel und ohne eine stattliche Reihe von militärischen Vorfahren – behielt er Privates weitgehend für sich. Seine Familie war kein Thema.

Sein Abschiedsbrief ist an die Eltern in Prag gerichtet. Dort war sein Vater Hermann Friedrich (geb. 19. August 1887) nach der Besetzung der Tschechoslowakei auf der Karriereleiter der damaligen Zeit zum Rektor der Deutschen Karls-Universität aufgestiegen. Vom ursprünglich überzeugten Deutschnationalen und Mitglied des Stahlhelm hatte er sich schnell zum ebenso entschlossenen Nationalsozialisten (Mitglied seit 1. Mai 1933) und SA-Standartenführer gewandelt. Er war ein durchaus auch fachlich versierter Jurist von brennendem Ehrgeiz und großer Umtriebigkeit, hatte lange in Frankfurt am Main gelehrt, zeitweise in Marburg. Von Prag aus versuchte er wiederholt nach Göttingen oder gar nach Berlin zu kommen und wurde dann mit dem Prager Rektorenposten zufriedengestellt.

Klausings älterer Bruder Benno hatte – wie einer seiner Urgroßväter mütterlicherseits – im Rahmen der Reichswehr im selben Regiment gedient, wurde dann Theologe, zählte sich zu den »Deutschen

Die Familie des Professors Klausing (v. l.: Vater Hermann Friedrich, Ida, Otto, Benno, Friedrich Karl, Mutter Marie-Sibylle)

Christen«, hatte sich freiwillig zum Kriegseinsatz gemeldet und galt seit 1942 als vermisst.

Die Mutter, Marie-Sibylle, stammte aus einer Gelehrtenfamilie, ihre Rolle im Familienverband aber war der des Vaters deutlich untergeordnet. Über sie schrieb der 17-jährige Sohn im Dezember 1937 in seinem »Bericht über meinen Bildungsgang« für das humanistische Lessing-Gymnasium in Frankfurt am Main: »Was meinen Bildungsgang angeht, so war es wohl für meine eigene Fortbildung von besonderer Wichtigkeit, daß meine Mutter meiner Schwester und mir oft Märchen und Erzählungen aus der deutschen Geschichte oder dem germanischen Sagenkreis vorgelesen hat, um unser Verständnis für das Werden des deutschen Volkes, wie überhaupt für Welt und Menschen, zu erwecken.«

Von der Mutter erhielt er einen Einblick in Literatur, Malerei und bildende Kunst. Die Bücher von Ernst Jünger faszinierten ihn und beeinflussten seinen Wunsch, Soldat zu werden. Er lernte Geige spielen und sang im Schulchor mit. Besonders die gotischen Dome spielten eine Rolle bei den gemeinsamen Familienausflügen. Für das Abitur 1938 wählte er Geschichte als Wahlfach. Er bat ausdrücklich darum, dem Reifezeugnis einen Vermerk über sein evangelisches Glaubensbekenntnis hinzuzufügen.

Über das I.R.9 kommt er spätestens 1940 mit Fritz-Dietlof von der Schulenburg zusammen, der, selbst ein Menschenfischer, für ihn zu einer wichtigen Autorität, zum Vorbild, vielleicht sogar zum väterlichen Freund wird. Schulenburg hatte – bei anfänglicher Begeisterung für eine »nationale und soziale Bewegung« und besonders für Gregor Strasser – nach harten Differenzen mit dem Gauleiter Erich Koch mit der NSDAP gänzlich abgeschlossen. Er wird – neben Tresckow, Olbricht und später Stauffenberg – zu einem der entschlossenen zentralen Strategen des Umsturzes, der unermüdlich Mitstreiter für den geplanten Staatsstreich wirbt.

Klausings Mutter berichtet nach dem Krieg, einmal habe es auch ein Treffen zwischen ihrem Mann und dem Grafen Schulenburg gegeben. Sie möchte daraus ableiten, dass auch Professor Klausing in den Widerstand eingeweiht war. Das ist äußerst unwahrscheinlich. Hermann Friedrich Klausing war ein durch und durch überzeugter Nationalsozialist und Hitler-Verehrer. Vermutlich handelte es sich eher um einen – vielleicht vom Sohn erbetenen – vermittelnden Versuch Schulenburgs, mit dem Vater zu reden, ob überhaupt eine Chance bestand, das Engagement des Sohnes im Widerstand zu tolerieren. Die Mission kann nicht sehr erfolgreich verlaufen sein.

IV.

Wie der knapp 21-jährige Leutnant Klausing seinen Beruf verstand, lässt sich in einem 23-seitigen Text zu den acht Grundartikeln über die »Pflichten des deutschen Soldaten« nachlesen, die im I.R.9 gelehrt wurden. Klausings Kommentar trägt die Überschrift »Berufs- und Standespflichten des deutschen Offiziers« und war »für die Fahnenjunkerausbildung beim Infanterie-Ersatzbataillon 9«, also für seine eigene Ausbildungsgruppe bestimmt.[1]

Da heißt es unter anderem zum Thema Ehre: »Soldatenehre steht nicht höher als die Ehre anderer Berufe. Sie ist nur anders« und »Die

Klausing (4. v r.) bei einer Winterkampfübung mit seiner Fähnrichsgruppe, 1942

Ehre des Soldaten ist nicht denkbar ohne die Achtung der Ehre Anderer ...«

Zum schwierigen Thema Gehorsam führt er am Schluss aus: »Befehle, die sich gegen die Ehre des Einzelnen wie der Gesamtheit richten, brauche und darf ich nicht ausführen.«

Und zum Thema Mut heißt es: Moralischer Mut sei »die Voraussetzung für Wahrheitsliebe und Verantwortungsfreude. Mut brauche ich als Grundlage für eine eigene feste Überzeugung, immer für alle meine Taten einzustehen. Ich muß auch dann dafür eintreten, wenn es mir nicht gefällt oder wenn ich unangenehme Folgen sehe.«

Ist dies auch im steilen Flug eines jugendlichen Idealismus formuliert, Klausing selbst sollte genau diese Anforderungen, gleichsam einem präzisen Drehbuch folgend, in der inneren Loslösung vom Geist seines Elternhauses, in seinem Verhalten am 20. Juli selbst und in seinem unerschrockenen Auftritt vor Freisler einlösen.

V.

Spätestens 1943 lernt Klausing über Schulenburg Claus Schenk Graf von Stauffenberg kennen. Sie vertrauen einander vom ersten Augen-

blick an. Als Stauffenberg im Herbst 1943 den Posten im Bendlerblock einnimmt – zunächst als wichtigster Mitarbeiter Olbrichts im
Allgemeinen Heeresamt, später als Chef des Stabes des Ersatzheeres
(erst seit dem 1. Juli 1944 war es ihm damit möglich, in die Nähe
Hitlers zu kommen) –, fordert er den jungen Offizier als seinen Ordonnanzoffizier an. Wie Stauffenberg hat auch Klausing gerade erst
seine zweite schwere Verwundung überstanden. Er hat Stalingrad
überlebt.

Er begleitet Stauffenberg – mit dem Sprengstoff in der Tasche –,
als dieser am 11. Juli auf dem Berghof am Obersalzberg zum ersten
Mal die Chance zum Attentat sieht. Klausing besorgt den Flug und
wartet im Auto. Das Attentat wird im Einverständnis mit den Akteuren in Berlin abgesagt, weil Heinrich Himmler nicht anwesend ist.
Klausing begleitet Stauffenberg auch am 15. Juli, bei der zweiten Gelegenheit zum Attentat, diesmal in die »Wolfschanze« in Ostpreußen.
Wieder wartet er im Auto, als das Attentat aus dem gleichen Grund
abgebrochen wird.

Am 19. Juli ist er krank und nicht einsatzfähig. Deswegen wird
Stauffenberg am 20. Juli von Werner von Haeften begleitet, aber
selbstverständlich erscheint Klausing mittags trotz seiner Krankheit
im Bendlerblock. Er ist es, der die Telefonmeldungen mit dem »Walküre«-Befehl übermittelt, die Sekretärinnen antreibt, die Telefonkon-
takte bedient, immer und unermüdlich an Stauffenbergs und Olbrichts Seite.

Die zögernde Haltung einiger führender Generäle (Witzleben,
Hoepner) sowie des Berliner Polizeipräsidenten (Helldorf), bei allen
begründet in den frühen Gerüchten, der »Führer« habe den Anschlag
überlebt, dazu das Taktieren und Lamentieren einiger Anwesender
(Gisevius, Thiele) – das alles muss ihn tief erschüttert haben. Er teilt
die Einschätzung Becks und Stauffenbergs, jetzt erst recht gehe es
aufs Ganze. Spät am Abend nimmt Klausing den Jüngsten der Gruppe, Ewald-Heinrich von Kleist, in einem Nebengang zur Seite und
sagt zu ihm: »Ich habe dir immer gesagt, wir schaffen das, wir kommen durch – in Russland und an all den anderen gefährlichen Orten.
Aber jetzt sage ich dir: Es ist aus!« Er sucht für den ihm Anvertrau-

ten nach einem Ausweg, den er für sich selbst schon nicht mehr ernsthaft erhofft. Er ist auch in der Gruppe der Akteure, die bis zuletzt Beck und Stauffenberg mit Pistolen zu verteidigen suchen, um ihnen die Flucht und eventuell ein Agieren von außerhalb des Bendlerblocks zu ermöglichen. Nach deren Verhaftung gelingt ihm mit einigen jüngeren Offizieren die Flucht aus dem bereits besetzten Gebäude.

VI.

Was dann folgt, beschreibt eine Augenzeugin jener Nacht. Es ist die Ärztin Vera Gaupp, die Schwester des Freundes Wolfgang Gaupp, in dessen Haus in Zehlendorf Klausing wiederholt Unterschlupf gefunden hat:

> Bleich, verstört, in größter seelischer Erregung und Verzweiflung kam er nachts um 12 Uhr zu Hause an, legte in Anwesenheit meines Bruders die Pistole auf den Tisch und sagte, daß er sich nunmehr erschießen müsse, da alles verloren sei und er das Schicksal seiner Kameraden teilen müsse.
>
> Die Diskussion dauerte die halbe Nacht; sie ging um Flucht, Selbstmord oder gemeinsamen Tod mit den Kameraden. Den Gedanken an Selbstmord gab er zuerst auf, da er uns nicht gefährden wollte. Auch schien ihm dieser Weg keine Lösung und Besiegelung seines Wollens. Flucht hielt er für feige, sie mochte auch die gefährden, die ihm dabei helfen wollten. So schien ihm nur mehr der eine Weg möglich, sich zu Stauffenberg und seinem Einsatz zu bekennen und in den Bendlerblock zurückzukehren.
>
> Es gelang Wolfgang nicht, ihn von der Sinnlosigkeit dieses Opfers, mit der der Sache nicht mehr zu dienen sei, zu überzeugen. Klausing bestimmte die Pflicht der Kameradschaft, für die ihm sein Leben ein angemessener Preis schien.
>
> Als er am anderen Morgen um 8 Uhr aufbrach, um sich zu stellen, war er ruhig, gefaßt und ohne Furcht. Er wußte seinen Weg.[2]

Offenbar hat ihn diese Ruhe dann nicht mehr verlassen, auch nicht in den Verhören der Gestapo. Er steht zu seiner Tatbeteiligung und weiß, dass das nun das sichere Todesurteil bedeutet.

VII.

Aber seine letzten Bewährungsproben sind damit noch nicht bestanden: Volksgerichtshof-Präsident Freisler nämlich, der für Hitler einen Prozess der Abschreckung organisieren will, der die Motive der Verschwörer unterdrücken, ihr Vorhaben lächerlich machen, ihr Ansehen und ihre Würde völlig demontieren soll, hat den zum letzten aufrechten Gang entschlossenen Klausing als einen besonderen Kronzeugen für seine diabolische Strategie ausersehen.

An dem jungen, gradlinigen Offizier Klausing, den er geradezu zum Reden auffordert, dessen Antworten er kaum unterbricht, will er im Vergleich zu den Angeklagten Stieff, Witzleben, Hoepner – die sich oft akustisch unverständlich, stotternd, ungeschickt zu verteidigen und vor seinem Hohn zu retten versuchen – demonstrieren, was für eine verächtliche, unfähige, ehrlose Bande von Feiglingen diese Hauptverantwortlichen der Verschwörung doch seien.

Die strahlende Reinheit von Klausings Bekenntnis zu seiner Tat soll die Folie bilden für die Demütigung seiner Vorgesetzten. So ist die Inszenierung. Das Kamerateam ist ja – hinter der Hakenkreuzfahne verborgen – immer dabei.

So wird Klausing – wahrhaftig bis zuletzt – in seinem Prozess im Volksgerichtshof zu Freisler sagen:

Ich war mir natürlich, als am Nachmittag im Radio angekündigt wurde, daß der Führer nicht tot sei, klar, daß es jetzt kein Zurück mehr für uns gab, sondern daß die Sache nur durchgezogen werden konnte oder gar nicht. Ich bin dageblieben, habe weitergemacht, bis mir im Laufe des Abends klar wurde, daß die Leute, die an der Sache so oder so führend beteiligt waren, nicht die Leute seien, die den deutschen Staat retten konnten.

Darauf will Freisler hinaus, das will er hören. Klausing meint: Wir hätten einfach weiterkämpfen müssen, alle gemeinsam hätten alles auf eine Karte setzen müssen! Freisler will dem jedoch die Deutung unterlegen: Diese feigen und unfähigen Vorgesetzten haben einen idealistischen, aber irregeleiteten jungen Offizier missbraucht! So schließt er dann auch sein Verhör von Klausing mit der Anklage an die führenden Militärs unter den Angeklagten: »Sie sehen, wen Sie auf dem Gewissen haben, Witzleben, wen Sie auf dem Gewissen haben, Hoepner, wen Sie auf dem Gewissen haben, Stieff!«

Konnte Klausing diese Strategie und Inszenierung durchschauen? Sicher nicht. Er war längst in einer anderen Form des Seins. Er war schon bei Stauffenberg und seinen toten Freunden.

Einen einzigen Wunsch hat Klausing bei seinem letzten Schlusswort. Er bittet – als Soldat – um eine Kugel zur Vollstreckung des sicheren Todesurteils, eine Kugel wie für Stauffenberg, Olbricht, Beck, Mertz von Quirnheim, Haeften, die Hingerichteten der Nacht des 20. Juli. Das wird abgelehnt. In Plötzensee wird nicht erschossen, in Plötzensee wird am Fleischerhaken erhenkt.

Klausing wird nie erfahren, dass dieser Wunsch um die Todeskugel auch der Wunsch seines Vaters für ihn, den verlorenen Sohn, war.

VIII.
In seinem Abschiedsbrief kommt noch eine andere seelische Belastung in den letzten Stunden seines Lebens zum Ausdruck. Wie konnte er seine Eltern und Geschwister, von deren Wertekanon und Lebenswelt er sich so unendlich weit entfernt hatte, trösten, ohne sich selbst zu verleugnen? Und wie konnte er sie vor eventuellen Verfolgungen schützen?

Als Friedrich Karl Klausing den Satz schreibt: »So fragt nicht mehr nach mir, sondern laßt mich damit ausgelöscht sein«, kann er nicht wissen, was sich inzwischen im Haus seiner Eltern ereignet hat.

Am 6. August 1944, einen Tag vor der Eröffnung des Hochverratsprozesses gegen seinen Sohn, hat mitten in der Nacht auch sein Vater einen letzten Brief geschrieben. Es ist ein Brief, der ohne Anrede beginnt. Den Sohn hat dieser Brief nicht mehr erreicht.

Das Schicksal hat es mir nicht vergönnt, mit der Waffe in der Hand in Ehren vor dem Feind zu fallen. So mag nun die Waffe, die mich aus dem ersten Weltkrieg heimbrachte und die mich auch in diesem Krieg begleitet hat, meinem Leben ein Ende bereiten.

Vielleicht hilft mein Tod mit, daß unser Volk sich endlich auf seine tiefsten und edelsten Kräfte und Werte besinnt und danach handelt.

Lieber Benno! Lebe wohl, wenn Du noch lebst. Solltest Du einmal in die Heimat zurückkehren, so bleibe Dir selbst treu und wage und kämpfe für Deine ewigen Ideale.

Lieber Friedrich Karl – wenn Du doch eine Kugel gefunden hättest – stirb als Mann.

Lieber Otto! Ich hoffe, daß Du als Soldat kämpfen und vielleicht für Dein Vaterland fallen darfst. Solltest Du den Krieg überstehen, so hege den deutschen Wald und schaffe für Deine Ideen.

Liebe Mathilde – liebe Marie-Sibylle! Tragt als Frauen auch das Schwerste, lebt und dient deutschen Menschen und damit dem Ewigen.

Bringt diese Zeilen zum Staatsminister K. H. Frank und erbittet sie für späterhin für Euch zurück.

Vater

Es lebe Deutschland – es lebe der deutsche Geist, es lebe der deutsche Soldat!

Es lebe die SA. – Es lebe der Führer!

Friedrich Klausing

Es wird nicht viele Abschiedsbriefe von solcher Monstrosität geben, in denen ein Vater seinen gehorsamen Söhnen den Tod fürs Vaterland, seinem verlorenen Sohn aber die Selbstmord- oder Feindeskugel wünscht, während er seiner Frau und seiner Tochter den »Dienst an deutschen Menschen« anempfiehlt.

Es liegt auf der Hand, dass der Sohn Friedrich Karl Klausing für einen solchen Wertekanon seines Elternhauses kaum einen anderen Abschiedsbrief schreiben konnte als den, den er geschrieben hat: »Vielleicht ist es eine Beruhigung zu sagen, daß ich ja längst schon irgendwo im Felde hätte bleiben können. Das war mir nicht vergönnt. So laßt es damit zu Ende sein.« Für sich selbst stand er bis zuletzt zu seiner Tat. Mit dem Einblick in seine eigenen Zweifel an der letzten Entschlossenheit einiger Beteiligter und dem Angebot seiner eigenen Auslöschung aus den Annalen der Familie wollte er seiner Mutter und vor allem seinem Vater die Chance eröffnen, ihn und seine Tat zu verleugnen. Er stellte es ihnen frei, ihn – nach archaischen Regeln – aus der Familie zu verstoßen, um selbst damit der Rache und der Sippenhaft zu entgehen.

Doch auch hinter dem unfassbaren Brief des Vaters verbirgt sich eine Geschichte von großer Grausamkeit anderer Art. Als der Rektor Professor Klausing in Prag am 26. Juli bei einer Hausdurchsuchung die für ihn so erschütternde Nachricht erhält, dass sein Sohn zu den engsten Verschwörern des 20. Juli gehört, weiß er – schon aufgrund seiner Alltagserfahrungen mit dem Besatzungsregime in Prag –, was das nun für ihn selbst und seine Familie an Konsequenzen nach sich ziehen würde.

Am selben Tag schreibt er einen Brief an Staatsminister Frank:

Wie ich heute höre, soll mein zweiter Sohn ... wegen Beteiligung oder Verdacht einer Beteiligung an dem verbrecherischen Anschlag auf den Führer in Haft genommen worden sein. Worin die Beteiligung bestanden hat oder bestanden haben könnte, entzieht sich meiner Kenntnis. Aber schon die bloße Tatsache eines Verdachts macht es mir als Vater unmöglich, das Amt eines Rektors der Deutschen Karls-Universität weiterzuführen und meine Tätigkeit als Hochschullehrer auszuüben, solange nicht die völlige Unschuld meines Sohnes erwiesen ist.[3]

Klausings Demission wird von Frank am 2. August angenommen. Er empfiehlt, dem hochverdienten Rektor die Chance zu geben, »das zu sühnen, was sein zweiter Sohn verbrochen hat«.[4] Am 5. August erscheint in der tschechischen Tagespresse die Namensliste der bis dahin bekannten Verschwörer des 20. Juli, darunter der Name seines Sohnes Friedrich Karl. Die Demission des Rektors ist nun nicht mehr im Stillen zu vollziehen, sondern wird zum öffentlich diskutierten Fall. Im Kreis der NS-Gaudozenten und der SA in Prag beginnt eine hektische Tätigkeit. Klausing wird vollends zum Getriebenen, will sich sofort zum Kriegseinsatz an der Front bei der Wehrmacht oder der Waffen-SS melden. Der SA-Gruppenführer Franz May aber fordert Klausings Selbstmord aus Gründen der Sühne. Nur so sei sein Verhältnis zur Partei und zur SA zu klären und die Ehre der Familie wiederherzustellen. Noch einmal treffen sich die SA-Dozenten mit May in Reichenberg, um zu versuchen, das Urteil abzumildern. »May blieb aber hart und unbeugsam. Letztlich stimmte man überein, daß von der ›Auslöschung‹ der ganzen Familie Klausing, die hinsichtlich der anderen ›Verräter‹ vom ›Führer‹ angeordnet worden war, nur abgesehen werden könne, wenn Klausing sich selbst töte.«[5]

So kommt es zur Rommel'schen Lösung – der Angeschuldigte muss sich selbst richten, um der öffentlichen Ächtung zu entgehen. Diesen drohenden Hintergrund muss man mitlesen, wenn man den Abschiedsbrief des Vaters liest. Frau Klausing findet den Brief auf dem Schreibtisch, an dem ihr Mann zusammengesunken war. Es ist 3 Uhr früh am 6. August 1944. Am Vorabend hatte der Rektor noch einen Kollegen aufgesucht und ihn gebeten, sich als Doktorvater um die berufliche Zukunft seiner Tochter zu kümmern.

Letztlich haben beide Abschiedsbriefe ihr Ziel erreicht: Die Mutter Marie-Sibylle, die Schwester Mathilde und auch der jüngste Bruder Otto kommen nicht in Sippenhaft und überleben den Krieg. Der älteste Bruder Benno kommt nie aus Russland zurück. Der Kollege des Rektors Klausing in Prag aber, selbst SA-Mitglied, hat später die Witwe Klausing um einen Persilschein gebeten, um wieder als Professor tätig sein zu können, diesmal in der Bundesrepublik Deutschland.

Straßenschilder in Frankfurt am Main (Riedberg)

In der Familie des jüngsten Bruders, Otto Klausing, wurde nach dem Krieg die Meinung vertreten, an einem solchen Attentat hätte Friedrich Karl nur teilnehmen dürfen, wenn eine hundertprozentige Chance auf Erfolg bestanden hätte. Sonst dürfe man die eigene Familie nicht so gefährden und nicht so viel Unglück über sie bringen.

Mutter und Schwester aber besuchen in den späteren Jahren gelegentlich Plötzensee und sind berührt, in der Nähe eine Straße zu finden, die nach dem Widerstandskämpfer Friedrich Karl Klausing benannt ist, der Klausing-Ring.[6]

Auf das anhaltende Bemühen eines ganz kleinen Unterstützerkreises – vor allem des unermüdlichen Friedrich Wilhelm Strippel, zu dem sich Hermann Schlosser und dann als dritter Professor Bernd Rüthers gesellen – gibt es seit 2007 auch in Frankfurt (Riedberg), wo Klausing das Lessing-Gymnasium besuchte, eine kleine nach ihm benannte Straße, die in die Stauffenberg-Allee mündet. Auch eine Stiftung für ungewöhnliche Schülerreisen im Schloss Salem trägt seinen Namen.

Neben der Grabplatte für Vater und Sohn Klausing, welche die Witwe für beide gemeinsam auf der Marburger Familiengrabstätte

Tod in Prag, Tod in Berlin: Familiengedenktafel für Vater und Sohn gemeinsam. Dahinter das Gedenkkreuz des Freundes Strippel nur für den Widerstandskämpfer

niederlegen ließ, hat Friedrich Wilhelm Strippel ein eigenes Gedenkkreuz für den Widerstandskämpfer errichten lassen. Eine Anzeige zum 60. Todestag 2004 in der *FAZ* wurde von Strippel und Schlosser privat aufgegeben, am 1. September 2004 erschien dort ein Artikel von Bernd Rüthers aus diesem Anlass. Ansonsten sind Name und Geschichte von Friedrich Karl Klausing weitgehend vergessen.

IX.

In der Nacht vom 6. auf den 7. August, unmittelbar vor dem Prozessbeginn, wird Klausing noch einmal ununterbrochen bis zum Morgen von der Gestapo befragt. Dabei kommt es zu einer Gegenüberstellung mit Ewald-Heinrich von Kleist im Haus der Sonderkommission für die Ermittlungen im Zusammenhang mit dem 20. Juli, Französische Straße/Ecke Gendarmenmarkt.

»Wir wurden die ganze Nacht verhört«, erinnert sich Kleist. »Es war schon hell, als wir uns trennten. Getrennt ist gut: als jeder von uns abgeführt wurde. In dieser letzten Nacht war Klausing vollkommen ruhig, er hatte Zivil an, sah sehr unelegant aus, aber war vollkommen sachlich, fair, sehr anständig … Wir wurden aus dem Gebäude der Gestapo nach unten gebracht, und wie wir auf die Straße traten, kamen Gefängnisautos für jeden von uns. Wir standen für einen Augenblick wartend nebeneinander, und Klausing schaute mich plötzlich an. Ich hatte das Gefühl, er schaut mich mit ganz großen Augen an.«

»Ein stummer Abschied?«

»Das ist eine Interpretation.«

Antje Vollmer

Erich Fellgiebel (1886–1944)

»Man muss eben mal seinen Kopf riskieren«

I.

Unrechtsregime haben die perfide Eigenschaft, sich nicht nur mit vernichtender Härte an ihren Gegnern zu rächen. Als würde es nicht schon reichen, sie zu verfolgen, einzusperren oder gar zu töten, werden oft auch noch ihre Motive in Zweifel gezogen. So erging es den Teilnehmern am Staatsstreich vom 20. Juli 1944. Einem wurde dabei besonders übel mitgespielt: dem General der Nachrichtentruppe, Erich Fellgiebel. Am Tag des Attentats auf Hitler hat der 57-Jährige die Aufgabe, die Kommunikation aus dem Hauptquartier »Wolfschanze« zu unterbinden und zugleich die Kontakte der Mitverschworenen untereinander zu ermöglichen.

Schon in den ersten Analysen der Gestapo wird Fellgiebel unterstellt, er habe »nichts getan, um das Gelingen des Putschversuches nachrichtentechnisch zu unterstützen«. Ihm habe schlicht der Mut gefehlt. Ein Geheimdienstbericht an den US-Präsidenten listet am 1. Februar 1945 fünf Ursachen für das Scheitern auf; Punkt zwei lautet: »General Fellgiebel hatte versäumt, die Funkverbindungen von Hitlers Hauptquartier in Ostpreußen zu zerstören, so daß die Nachricht von der Bombenexplosion und Hitlers Überleben hinausgelangen konnte, bevor die Verschwörer die Macht übernehmen konnten.« Darauf gestützt, kritisiert Allen Welsh Dulles, während des Krieges Chef des US-Geheimdienstes OSS in der Schweiz, 1946 in seinem Buch *Verschwörung in Deutschland* das »Versagen« Fellgiebels. Dulles wird assistiert von Hans Bernd Gisevius, selbst Teilnehmer am Staatsstreich, der in seinem Buch *Bis zum bitteren Ende* über Fellgiebel schreibt: »Die Fernschreibzentrale wurde nicht gesprengt, sondern nur für Stunden blockiert.« Dieser Teil des Auftrags, für den

Fellgiebel gebürgt habe, »blieb unausgeführt«. John Wheeler-Bennett schließlich, der historische Berater des britischen Foreign Office, behauptet 1953 in *Nemesis der Macht*, Fellgiebel habe nicht einmal seine Mitverschworenen in Berlin angerufen. Versuche, das Bild zu korrigieren, wie der von Oberst a.D. Wolfgang Müller am 16. August 1947 mit einem Artikel in der Zeitung *Das Deutschland der andern*, verpuffen. Ein Millionenpublikum kann 2009 in dem Kinofilm *Operation Walküre* den General als ständig betrunkenen Zögerer sehen, der von Stauffenberg (alias Tom Cruise) auf der Toilette zum Mitmachen erpresst werden muss.

Das ist der späte Triumph einer gezielten Diffamierung. Denn Erich Fellgiebel hat keineswegs versagt. Er gehörte vielmehr zu den entschlossensten Widerstandskämpfern – und er hat sein Metier beherrscht.

II.

Am 4. Oktober 1886 bei Breslau als ältestes von vier Kindern des Gutsbesitzers Albert Fellgiebel geboren, wuchs Erich auf dem elterlichen Gut Buchenhagen bei Posen auf. Das Posener Land ist flach, die Weite weckte bei den Fellgiebel-Kindern Sehnsucht nach Freiheit – im Denken wie im Handeln. Der Vater erzog sie streng, achtete auf Pünktlichkeit und prägte ihr Pflichtgefühl mit dem Satz: »Man tut, was man zugesagt hat.« Wie sich Erichs Schwester Gertrud (Truda) erinnert, war diese altpreußische Dienstauffassung später bei ihrem Bruder am deutlichsten ausgeprägt »in seiner Anforderung an sich selbst und dem, was er auch von anderen dann fordern konnte«. Das traf wohl vor allem auf den beruflichen Umgang zu, denn gegenüber seinen Kindern, insbesondere Tochter Susanne, war er nachgiebig.

Die Schulzeit schien für Erich Fellgiebel keine Last, er lernte leicht, war eifrig, schon früh zeigte er eine besondere Begabung auf naturwissenschaftlichem Gebiet. Er besuchte ein humanistisches Gymnasium, »von dessen Geist und Förderung er sein Leben lang mit Achtung sprach«, so seine Schwester in ihren Schilderungen der Kindheit.

Weil er in seiner Schulzeit häufig still ins Lernen versunken war, mitunter wirkte er sogar sehr verschlossen, nannte ihn die Familie scherzhaft »Herr Professor«. Sein ausgelassenes Temperament entwickelte sich erst in späteren Jahren.

Als Erich Fellgiebel vor der Berufswahl stand, gab es Diskussionen im Elternhaus. Der Vater, seine eigenen Träume auf den Sohn übertragend und den eigenen mehr schlecht als recht gehenden Landwirtschaftsbetrieb vor Augen, riet zur Offizierslaufbahn. Erich ließ sich überzeugen, auch weil man ein Telegrafen-Bataillon aussuchte und damit seinen technischen Interessen entgegenkam. 1905 trat er als Fahnenjunker in das Königlich Preußische Heer ein. »Bereut hat er diese Wahl nie, sie entsprach seinen Anlagen, er war in keinem anderen Beruf denkbar«, fand seine Schwester Truda. Bevor Erich seinen Militärdienst begann, bekam er Reitunterricht, damit er gleich mit diesem Talent punkten konnte. Die Liebe zu den Pferden sollte ein Leben lang halten. »Mein Vater ist ohne Pferde nicht denkbar«, sagt Tochter Susanne.

Im Ersten Weltkrieg erlebte Fellgiebel das völlige Versagen der Nachrichtenführung, und diese Erfahrung bestimmte die folgenden Jahre, in denen er sich in der Reichswehr und im Reichswehrministerium intensiv um die Weiterentwicklung der militärischen Kommunikation kümmerte. Dabei zeichnete ihn Durchsetzungsfähigkeit aus, hohes fachliches Wissen und das Gespür, wofür Technik optimal eingesetzt werden konnte. Das testete er auch zu Hause. Fellgiebel besaß in den dreißiger Jahren als einer der Ersten privat einen Fernseher.

Doch Fellgiebel war kein in sich gekehrter Technik-Freak. Auf seine Mitarbeiter wirkte er eher wie ein moderner Industriemanager: Er habe auf Teamarbeit gesetzt und ein Händchen für gute Leute gehabt. Das Alltagsgeschäft habe er an Vertraute delegiert, um sich auf ungelöste Probleme zu konzentrieren, ohne den Blick für das Ganze zu verlieren. Zudem sei er offen, gesellig, mitreißend gewesen, den Menschen zugeneigt, und er habe es genossen, andere zu unterhalten. So erinnern sie sich. Natürlich hatte Fellgiebel auch Schwächen: seine Impulsivität, gelegentlich auch Ungeduld, sein Faible für

Gefahr. All das mutete er auch seiner Familie zu. Fellgiebels erste Ehe scheiterte 1919, da war sein Sohn Walther-Peer gerade ein paar Monate alt. 1920 heiratete er seine Cousine Cläre, doch die intelligente Frau, die Englisch und Französisch studierte, kam mit dem Militäralltag und dem Selbstbewusstsein ihres Ehemanns nur schwer zurecht. Die 1924 geborene Tochter Susanne und Sohn Gert (1927) liebten ihren Vater dagegen abgöttisch, vor allem Susanne genoss die seltene Zeit mit ihm, etwa beim gemeinsamen Ausreiten. Ebenso ihr Halbbruder Walther-Peer, der nach der Scheidung teilweise bei einer Pflegefamilie aufwuchs; aber der Vater hielt Kontakt zu ihm. »Doch so ein richtiger Familienmensch war er eigentlich nicht«, erinnert sich Susanne.

III.

Zu Beginn des Zweiten Weltkriegs besitzt Fellgiebel die unumschränkte Befehlsgewalt über alle Nachrichtenmittel des Heeres, was ihm den Namen »Strippenpapst« einbringt. Ihm ist es gelungen, Kommunikation zu einer ausschlaggebenden Kriegswaffe zu machen. Mit neuartigen Feldfernkabeln sind selbst auf große Entfernungen Nachrichten sicher zu übermitteln. Er setzt den Einsatz der Ultrakurzwelle durch und sorgt dafür, dass jeder Panzer ein Funkgerät bekommt – in den ersten Kriegsjahren ein enormer Vorteil für die Wehrmacht gegenüber ihren Gegnern.

Doch es gibt auch einen anderen Erich Fellgiebel. Bereits vor Kriegsbeginn gehört er zu jenen, die Hitlers Kurs ablehnen. Mit dem damaligen Generalstabschef Ludwig Beck, mit dem er eng zusammenarbeitet, sowie mit dessen Nachfolger, Franz Halder, teilt er die Meinung, dass Deutschland keinen Eroberungskrieg führen sollte. Über Beck und Halder bekommt Fellgiebel Kontakt zum militärischen Widerstand. Vor offener Gehorsamsverweigerung schreckt er damals noch zurück. Das ändert sich 1942, nachdem Fellgiebel erlebt hat, wie Hitler gestandene Generalstäbler zu unterwürfigen Befehlsempfängern degradiert und offensichtlich unsinnige Weisungen durchsetzt. Auf die Frage seines langjährigen Mitarbeiters Karl-Al-

Erich Fellgiebel (Mitte) bei einer Besprechung mit anderen Offizieren
und Mitarbeitern

bert Mügge, was sich die Leute im Hauptquartier dächten, antwortet
er diesem, wie Mügge mitteilt: »Gar nichts, und das ist eben das
Schlimme.« Seine wahre Ansicht drückt er immer öfter deutlich aus.
Forsch, fast leichtsinnig äußert er sich kritisch und nicht selten abfällig – auch in Anwesenheit junger Offiziere, die mit der NS-Pro-
paganda aufgewachsen sind.

Fellgiebels kritische Haltung bleibt in der NS-Spitze nicht unbemerkt. Überliefert ist ein Gespräch von SS-Chef Heinrich Himmler
mit seinem Nachrichtenchef Ernst Sachs: »Hören Sie mal, Sachs, dieser Fellgiebel ist ja ein sonderbarer Mann. Der ist ja Pazifist.« Der
Angesprochene bestätigt schulterzuckend: Fellgiebels Haltung zum
Krieg sei bekannt, er habe daraus nie einen Hehl gemacht. Himmlers
Reaktion: »Nun ja, dann hätte er ja nicht gerade General zu werden
brauchen.«

Doch letztlich wird er geduldet – notgedrungen, weil er für die
Kriegsführung unabkömmlich scheint. Allerdings verbannt Hitler
ihn aus seinem Umfeld. 1943 wird Oberstleutnant Ludolf Sander zuständiger Nachrichtenoffizier im Hauptquartier in Ostpreußen und

hat dafür zu sorgen, dass Fellgiebel dem Diktator nicht mehr unter die Augen kommt. Trotzdem kann der General vom knapp 20 Kilometer entfernten Heeres-Hauptquartier »Mauerwald« jederzeit zur »Wolfschanze« kommen. Was er auch macht. Und er lässt sich nicht den Mund verbieten. Manches Mal versuchen Vertraute, ihn mit der Mahnung zu stoppen: »Herr General, wenn das jemand hört.« Doch Fellgiebel tut das mit dem Spruch ab: »Ja, da muss man eben mal seinen Kopf riskieren.« Längst bezeichnet er den Krieg als »ganz offensichtlich verloren«, nennt Hitler und dessen engste Mitarbeiter frontfremde Phantasten und wagt die Äußerung, »irgendwie« müsse die Führung »geändert« werden.

Auch auf der Hochzeit seines ältesten Sohnes im März 1944 – der Kontakt zu dem inzwischen hoch dekorierten Offizier Walther-Peer war weiterhin lose, aber nie abgerissen – nimmt er kein Blatt vor den Mund, wie sich in der Familie erzählt wird. In einer kurzen Ansprache auf dem Gut des Brautvaters wünscht er dem Paar natürlich eine sorgenfreie Zukunft, stellt aber zugleich fest: »Aus diesem heute glückstrahlenden Offiziers-Ehepaar wird in einem Jahre eine Familie Ackerkutscher – wenn's gut geht.«

Zu diesem Zeitpunkt ist Fellgiebel längst involviert in die Attentatsvorbereitung gegen Hitler. Er kann aufgrund seiner Position ungehindert umherreisen, Kontakte knüpfen, und spätestens seit Februar 1943 bemüht er sich zusammen mit seinem Stabschef Oberst Kurt Hahn und Generalleutnant Fritz Thiele, dem Chef der Wehrmachtsnachrichtenverbindungen, Mitstreiter für den Widerstand zu gewinnen. Dazu gehört auch, dass sie wichtige Stellen mit Vertrauten besetzen lassen. Bald haben sie ein schlagkräftiges Team zusammen, verteilt auf fünf Abteilungen des Heeresnachrichtenwesens, im Prinzip eine eigene Widerstandsgruppe innerhalb des militärischen Widerstands. Dass fast die gesamte Spitze des Nachrichtenwesens (HNW) im Heer dazugehört, ist ein Beleg mehr für die Führungsstärke Fellgiebels: Der Leiter der Zentralgruppe im Amt Chef HNW und zuständig für Personalangelegenheiten, der Leiter der Gruppe Einsatz, der Leiter für Funkverbindungen sowie der Leiter der Transport-Nachrichtenverbindungen sind involviert, weiterhin Fellgiebels

Erich Fellgiebel mit Maria-Agnes Gräfin zu Dohna. Beide Familien verbindet die Pferdeleidenschaft und der Widerstand gegen das NS-Regime.

Ordonnanzoffizier Helmut Arntz und Oberst Kurt Haßel, Chef der Amtsgruppe Nachrichtenwesen im OKH. Man darf annehmen, dass all diese Mitstreiter in ihren Bereichen weitere Vertraute haben, die ebenfalls als Helfer, zumindest aber als Mitwisser anzusehen sind.

Mit solchen Kommunikationsexperten auf ihrer Seite können Henning von Tresckow und Claus Schenk Graf von Stauffenberg an die Planung eines umfassenden Staatsstreichs mit größeren Truppenbewegungen gehen. Fellgiebel nimmt bis kurz vor dem Attentat an Beratungen mit Stauffenberg sowie General Friedrich Olbricht teil und hält auch in Ostpreußen engen Kontakt zu den dortigen Verschwörern: zu Heinrich Graf zu Dohna, der als Politischer Beauftragter für die Region vorgesehen ist, und zu Heinrich Graf Lehndorff, der als militärischer Verbindungsmann Stauffenbergs den Umsturz von Königsberg aus leiten soll.

Als Tarnung für solche Treffen dient oft ihre Pferdeleidenschaft. So besuchen sie das Gestüt Janow Podlaski, das seit 1940 Fellgiebels Bruder Hans leitet, um sich ungestört auszutauschen. Hauptmann

Hans Fellgiebel, dessen offizielle Aufgabe es ist, hinter der Front Pferde für den Militäreinsatz zu requirieren, unterstützt somit indirekt die Aktivitäten seines Bruders. Er selbst wird von den polnischen Angestellten geschätzt, weil er sich ihnen gegenüber anständig verhält. Das sorgt immer wieder für Unverständnis bei seinen Vorgesetzten, und dann muss Bruder Erich die Wogen glätten. Einmal wird der von seiner Schwägerin Frieda gefragt, wie lange der Krieg mit all dem Elend noch dauern werde und ob man nicht irgendetwas dagegen unternehmen könne. Erich Fellgiebels Antwort: »Wir machen das schon.«

IV.

Von Beginn an sind Fellgiebels Aufgaben klar umrissen. Er soll und will dafür sorgen, dass die Kommunikation des Hauptquartiers in den ersten Stunden so behindert wird, dass es handlungsunfähig ist, wohingegen Anweisungen der Mitverschworenen reibungslos durchgehen. Etwas zerstören oder gar sprengen, wie später behauptet wird, soll er nicht; das hätte auch gar nicht funktioniert, was niemand besser weiß als Fellgiebel. Die Kommunikation der Wehrmacht ist von ihm bewusst dezentral aufgebaut worden und damit nahezu sicher gegen Sabotage. Der Ausfall einer Zentrale kann von anderen Strukturen im Nachrichtennetz kompensiert werden – ein Ergebnis von Fellgiebels Perfektionismus. Außerdem gibt es Sonderleitungen und Netze, auf die er keinen Zugriff hat, etwa von Hitler selbst, aber auch von der Luftwaffe und der SS.

Im Vertrauen auf das Gelingen des Attentats und auf das Chaos, das es in den ersten Stunden auslösen wird, nimmt sich Erich Fellgiebel vor, je nach Lage aktiv einzugreifen. Er baut auf sein Wissen und die Zuverlässigkeit der Mitstreiter.

Im Laufe des 18. Juli 1944 ist klar, dass das Attentat auf Hitler nach zwei vergeblichen Anläufen am übernächsten Tag noch einmal versucht werden soll. Möglicherweise überbringt Fellgiebel seinem Mitstreiter Lehndorff persönlich die Mitteilung, als er an diesem Tag, getarnt als Geburtstagsbesuch, in Schloss Steinort weilt. Die

Zeit zur Vorbereitung ist denkbar knapp. Er muss die anderen noch detailliert in ihre Aufgaben einweisen, denn aus Sicherheitsgründen kennen sie die Planung nur grob. Erschwerend kommt hinzu, dass ein Teil des OKH und damit der Nachrichteneinheiten aufgrund der Kriegslage gerade nach Zossen bei Berlin verlegt wird und die Verbindung zum Hauptquartier nun über zwei Zentralen möglich ist. Fellgiebel hat zwar auch in Zossen seine Leute sitzen, aber die räumliche Trennung ist alles andere als optimal. Ein Offizier erinnert sich an den Ausruf des Fellgiebel-Vertrauten Hahn kurz nach 15 Uhr am 20. Juli, dieser Tag sei technisch für das Attentat der allerungünstigste gewesen.

Am 20. Juli kommt Erich Fellgiebel früh vom »Mauerwald« mit der Draisine und durch Tor II A in Hitlers Hauptquartier. Besondere Anforderungen an den dort zuständigen Nachrichtenoffizier Sander hat er nicht, was diesen wundert. Auch wirkt Fellgiebel ungewohnt angespannt, wie Sander später zu Protokoll gibt. Die Anspannung steigt, als wegen des bevorstehenden Mussolini-Besuchs die Lagebesprechung bei Hitler überraschend eine halbe Stunde vorgezogen wird. Daher können sich Fellgiebel und Stauffenberg bei dessen Ankunft nicht mehr ausführlich verständigen, zum Beispiel darüber, wo das Auto stehen wird, das Stauffenberg und seinen Begleiter Haeften nach dem Attentat schnell zum Flughafen bringen soll. Fellgiebel lässt deshalb verabredungsgemäß in der Lagebaracke anrufen und Stauffenberg ausrichten, er möge zu Sander in die Nachrichtenzentrale kommen. Diesen bittet Fellgiebel, ein Auto zu besorgen. Das alles geht scheinbar nicht ohne eine gewisse Hektik ab, in einem unbeobachteten Augenblick aber gibt Fellgiebel seinem Stabschef Hahn im »Mauerwald« das vereinbarte Code-Wort durch: »Das Nachrichtengerät geht ab« – der Anschlag findet statt.

Nachdem Stauffenberg seine Aktentasche mit der Bombe platziert und den Raum verlassen hat, wartet er zusammen mit Fellgiebel vor der Nachrichtenzentrale auf die Detonation, die gegen 12.42 Uhr erfolgt. Beide zucken bei der Explosion zusammen, was Sander, der sich zu ihnen gesellt hat, ausdrücklich registriert und bei erfahrenen Frontoffizieren nicht erwartet. Dann überschlagen sich die Ereignisse. Stauffenberg gibt vor, dringend wegzumüssen, Verletzte wanken aus der zerstörten Baracke und rufen um Hilfe. Während der Attentäter in dem Glauben abgefahren ist, Hitler sei tot, sieht Fellgiebel zu seinem Entsetzen den Diktator Minuten später umherirren. Diesen Fall haben die Verschwörer nicht eingeplant. Sollte Fellgiebel nun den Staatsstreich abblasen? Doch mit dem Anschlag hat sich der militärische Widerstand zu erkennen gegeben, und Stauffenberg sitzt bereits unerreichbar im Flugzeug nach Berlin.

Ausgerechnet Hitlers Umfeld hilft Fellgiebel bei seiner Entscheidung, indem Nikolaus von Below, Adjutant der Luftwaffe bei Hitler (und selbst verletzt), sowie wenig später Himmler anordnen, bis auf Widerruf eine Nachrichtensperre zu verhängen. Sander lässt sofort alle Stöpsel aus den Klappschränken in der Vermittlung reißen und befiehlt den Telefonisten, zwei Meter Abstand von ihren Schränken einzuhalten. Das kommt Fellgiebel entgegen. Er hat die Geistesgegenwart, den Staatsstreich anlaufen zu lassen – solange es geht, denn das Überleben Hitlers hat alles geändert. Niemand aus dessen Umgebung wird von Fellgiebel Befehle annehmen. Aber vielleicht würde er den anderen Verschwörern den entscheidenden Handlungsspielraum verschaffen.

Erich Fellgiebel telefoniert erneut mit Hahn im »Mauerwald«, teilt diesem mit, dass Hitler lebt, und weist den Mitstreiter an, der verunsichert nachfragt, was sie jetzt tun sollen, alles zu blockieren. Wie es geplant ist. Fellgiebel belässt es bei Andeutungen, denn die Leitungen werden überwacht, und die Unbeteiligten in der Nachrichtenzentrale sollen keinen Verdacht schöpfen. Anschließend eilt er zurück zum OKH, um weitere Maßnahmen einzuleiten.

Es werden die wichtigen Verstärkerämter »Anna« im »Mauerwald« und »Emma« in Lötzen abgeschaltet und die Klemmverbindungen getrennt, über die Gespräche zum Hauptquartier und zum OKH vermittelt werden. Um das zu überwachen, schickt Arntz, Fellgiebels Ordonnanzoffizier, einen weiteren Mitstreiter zu »Anna«, um »Emma« kümmert er sich selbst. Die Ämter Insterburg und Rastenburg übernimmt Fellgiebel, wenn auch die vollständige Sperre nicht durchzusetzen ist. Die Mitstreiter in Zossen erfüllen ebenso ihre Aufgabe. Die Leitungen zum Hauptquartier werden unterbrochen, die zum »Mauerwald« und damit zu Fellgiebel bleiben für die Verschwörung eingeschränkt nutzbar. Major Heinz Burchardt, der Leiter der Zentralgruppe, schickt von Zossen aus sogar zwanzig Mann in den Bendlerblock, um von dort aus Einrichtungen wie den Rundfunk besetzen zu können.

Generalleutnant Fritz Thiele, der in der Berliner Zentrale der Verschwörung die Nachrichtenverbindungen verantwortet, zeigt allerdings Nerven. Fellgiebel hat ihn gegen 13.30 Uhr erreicht. Obwohl Thiele vom gescheiterten Attentat erfährt und merkt, dass Fellgiebel trotzdem aufs Ganze gehen will, behält er das zunächst für sich und verlässt zeitweise den Bendlerblock zum Nachdenken. Offensichtlich versteht er Fellgiebels – im Beisein des nicht eingeweihten Sander – gesprochenen Satz »Es ist etwas Furchtbares passiert, der Führer lebt!« nicht als Aufforderung, weiter wie geplant vorzugehen. Oder will es nicht verstehen.

Thiele hebt sogar die Nachrichtensperre wieder auf, zu einem Zeitpunkt, als die Aktionen seiner Mitverschwörer nach Stauffenbergs Ankunft in Berlin anlaufen. Hat er den Kopf verloren? Hat ihn die veränderte Lage schwankend werden lassen, weil er weiß, dass jemand wie Generaloberst Friedrich Fromm, der Chef des Ersatzheeres, seine Mitarbeit verweigern würde, wenn er von Hitlers Überleben hört? Oder hofft er gar, damit seine Haut zu retten?

Als Fellgiebel vom Verhalten Thieles hört, sagt er zu Vertrauten, die das so überliefern: »Damit kommt Thiele nicht durch. So kann man es nicht machen – weder als Mensch noch als Offizier.« Er soll auf grausame Weise recht behalten: Thiele wird am gleichen Tag gehenkt wie er. Fellgiebel wird noch am 20. Juli 1944 verhört und in der folgenden Nacht festgenommen, weil sein Treffen mit Stauffenberg aufgefallen ist. Auf einer später entdeckten Liste ist er im Falle eines Gelingens zudem als Postminister vorgesehen. Das Angebot seines Ordonnanzoffiziers Arntz, ihm eine Pistole zu geben, lehnt Fellgiebel ab: »Man steht, man tut das nicht.« Helmut Arntz, im Zivilberuf Sprachwissenschaftler, der sich auf Indogermanistik spezialisiert hatte, dem NS-Regime durchaus diente, mit ihm aber in Konflikt geraten war, weil er die offizielle Runenkunde ablehnte, wonach die Wiege der Sprache in Deutschland gestanden habe, überlebt den Krieg. Von ihm stammen wesentliche Schilderungen über die Fellgiebel-Gruppe am 20. Juli. Er selbst wird nach 1945 Experte für wissenschaftliche Farbfotografie, Dokumentation und schließlich Referent im Presse- und Informationsamt der Bundesregierung.

V.

Wer eine Verschwörung unter den Bedingungen des Krieges vorbereitet, dazu hoch konspirativ, hat keine Möglichkeit, umfangreiche Vorbereitungen zu treffen, denn die wären schwer geheim zu halten. Aus dem gleichen Grund haben Fellgiebel und seine Mitverschwörer den Kreis der Mitwisser klein gehalten und auf vertrauenswürdige Offiziere beschränkt, auch wenn niedere Dienstgrade durch ihre alltägliche Arbeit mehr Erfahrung im Umgang mit der komplizierten Nachrichtentechnik hatten. Gleichwohl waren die Vorbereitungen so umfangreich, wie Fellgiebel und seine Leute es verantworten konnten, um die geplante Aktion dann auch durchzuführen. Wie sind dann die Vorwürfe zu erklären, Fellgiebel habe versagt? Sie kommen, worauf der Historiker Peter Hoffmann richtig hinweist, nicht aus erster Hand, sondern vom Hörensagen. Keine der Personen, die an vorbereitenden Treffen teilgenommen haben, bis in den Juli 1944 hinein, haben je darüber berichtet, Fellgiebel habe ihnen die Zerstörung der Nachrichtenvermittlung im Sperrkreis I der »Wolfschanze« zugesagt. Zur Verunglimpfung beigetragen haben neben dem Ziel, Fellgiebel zu diskreditieren, auch die Unkenntnis von Sander und anderen Nichteingeweihten über dessen Rolle und eine falsche Deutung seines Verhaltens, nicht zuletzt, weil Fellgiebel bei Telefonaten eine zuvor verabredete Geheimsprache verwendet hat. So erinnert sich Sander, dass Fellgiebel ihm im Hauptquartier mit Verzögerung gefolgt sei. Aber das war kein Zeichen für Verunsicherung. Wahrscheinlich erklärt sich das Verhalten Fellgiebels damit, dass er zuvor mit Hahn telefoniert hat, um Anweisungen zu geben, ehe er Sander folgte. Und natürlich haben Fellgiebel und Hahn vor der Gestapo ausgesagt, sie hätten sich darauf geeinigt zu handeln, »wenn der Umsturz« erfolgt ist, und keine großen Vorbereitungen gebraucht. Das diente aber dem Ziel, ihre langfristigen Planungen zu verschleiern und Mitverschworene vor dem Zugriff des NS-Regimes zu schützen.

Erich Fellgiebel war derjenige, der aufgrund seiner Position den engsten persönlichen Kontakt zu Hitler hatte. Deshalb trifft dessen Rache ihn besonders, aber auch Fellgiebels Familie. Ehefrau Cläre und Sohn Gert werden am 30. Juli verhaftet und zweieinhalb Monate festgehalten. Tochter Susanne, die in Görlitz arbeitet, kommt neun Wochen in Einzelhaft. Ihren 20. Geburtstag am 2. September kann sie nicht feiern. Aber dem Vater gelingt es, ihr einen kurzen Gruß aus der Todeszelle zukommen zu lassen, wenige Tage vor seiner Hinrichtung am 4. September. In Haft kommen auch Sohn Walther-Peer und dessen Frau Rosemarie sowie Erichs Bruder Hans und dessen Frau Frieda. Wie Walther-Peer später erzählt, habe er seinen Vater in der Berliner Gestapo-Zentrale in der Nachbarzelle unruhig umherlaufen hören. Erich Fellgiebel trägt seit einem schweren Autounfall 1928 ein Metallgestell an einem Unterschenkel und hat dadurch einen akustisch unverwechselbaren Gang. Härter trifft es Walther-Peers Halbbruder Gert. Nach der Haft zum Arbeitsdienst abkommandiert, wird er schwer krank, aber trotzdem nicht geschont, sondern kurz vor Kriegsende zu einem Einsatz geschickt, bei dem er ums Leben kommt – im Alter von 17 Jahren. Er ist möglicherweise der Einzige aus der Familie, der bis zur Verhaftung von der Rolle des Vaters im Widerstand gewusst hat. Denn Fellgiebel hat ihn kurz vor dem Attentat zu sich geholt und ist mit seinem jüngsten Sohn ausgeritten. Eine ungewöhnliche Geste, meint Gerts Schwester Susanne. Leider habe sie nie erfahren, über was sich die beiden unterhielten.

Sie selbst sorgt Anfang 1945 für ein Stück Normalität und Hoffnung in der Familie: Susanne heiratet am 6. Februar den Offizier Klaus Potel. Beide haben sich über einen Kameraden ihres Mannes kennengelernt. Potel, nach einer schweren Verletzung »frontuntauglich«, ist wie Erich Fellgiebel eine Weile im »Mauerwald« in Ostpreußen beim OKH tätig gewesen, ohne ihm jedoch persönlich zu

Erich Fellgiebels Tochter Susanne Potel in Berlin vor einer Wand
mit Porträts ihres Vaters

begegnen. Den ungewöhnlichen Zeitpunkt der Hochzeit erklärt Susanne damit, sie seien der Meinung gewesen, man finde sich in wir-
ren Zeiten eher wieder, wenn man verheiratet und in einer Familie
geschützt sei. Die Trauung zu organisieren ist schwierig: die Anreise
der Gäste bei unregelmäßigen Zugverbindungen, die Zusammenstel-
lung des Buffets bei einem Mangel an Lebensmitteln. Eine große Hilfe ist Tante Truda, die Schwester Erich Fellgiebels. Als Ort der Trauung wird die Garnisonskirche in Potsdam ausgewählt, Klaus Potel ist
inzwischen im nahen Wünsdorf stationiert. Der Pfarrer sucht den
Spruch aus: »Glaubt an das Licht, weil ihr es habt.« Trauzeuge ist
Klaus Potels Vorgesetzter, General Wolfgang Thomale. Eine Wahl
nicht ohne Brisanz: Thomale ist Chef des Stabes beim General-
inspekteur der Panzertruppe im OKH, Generaloberst Heinz Guderian, und hat in dieser Funktion am 20. Juli 1944 vom »Mauerwald«
aus der Panzer-Ersatz-Brigade in Berlin den Befehl erteilt, den
»Putsch« niederzuschlagen. Dabei war Thomale selbst über die Attentatspläne informiert. Im August 1943 hatte ihn Helmuth Stieff,
damals Chef der Organisationsabteilung im Generalstab des Heeres,

angesprochen, doch Thomale hatte Stieff erklärt, sein General »werde an keiner gegen den Führer gerichteten Handlung teilnehmen«, wie der Historiker Hoffmann berichtet. Es ist nicht vorstellbar, dass die Familie Fellgiebel zum Zeitpunkt der Hochzeit diesen Zusammenhang kennt.

VI.

Den Tod von Erich und Gert Fellgiebel kann die Familie nur schwer verkraften. Das doppelte Trauma hindert sie jahrelang, offen über den Verlust zu reden. Tochter Susanne quält, dass ihr verwehrt geblieben ist, mit dem Vater wenigstens noch einmal reden zu können. Die nächste Generation rührt nicht an die alten Wunden, weil sie spürt, dass die Trauer nicht verarbeitet ist. Eine Annäherung an den Großvater erfolgt nur über die Fotografien, die es in der Familie gibt.

Zu dem Schmerz kommt anfangs materielle Not. Bei der Festnahme 1944 werden Cläre Fellgiebel sämtliche Wertgegenstände abgenommen. Wieder entlassen, will sie die Wohnung auflösen und lädt Interessenten ein. Die Gestapo erfährt davon, unterbindet die Aktion, konfisziert den bisherigen Erlös, setzt dann selbst den Verkauf fort und sackt auch diese Summe ein. So gehen der Familie Geld, Möbel, Wäsche und Schmuck verloren. Sie darf auch die Wohnung nicht mehr betreten.

Nach Kriegsende braucht Cläre Fellgiebel Stehvermögen, um eine Entschädigung und Versorgungsleistungen einzufordern. Am 7. September 1945 berichtet sie ihrem Neffen Fritz, wie es der Familie geht, wer sich wo aufhält und wie die ersten Wochen nach Kriegsende verlaufen sind. Über das Schicksal ihres jüngsten Sohnes Gert ist sie offensichtlich noch nicht informiert, sie wähnt ihn in amerikanischer Gefangenschaft. Cläre Fellgiebel schreibt, dass die Amerikaner freundlich seien, dass sie für die Besatzungsmacht dolmetsche und dass ihr persönlich jede Hilfe versprochen worden sei, als man ihren Namen hörte. Sie solle eine Pension bekommen, man wolle sich für eine Entschädigung einsetzen und ihr eine »gute Stellung« geben. Über eine Begegnung mit zwei US-Offizieren ist sie jedoch nicht so erfreut. Die beiden waren vor dem Krieg als Journalisten in Deutschland. Sie hätten allerlei private Fragen gestellt und ihr vorgeschlagen, für die Zeitung über ihr Schicksal und ihre Erfahrungen mit den Nazis zu berichten. Das lehnt Cläre Fellgiebel ab. »Wir Deutschen sind darin ja anders, wir schätzen es nicht, unsere persönlichen Dinge in der Zeitung laut auszurufen.«

Zu den persönlichen Dingen gehören auch zwei Jahre später noch die Mühen um den Lebensunterhalt. In einem Brief klagt die Fellgiebel-Witwe 1947, dass sie noch keine Entschädigung erhalten habe, dass sie sich mit Gelegenheitsjobs Geld verdiene, etwa als Dolmetscherin für das britische Rote Kreuz. Ihre Tochter würde sich mit Heimarbeit durchschlagen. Bis Ende der fünfziger Jahre beschäftigen sich Ämter, Gerichte und Anwälte in Nordrhein-Westfalen und Berlin mit ihren Anträgen auf Entschädigung und Versorgungsleistungen. Als bundesdeutsche Behörden von Cläre Fellgiebel einen Nachweis verlangen, dass ihr Mann tatsächlich NS-Gegner gewesen und hingerichtet worden sei, schaltet sich 1950 sogar das Bundeskanzleramt ein und gibt ihr Tipps, welche Nachweise sie einreichen könnte.

Neben dieser Bürokratie setzt ihr die fortwirkende Verleumdung ihres Mannes zu, gegen die die Witwe aber couragiert ankämpft. So beschwert sie sich im September 1952 bei der Bundeszentrale für Heimatdienst über die herabwürdigende Darstellung in der Broschüre »Die Wahrheit über den 20. Juli 1944«. Cläre Fellgiebel führt Zeitzeugenberichte an, in denen Fellgiebels Einsatz gewürdigt wird, und schließt das Schreiben: »Ich möchte nicht, daß mein Mann als ›Versager‹ in die Geschichte eingeht.« Drei Tage später schreibt die Bundeszentrale einen Entschuldigungsbrief. Doch es gibt auch Zuspruch von ehemaligen Mitarbeitern ihres Mannes, die Krieg und NS-Verfolgung überlebt haben – dank der Verschwiegenheit ihres einstigen Vorgesetzten. Denn Erich Fellgiebel hat selbst unter schwerer körperlicher Folter, auch nach seiner Verurteilung, weder Namen noch Einzelheiten verraten.

Über seine eigene Rolle beim Staatsstreich gab er jedoch bereitwillig Auskunft. Dass der Umsturz misslungen war, dürfte den erfolgsgewohnten General bedrückt haben, gerade weil er aus Überzeugung gehandelt hatte. Gebrochen hat es ihn aber nicht. Als der berüchtigte NS-Gerichtspräsident Roland Freisler ihm beim Prozess sarkastisch den nahen Tod ausmalte, konterte Erich Fellgiebel: »Herr Richter, beeilen Sie sich mit dem Aufhängen, sonst hängen Sie eher als wir.«

Lars-Broder Keil

Heinrich Graf zu Dohna-Tolksdorf (1882–1944)

»Der Kampf für den Glauben ist Tradition in unserer Familie«

I.

Eines der häufigsten Vorurteile über die Verschwörer des 20. Juli lautet, sie seien doch früher selbst begeisterte Nazis und erst dann zum Widerstand bereit gewesen, als der Krieg bereits für alle sichtbar verloren war.

Auf Heinrich Graf zu Dohna jedenfalls trifft das nicht zu. Zusammen mit seiner Frau Maria-Agnes (1895–1983) gehörte er von Anfang an zu den Gegnern Hitlers. Deswegen hat er auch schon früh – das war allerdings eine Besonderheit im Kreis der Verschwörerfamilien – das Urteil seiner vier Kinder geschärft, die sich jederzeit darüber im Klaren waren, was ihre Eltern über die politischen Ereignisse der Zeit dachten. »Sie wollten vermeiden, daß die Kinder womöglich auf ›deutsch-christliche‹ oder nationalsozialistische Einflüsse hereinfielen, und hielten es daher für unumgänglich, sie voll in ihre eigenen Gedankengänge hineinzuziehen«, wird der Sohn Lothar später einmal schreiben. Im gesellschaftlichen Umfeld des ostpreußischen Adels erschien die Person Hitlers damals vielen als unseriös und unvernünftig, bei den Dohnas aber wurde er früh als gefährlich eingeschätzt. Der Stolz darüber, dass der Vater sie immer wie Erwachsene ernst nahm, sie bei den Tischgesprächen zuhören ließ, wenn Carl Friedrich Goerdeler oder andere Widerständler zu Besuch kamen, und sie über die politische Einschätzung mancher Gäste im Haus informierte, hat den Kindern dann sehr geholfen in jenen Tagen, als sie selbst mit der Gestapo zu tun hatten. Er prägt bis heute ihre Erinnerung an den Vater, der am 14. September 1944 in Plötzensee hingerichtet wurde, und an die Mutter, die erst die Sippenhaft und anschließend das KZ Ravensbrück (Häftlingsnummer 84485) überlebte.

Heinrich Graf zu Dohna mit Sohn Lothar.
Auf S.62 mit den Kindern Ursula und Fabian

II.

Ursula Gräfin zu Dohna ist 21, ihr Bruder Lothar 20 Jahre alt, als um die Mittagszeit des 21. Juli 1944 auf dem Gut in Tolksdorf die beiden Eltern und der zufällig auf Genesungsurlaub anwesende jüngste Sohn der Familie, der 17-jährige Fabian, verhaftet werden. Der Name Heinrich Graf zu Dohna steht ganz oben auf der Liste des »Walküre«-Befehls, er ist als Politischer Beauftragter für den Wehrkreis I vorgesehen. In dieser Funktion für Ostpreußen und damit für das Gebiet, in dem sich Hitlers Hauptquartier »Wolfschanze«, das Oberkommando des Heeres (OKH), das Oberkommando der Wehrmacht (OKW) und viele Stabstellen der SA und SS befinden, hätte auf ihm eine enorme Verantwortung gelastet.

Ursula ist an diesem 21. Juli 1944 in Königsberg. Bei einer Bekannten der Familie, selbst eine NS-Gegnerin, hört sie die Nachricht vom Attentat und seinem Scheitern. Mit unruhigen Gedanken und bösen Vorahnungen fährt sie zurück. »Als ich nach Hause kam, fand ich das Nest leer, mußte aber noch fünf Tage warten, bis zwei Kommissare zur Hausdurchsuchung kamen.« Merkwürdig souverän und unerschüttert übernimmt sie im Elternhaus die Rolle der Verantwortlichen, beruhigt die Angestellten, versorgt die Tiere, gibt Anweisungen für den täglichen Arbeitsablauf. Für die Aufklärung des Attentats erscheint die junge Dame der Gestapo als unergiebig. Erst am 9. August 1944 kommt auch sie ins Gefängnis von Königsberg. Zunächst wird die 21-Jährige mit ihrer Mutter in eine Zelle gesperrt, danach teilt sie die Zelle mit Sissi Dönhoff, der Schwester von Heinrich Graf Lehndorff, der gleich neben Dohna als militärischer Verbindungsoffizier für den Wehrkreis I oben auf der Liste steht und nach seinem ersten Fluchtversuch ebenfalls in Königsberg einsitzt. Beide Familien sind miteinander verwandt, ihre Güter Tolksdorf und Steinort liegen jeweils nur 14 beziehungsweise 20 Kilometer von der »Wolfschanze« entfernt.

Lothar erfährt erst auf Umwegen durch Verwandte von alledem. Er ist an der Front und dann mehrfach im Lazarett. Von General Ernst Maisel, dem Chef der politischen Abteilung des Heerespersonalamtes, wird der junge Offizier im Januar 1945 in Lübben/ Spreewald vorgeladen. Die Forderung an ihn lautet, er solle umgehend das Urteil über seinen Vater als »gerecht« anerkennen, ansonsten müsse er sich zum Einsatz an der Front melden, um mit seinem Tod »den Ehrenschild der Familie wieder reinzuwaschen«. Diese Verfügung, die jungen Söhne der Verschwörer in ein Strafbataillon zu schicken, gehört zur Sippenhaftpraxis der nach Rache dürstenden NS-Führung. Bis heute erinnert sich Lothar an das kalte Gefühl, das ihn damals überkam: »Dieser General erniedrigt sich zum Dienstleister der Nazis! Ich fühlte mich aber gar nicht bedroht. Ich fühlte mich merkwürdig geschützt – wie in einem Panzer.« Da er noch verwundet ist und als Verwundeter nicht eingezogen werden kann, entgeht er zunächst dem Strafbataillon.

Kurze Zeit später gelingt es ihm sogar, auf die Wirkung seines Gipsverbandes bauend, in die Gestapo-Zentrale in der Berliner Prinz-Albrecht-Straße zu Obersturmbannführer Berndorff vorzudringen, um nach dem Verbleib seiner Mutter zu forschen. Am 17. Januar 1945 erhält er eine höflich-förmliche Antwort:

Auf Ihre Anfrage in Angelegenheit Ihrer Frau Mutter teile ich er-gebenst mit, daß die Festnahme wegen staatsfeindlichen Verhal-tens erfolgt ist. Die Festgenommene hatte dazu in unerhörter Of-fenheit über die nationalsozialistische Bewegung hergezogen. Da bei der Stellung der Festgenommenen dieses Verhalten gerade in der heutigen Zeit geeignet ist, den z. Zt. mehr denn je erforder-lichen Zusammenhalt im Volk zu untergraben und das Vertrauen zur Staatsführung zu unterbinden, bedauere ich Ihnen mitteilen zu müssen, daß im Augenblick keine Möglichkeit zur Entlassung ge-geben ist ...

Die Mutter gilt also selbst als Staatsfeindin, nicht nur als Sippenhäft-ling. Trotz dieser ernüchternden Antwort gelingt es sowohl Ursula als auch ihrem Bruder wenig später auf abenteuerliche Weise, ihre Mutter im KZ zu sprechen. Schon die Auskunft zu erlangen, wo sie inhaftiert ist, gleicht einer Irrfahrt. Einer der Beamten, bei dem Ursula vorspricht, fragt sie unvermittelt, ob sie die Mecklenburger Seenplatte kenne, da sei es doch sehr schön, da müsse sie unbedingt mal hinfahren. Von einer resoluten Schwester ihrer Mutter erhält sie dann auf einer Postkarte den Hinweis auf das Lager Ravensbrück mit dem verklausulierten Zusatz »Die Kinder haben Grippe. Kommissar Borchert ist übrigens zugänglich« – und dann folgen ein paar belang-lose Bemerkungen über das Wetter. Als sie diese Nachricht erhält, ist Ursula, die am 15. Oktober 1944 aus der Sippenhaft entlassen wur-de, längst, fast auf sich allein gestellt, mit einem Treck auf dem Weg nach Westen. Sie ist gerade in Mecklenburg angekommen.

Ich bin dann mit meiner Cousine und Pferd und Wagen aufs Gera-tewohl zum KZ, das war Anfang Februar 1945, habe mich am Tor gemeldet und gesagt, ich wolle Kommissar Borchert besuchen, ob das privat möglich sei. Der Kommissar lebte, was ungewöhnlich war, im Lager. Ich wurde an sein Büro in der Baracke 5 verwiesen, dort war er dann. Ich habe ihn direkt gefragt, ob ich meine Mutter sehen könne. Er hat mir auch einen Rat gegeben. Ich hatte zwei Abschiedsbriefe meines Vaters mit – einen an mich und einen an

Ursula Gräfin zu
Dohna und ihr Bruder
Lothar, 2012

meine Mutter. Ich fragte ihn, ob meine Mutter wisse, dass mein
Vater nicht mehr lebt? »Von uns nicht«, antwortete er und fügte
dann hinzu: »Ich rate Ihnen, geben Sie ihr die Briefe jetzt nicht.
Das könnte ihr helfen.«

Ursula hat sich an diesen Rat gehalten und die kurze Sprechzeit mit
ungewohnt lebhaften Schilderungen über die Flucht gefüllt. Sie
wollte, dass die Mutter in ihrem Überlebenswillen ungebrochen
blieb.

Einige Wochen später versucht auch Lothar über Borchert eine Be-
suchserlaubnis zu bekommen. Der Kommissar ist diesmal deutlich
zugeknöpfter. Jetzt ist es eine Sekretärin, die Mitgefühl mit dem jungen verwundeten Offizier zeigt, der seine Mutter noch einmal sehen
will. »Im Gegensatz zu meiner Schwester hat mich unsere Mutter

nach meinem Vater gefragt: ›Was weißt du von Papa?‹ Meine Antwort: ›Wir haben ganz lange nichts mehr von ihm gehört, seit Herbst.‹ Das nahm sie an, aber das war auch nicht gelogen.«

III.

Sucht man nach den Gründen für die frühe Gegnerschaft der Familie Dohna gegen Hitler und das NS-Regime, so finden sich eine ganze Reihe von biographischen Begründungssträngen – aber ausschlaggebend ist wohl doch eine Persönlichkeitsstruktur des Vaters, die schon ganz früh zutage trat: geistige Unabhängigkeit, Fähigkeit zum eigenen nüchternen Urteil, eine hohe Bereitschaft, sich vom Gemeinwesen in die Pflicht nehmen zu lassen, und nicht zuletzt persönliche Bescheidenheit.

Als jüngerer Sohn einer alten europäischen Adelsfamilie war Heinrich Dohna für den Offiziersberuf vorgesehen, wollte aber nicht ins elitäre 1. Garde-Regiment, dessen bekanntester Traditionsträger das spätere I.R.9 war, »weil da doch die Prinzen den Ton angeben«. Er trat stattdessen 1901 bei den Leibhusaren in Danzig ein. Der kaiserlichen Nähe entkam er dennoch nicht. Ein Pferd, das er so großartig zugeritten hatte, dass es Wilhelm II. gefiel, brachte ihm beim Verkauf so viel Geld ein, dass er davon eine neunmonatige Weltreise (1907) finanzieren konnte. Überwiegend auf Frachtschiffen oder auf dem Pferderücken unterwegs, sah er Indien, Indochina, China, die Mongolei.

Im Ersten Weltkrieg wurde er bald in den Generalstab berufen, 1916/17 in die Operationsabteilung des Großen Generalstabs unter Hindenburg. Dessen Generalquartiermeister Ludendorff sei »militärisch hochbegabt, aber persönlich ein äußerst fragwürdiger Charakter, überheblich und maßlos« gewesen, erklärt er später seinen Kindern. Der Große Generalstab war nach dem Krieg in der Haltung zu Ludendorff nahezu gespalten. Dohna aber gehörte – wie der spätere Nachrichtenchef und Mitverschwörer Fellgiebel, mit dem er bis zu seinem Tod eng befreundet bleibt – zu den »Anti-Ludendorffianern«. Auch den späteren Hitler-Getreuen General von Reichenau

lernte er zu dieser Zeit bereits kennen. »Der wird nicht mehr eingeladen«, hieß es im Hause Dohna.

Wie die meisten Ostpreußen war Dohna Gegner des sowjetischen
Systems und der Bolschewiken und fürchtete die Bedrohung durch
die Expansion der Roten Armee. 1919 stellte er sich der baltischen
Landeswehr, die einen Kooperationsvertrag mit der jungen lettischen
Republik schloss, für deren Aufbau zur Verfügung.

Mit dem Ende des Krieges und seiner Heirat 1920 mit Maria-
Agnes von Borcke – »der oder keiner«, soll sich die selbstbewusste
junge Dame früh festgelegt haben – wechselte er in den Zivilberuf,
wurde Landwirt und übernahm die Verwaltung des Gutes Tolksdorf, das seine Frau geerbt hatte. Ehrenamtlich beteiligte er sich
zwar am Aufbau des milizartigen Grenzschutzes in Ostpreußen,
hielt diesen aber aus dem Kapp-Putsch vom März 1920 heraus, weil
er, wiewohl von unerschütterlicher wertkonservativer Überzeugung
getragen, grundsätzlich nicht gegen eine legale Regierung angehen
wollte.[1]

Im Rückblick bezeichnen die Kinder ihren Vater als »Vernunft-
republikaner«, der die Weimarer Republik akzeptierte oder es zumindest ablehnte, gegen einen rechtmäßigen Staat vorzugehen. Eigentlich aber hätte er gern in einer konstitutionellen Monarchie
gelebt.

Auch die Mutter war sehr gebildet, sie interessierte sich brennend
für Politik und Geschichte und nahm lebhaft an den Tischgesprächen
teil. Beide Eltern waren aktive Mitglieder der Kant-Gesellschaft in
Königsberg und fuhren gern zu deren Treffen und Vorträgen.

Das Aufkommen der Nationalsozialisten ist beiden Dohnas von
Anfang an suspekt. »Schon im Jahre 1930 haben wir Bekannte ge-
warnt, die für unseren Geschmack viel zu leichtsinnig waren und den
Hitler zu harmlos beurteilten«, schreibt die Witwe 1983.

Am 30. Januar [1933] hielten wir uns gerade in Berlin auf und
waren ein paar Tage später bei einem Freund meines Mannes zum
Essen eingeladen. Dort führte mich der General Blomberg. Er war
gerade Minister geworden unter Hitler, und da fragte ich ihn:

»Wie können Sie bloß in dieser Regierung Minister werden?« Worauf er betonte, er fände die Regierung gut. Hitler würde es schon sehr gut machen ... Da habe ich dann schließlich bloß noch gesagt: »Wenn diese Naziregierung bleibt oder eine neue Naziregierung kommt, dann gibt es in fünf Jahren Krieg.« Die Generäle haben aber natürlich auf Frauen nicht gehört.

So war zum Beispiel im Mai 1934 General von Fritsch, Chef der Heeresleitung, bei uns. Ich besinne mich noch gut. Wir gingen in unserem Park spazieren. Ich schimpfte immerzu auf das Regime und auf Hitler. Da sagte Herr von Fritsch bloß: »Sie kommen noch mal ins KZ.« ... Das muß im Mai 1934 gewesen sein, denn ich weiß genau, es war noch vor der »Reichsmordwoche«.[2]

Beide sollten recht behalten: Die Gräfin kommt tatsächlich 1944 bis zum Ende des Krieges ins KZ, aber die Generäle Fritsch und Blomberg werden noch vor Kriegsbeginn durch Intrigen von Hitler abgelöst und in ihren Funktionen durch noch willfährigere Generäle ersetzt.

IV.

Die entscheidende Vorprägung für das spätere Engagement Dohnas aber erfolgt in der Zeit des Kirchenkampfes in Ostpreußen, in jener lang andauernden Auseinandersetzung, für die zum ersten Mal auch der Begriff »Widerstand« überliefert ist. »Daß er zu den Männern des 20. Juli gehörte, lag in der Linie seines Lebens. Er wußte sich dahin gestellt von demselben Herrn, der ihn zum Zeugnis der Bekennenden Kirche gerufen hatte. Beides war e i n Weg in seinem Leben. Beides ein vor den Menschen verlorener Weg«, schreibt – im protestantischen Sprachgebrauch und Predigerton seiner Zeit – der Theologe Hans Joachim Iwand. Er hatte nicht nur als Dozent der Bekennenden Kirche, der lange in der Illegalität lehrte und schließlich aus Ostpreußen ausgewiesen wurde, Grund zu persönlicher Dankbarkeit. Dohna wurde wirklich zu einem Fels in den heftigen innerkirchlichen Auseinandersetzungen.

In Ostpreußen hatten die Nationalsozialisten zum ersten Mal nach dem Ausscheiden des Generalsuperintendenten versucht, das Führerprinzip auch auf die Kirche zu übertragen und einen ihnen genehmen Bischof der NS-affinen, offen antisemitischen »Deutschen Christen« zu installieren. Seither gilt diese Kirche in den Augen der bekennenden Christen als »zerstört«. Es kommt zur Gründung einer eigenen Kirchenliste »Evangelium und Gemeinde«, bald darauf zum »Ostpreußischen Bruderrat«, der sich den Synoden der Bekennenden Kirche im Reich anschließt, ein eigenes Predigerseminar unterhält und dafür freiwillige Spenden einzieht. Jede Gemeinde und jeder Pfarrer werden durch diese offene Kirchenspaltung genötigt, sich für die eine oder andere Seite zu erklären. Das bleibt nicht ohne Folgen, zeitweise sind allein in Ostpreußen 153 Pfarrer in Haft. Die dortige protestantische Kirche gehört damit zu den entschlossensten Gegnern der »Deutschen Christen«.

Im Original erhalten ist vom November 1934 ein Flugblatt Dohnas, das er an seinen großen Bekanntenkreis verschickte, um für die Mitgliedschaft in der »Gemeinde unter dem Evangelium« zu werben, bei deren erster Versammlung, der »Knochensynode«, sich annähernd tausend Pfarrer und Gemeindemitglieder eingefunden hatten:

Die Pfarrer der kirchlichen Arbeitsgemeinschaft Ostpreußens stehen im schweren Kampf für unsere Kirche und unser Bekenntnis. Soeben hat sich bis zur endgültigen Regelung des kirchlichen Notstandes die freie evangelische Bekenntnissynode Ostpreußens gebildet. Diese Bekenntnissynode erhebt den Anspruch, im Unterschied zu der deutschchristlichen Provinzial-Synode, rechtsgültige Vertretung der Gemeinde zu sein. Aus ihrer Mitte hat sie einen Bruderrat berufen, in dem sie den Träger der Rechte und Pflichten des Prov.-Kirchenrates sieht.
Bisher tragen die Pfarrer die Kosten der gesamten Arbeit selbst. Sie unterhalten ferner aus eigenen Mitteln die ihres Amtes entsetzten Brüder. Das geht nicht an. Wir müssen uns hinter sie stellen. Es ist genug, wenn sie bereit sind, ihre Stellung und ihr Amt zu opfern ...

Dieser ungeschminkten Analyse folgt die Aufforderung, die beigefügte Mitgliedskarte bald zurückzusenden, reichlich Spenden auf ein bestimmtes Konto zu überweisen (der namentlich genannte Kassenwart ist der ehemalige Pfarrer der Patronatskirche von Tolksdorf) und im gesamten Bekanntenkreis »fleißig« Mitglieder für die Bekennende Kirche zu werben.

Es verwundert kaum, dass es bereits 1933 in Tolksdorf eine Hausdurchsuchung gibt. Einschüchternde Wirkung hat sie offensichtlich nicht gehabt. Die Dohnas laden sogar zu einem Vortrag von Iwand in ihren Privaträumen ein; die Versammlung vermittelt den Eindruck einer oppositionellen Kundgebung. Zur Bekennenden Kirche zählen sich in Ostpreußen 1937 ganz offiziell 200 Kirchengemeinden. Dohna selbst behält seinen Platz im Ostpreußischen Bruderrat als einer der Laien bis zuletzt bei und nimmt an allen drei illegalen Synoden sowie im Auftrag seiner Landessynode auch an den reichsweiten Synoden der Bekennenden Kirche teil.

Deren allmählicher Niedergang nach der Bekenntnissynode in Oeynhausen 1936 und nach der Verhaftung Martin Niemöllers 1937 hat ihn, der nüchterner als mancher leidenschaftliche Pfarrer ist, kaum erschüttert. »Vielleicht hat er früher als wir gesehen und geahnt, daß die Kirche zu schwach war, um den Kampf durchzuhalten«, schreibt wiederum Iwand in einem Porträt für ein Buch, das Ricarda Huch 1946 herausgeben wollte. »Aber er war nicht der Mann, in solchem Fall zu weichen. Er stand auch im Untergang fest ... Graf Dohna ging mit der Minderheit ... Wenige nur wußten, daß er unermüdlich tätig und besorgt war, die Reste des tapferen Häufleins zu schützen, die Vernichtungswut der fanatisierten Gegenkirche zu dämpfen. Er wirkte gern in der Stille.«

Wie nah dieses unerschrockene Auftreten dem Kern seines christlichen und politischen Engagements ist, lässt sich am besten in der erhaltenen Ansprache vom März 1935 zur Konfirmation seines ältesten Sohnes Carl Albrecht (geb. 1921, gefallen 1941) nachvollziehen. Hier wird – ähnlich wie bei der Ansprache Henning von Tresckows aus gleichem Anlass für seine beiden Söhne – deutlich, wie sehr ein Vater seine Kinder auf eine Zeit harter Kämpfe und schwerer Anfechtungen vorzubereiten versucht – nicht gerade ein üblicher Vorgang bei dieser eigentlich heiteren Feier des Mündigwerdens eines jungen Christen.

Eltern sehen an einem solchen Tag voller Hoffnung auf den Lebenspfad, den ihr Kind schreiten soll, aber auch voller Sorge ... Viele Kinder und Jugendliche, die heute noch ohne Urteil sind, werden hinübergezogen in das Neuheidentum. – Da heißt es dann: Das Christentum sei undeutsch, es mache untüchtig im Kampf, es verweichliche, Blut und Rasse stünden höher ... Als Religion müssen wir beides ablehnen. Über beidem steht ein Schöpferwille, der sie schuf. Der Kampf für den Glauben ist Tradition in unserer Familie. Mag nun Gott dich rüsten, daß auch du ein Streiter wirst.[3]

V.

Carl Goerdeler kannte den Grafen Dohna schon seit den dreißiger Jahren aus Königsberg. Als der entschlossene Gegner Hitlers 1938 Tolksdorf einen Besuch abstattet, geht es dem ständig nach Mitstreitern Ausschau haltenden Gast schon um ein besonderes Anliegen. Er spricht Dohna auf die bestehenden Pläne an, Hitler abzusetzen, in einem Hochverratsprozess anzuklagen und eine Übergangsregierung zu bilden, um die drohenden Kriegsvorbereitungen zu unterbinden. Dohna soll sich für die Verwaltung in Ostpreußen zur Verfügung stellen. Dohna sagt zu. Es wird nicht die letzte Zusage bleiben.

Die sehr weit gediehenen Pläne des Jahres 1938 – vielleicht die aussichtsreichsten von allen zum Sturz des Diktators – wurden abgeblasen, als Hitler mit dem »Münchener Abkommen« einen beispiellosen innen- und außenpolitischen Triumph feierte. Dohna aber war von Anfang an gegen die Annexion des Sudetenlandes. Das habe doch niemals zu Deutschland gehört, sagt er seinen Kindern. Wieder ist er mit seiner Position in der Minderheit.

Im Zweiten Weltkrieg wird er als Chef des Stellvertretenden Generalkommandos in Königsberg reaktiviert. Die Spannungen zwischen seinen Pflichten als führender Militär und den Befehlen, die er bekommt, müssen manchmal unerträglich gewesen sein. »So verhinderte er beispielsweise in Radom die Durchführung des Befehls, einen polnischen Gutsbesitzer mit seiner Familie wegen angeblichen Waffenbesitzes erschießen zu lassen. Auf Antrag übertrug ihm sein Vorgesetzter, der General von Gienanth, die Untersuchung der Angelegenheit, und Dohna ermittelte, daß die SS selbst die Waffen im Gutspark vergraben hatte ... Nach dieser Beweisführung wurde der Erschießungsbefehl zurückgezogen.«[4]

Der Konflikt mit den NS-Generälen, unter ihnen besonders mit Bodewin Keitel, dem Bruder von Hitlers Feldmarschall Wilhelm Keitel, führt 1943 zur Demission Dohnas. Anlass ist Keitels Plan, die in Danzig lebenden Polen zur deutschen Wehrmacht zwangszurekrutieren. »Die Gründe für seine Ablösung als Korpschef waren politische«, schreibt Generaloberst Franz Halder, der Dohna aus der Zeit der Umsturzpläne von 1938 kannte, wenige Monate nach Kriegsende.

Während der Abwesenheit ihres Mannes hat die Gräfin oft Mitglieder des Verschwörerkreises bei sich zu Gast. Als im Rahmen der Vorbereitung des »Unternehmens Barbarossa« alle militärischen Stabsstellen seit 1940/41 in die unmittelbare Nähe des Gutes Tolksdorf verlagert werden, finden diese Treffen immer häufiger statt. Besonders oft kommt der Nachrichtenchef Erich Fellgiebel vorbei. Vorwand für seine häufigen Besuche ist ein Pferd, das die Tochter Ursula für ihn zureiten soll. Diese ehrenvolle Aufgabe für den Pferdeliebhaber Fellgiebel übernimmt sie mit großer Gewissenhaftigkeit, ahnt sie doch, dass es eigentlich um ein Alibi für Treffen und Absprachen geht.

VI.

Aufgrund seiner vielen Verbindungen gehört Dohna zu den Hitler-Gegnern, die Kontakte zu den unterschiedlichsten Widerstandskreisen haben: zum militärischen (Beck, Fellgiebel, Stieff, Witzleben, Schulenburg), zum politisch-konservativen um Goerdeler (Popitz,

Marie-Agnes Gräfin
zu Dohna

Jessen), zum christlichen der Bekennenden Kirche (Niemöller, Iwand, Bonhoeffer) und auch zum eher liberalen sogenannten Kreisauer Kreis, der sich um Peter Yorck von Wartenburg und Helmuth James von Moltke gebildet hat. Es ist deswegen auch leicht verständlich, dass sich bei der Suche nach möglichen Kandidaten für eine Machtübernahme unmittelbar nach gelungenem Staatsstreich viele schnell darauf verständigen können, Dohna zu bitten, übergangsweise als Oberpräsident Ostpreußens zur Verfügung zu stehen. Man brauchte ja Menschen, deren Autorität außer jedem Zweifel stand und die auch von der unentschlossenen Bevölkerung sofort anerkannt würden. So risikoreich es war, dafür den eigenen guten Namen herzugeben, persönlichen Vorteil konnte man sich davon keinesfalls versprechen, denn diese Aufgabe sollte ja nur so lange übernommen werden, bis in Deutschland wieder geordnete Verhältnisse herrschten und eine legale Regierung im Amt wäre.

Am 19. August 1943 schreibt Moltke an seine Frau Freya:

Am Abend war ein Graf Lehndorff aus Ostpreußen da, der, sehr klug und nett, recht interessant über Stimmung und Haltung in Ostpreußen berichtet. Die Leute dort scheinen schon sehr besorgt über ihr weiteres Schicksal zu sein. Wir haben mit L, so schien mir, einen großen Fortschritt in Ostpreußen getan und er will versuchen, mit dem in Frage kommenden Mann [Dohna] wieder zu erscheinen. Ich bin gespannt, ob es klappt.[5]

Angefragt wird Dohna von Yorck von Wartenburg und Lehndorff, seinem Verwandten und Nachbarn – so jedenfalls wird es im Freisler-Prozess vom 14. September 1944 heißen; seine Zusage übermittelt dann aber eine junge Verwandte, Marion Dönhoff, die gelegentlich solche Kurierdienste übernimmt, da Frauen als Mitwisser nicht im Blickfeld der Gestapo stehen. Bezeugt ist dieser Vorgang zugleich von Dohnas Frau und der Tochter, die mitbekamen, wie der Vater – nachdem er lange mit Marion Dönhoff allein im Zimmer gesprochen hatte – auf Maria-Agnes Frage »Hast du jetzt zugesagt?« mit einem kurzen »Ja« antwortete. Seine Frau war einverstanden.

Ebenfalls in Erinnerung ist den Kindern ein Vorgang vom März 1944, der Fragen aufwirft. Über mehrere Tage wurde die Ankunft des in Führerreserve versetzten Generals von Witzleben in Tolksdorf erwartet, der sich – wegen der Nähe des Gutes zur »Wolfschanze« – dort eventuell für die von den Verschwörern nach erfolgtem Attentat geplanten militärischen Aktionen im »Führerhauptquartier« bereithalten wollte. Wiederholt habe die Mutter die verabredete Frage gestellt: »Soll ich denn nun die Ente schlachten?«

Dann sei der Vorgang abgeblasen worden. Möglicherweise handelte es sich um die Pläne, Hitler im Zusammenhang mit einer Uniformvorführung zu ermorden; diesmal sollte der Anschlag durch den jungen Ewald-Heinrich von Kleist ausgeführt werden.

Am 19./20. Juli selbst kann Dohna nicht so rechtzeitig informiert werden wie sein Nachbar Lehndorff, der sich früh auf den Weg zu seinem Einsatzort in Königsberg aufmacht. Dohna ist mit seiner Frau zu einem Abendessen in Dönhoffstädt eingeladen und erfährt erst auf der Rückkehr die Nachricht vom missglückten Attentat. Für die erste rein militärische Phase des Umsturzes wurde er aber auch noch nicht gebraucht.

VII.

Nach seiner Verhaftung am Mittag des 21. Juli kommen Dohna, seine Frau und sein jüngster Sohn zunächst ins Gefängnis in Königsberg. Als Hitler, Himmler und Bormann den ganzen Umfang der Verschwörung allmählich erkennen, wird Dohna, zusammen mit Lehndorff, am 8. August nach Berlin überstellt. Als sie mit dem Wagen vor der Gestapo-Zentrale in der Prinz-Albrecht-Straße ankommen, gelingt Lehndorff auf unfassbare Weise zum zweiten Mal die Flucht. Dohna wird verhört, bekennt sich zu seiner Beteiligung, nennt nur Namen von Verschwörern, die bereits hingerichtet sind – darin ist das Kassiber-System innerhalb des Gefängnisses inzwischen sehr erfahren –, und muss mit einem baldigen Prozess vor dem Volksgerichtshof rechnen. Zusammen mit dem Onkel Stauffenbergs, Nikolaus Graf von Uexküll-Gyllenband, mit Michael Graf von Matuschka und dem katholischen Kaplan Herrmann Wehrle wird er zum Tod durch den Strang, Verlust seines Vermögens und Aberkennung seiner Ehrenrechte verurteilt. Teile der Prozessakten sind erhalten. Die Fotos zeigen den Angeklagten in ernster, nachdenklicher, sehr aufrechter Haltung.

> Dohna: »Herr Präsident, ich bin mir ganz klar gewesen, um es gleich zu sagen, daß es sich hierbei um eine illegale ...«
> Freisler: »Eben. Also brauchen wir gar nicht die einzelnen Einzelheiten. Nehmen Sie wieder Platz.«

Der Pflichtverteidiger Boden gibt zur Verteidigung an: »Er hat alles zugegeben, er hat nichts beschönigt, er hat sogar teilweise mehr zu-

Vor dem Volks-
gerichtshof

gegeben, als es zu seiner Belastung ausgereicht hätte.« Er habe aber
nicht mit der Ermordung des »Führers« gerechnet. So bitte er für den
Angeklagten um ein Urteil, »das der Sachlage gerecht wird«.[6]

Nach dem Krieg schickt der Anwalt der Gräfin Dohna, die nach
der Befreiung aus der KZ-Haft erst im Oktober 1945 als Flüchtling
zu ihren Kindern nach Westdeutschland zurückkehren kann, eine
Rechnung für seine Bemühungen.

Antje Vollmer

Albrecht Graf von Bernstorff (1890–1945)

»Der Nationalsozialismus richtet sich gegen alles, wofür ich eingetreten bin«

I.

Heimat wird höchst unterschiedlich wahrgenommen. Viele begründen ihr Heimatgefühl mit Geborgenheit und der Zugehörigkeit zu einer Region oder Gemeinschaft. Andere verbinden damit ganz konkret das Zusammensein mit Menschen, denen sie vertrauen. Wiederum andere sind an festen Orten verwurzelt. Alle drei Ansätze treffen auf Albrecht Graf von Bernstorff zu, wobei die Bindung an identitätsstiftende Orte herausragt. Die aber könnten nicht unterschiedlicher sein: Stintenburg am malerischen Schaalsee in Mecklenburg, die ehrwürdige Universitätsstadt Oxford und die pulsierende Metropole London. Dazu noch die Reichshauptstadt Berlin, wo der Diplomat und NS-Gegner geboren ist und 1945 im Alter von 55 Jahren sein Leben verliert.

Diese Plätze haben mit seinen Lebensstationen zu tun, sie stehen aber zugleich für die Eigenschaften eines Mannes, der von Ambivalenzen geprägt ist. Da ist zum einen das robuste Äußere des fast zwei Meter großen, zur Fülle neigenden Bernstorff, das so wenig zu seinem sensiblen Charakter passt. Da ist der charmante Gastgeber, der große Tafelrunden liebt, aber auch immer wieder in Einsamkeit flüchtet. Und da ist der Diplomat, der die Gepflogenheiten auf dem internationalen Parkett beherrscht, aber völlig undiplomatisch, fast leichtsinnig die Konfrontation mit dem NS-Regime sucht.

II.

Albrecht von Bernstorff wurde am 6. März 1890 in eine Familie hineingeboren, in der Staatsdienst und Diplomatie zur Tradition gehörten; Militärs waren dagegen in seinem Stammbaum die Ausnahme. Vorfahren von Bernstorff förderten als hohe Beamte in dänischen Diensten die Aufklärung, waren preußische Außenminister und Botschafter wie sein Großvater in London oder ein Onkel in Washington. Diese Einflüsse der Familie führten fast zwangsläufig zu einer Weitsicht im Denken und einer von Toleranz geprägten, liberalen Grundhaltung. Beides wurde verstärkt durch die Mutter, die aus der Schweiz stammte. Die Kindheit von Bernstorff aber bestimmte zunächst ein streng religiöser Alltag im Geist des Pietismus, den sein Vater Andreas den drei Söhnen und zwei Töchtern vorlebte. Halb im Scherz wurde er deshalb »heiliger Andreas« genannt. Als der Vater 1907 starb, wurde Albrecht mit seinen 17 Jahren formell Familienoberhaupt und musste sich – wenn auch mit einem Vormund an der Seite – um den Besitz der Familie kümmern. Dazu gehörte das kleine Gut in Stintenburg auf einer Insel im Schaalsee; hier verbrachte die Familie ihre Ferien. Der Dichter Friedrich Gottlieb Klopstock, ebenfalls in einer pietistischen Familie aufgewachsen und öfter in Stintenburg zu Gast, widmete dem Ort eine Ode, die mit der Zeile beginnt: »Insel der froheren Einsamkeit«.

Nennenswerten Ertrag warf das Anwesen nicht ab, doch Albrecht von Bernstorff liebte das Gut, hier wurzelte seine Familie. Gleichwohl bedrückte ihn der Gedanke an die Verantwortung, es zu erhalten. Als Landwirt sah er sich nicht, weshalb er froh war, als er 1909 ein Rhodes-Stipendium für die englische Universität Oxford erhielt. Die Idee zu solchen Stipendien ging auf den britischen Kolonialpolitiker Cecil Rhodes zurück, der jungen Menschen aus Großbritannien, den USA und Deutschland die Möglichkeit geben wollte, einander näherzukommen – ein Akt der Völkerverständigung. Am 8. Oktober wurde Bernstorff als Student der Volkswirtschaftslehre am Trinity College immatrikuliert; der zweijährige Aufenthalt in Oxford sollte für ihn zu einer Art Erweckungserlebnis werden. Albrecht von Bernstorff sog die englische Lebensart geradezu auf, er schätzte den Humor, die Geselligkeit, die Freude an der Debatte und teilte die Abscheu gegen Engstirnigkeit und Fanatismus. Bereits in Oxford zeigte sich sein Talent für Kontaktpflege: Bernstorff war

Mitbegründer des Hanover Clubs, eines deutsch-britischen Debattierclubs, und verfasste eine Broschüre mit launigen Tipps für nachfolgende Stipendiaten. Im Übrigen war er begeistert vom Prinzip »free competition«, dem fairen Wettbewerb um das geeignete Konzept, das auch in der Politik zu gelten habe. Außerdem imponierte ihm in Großbritannien die konstitutionelle Monarchie.

Zurück in Deutschland, hatte Bernstorff Probleme, sich wieder einzuleben. Er absolvierte ein kurzes Jura-Studium in Kiel, stürzte sich in ein Abenteuer beim Militär, das er bald krankheitsbedingt abbrach, begann ein Referendariat, um schließlich 1915 als Attaché an der deutschen Botschaft in Wien seine erste diplomatische Stelle anzutreten. Die ganze Zeit über plagten ihn Selbstzweifel, vor allem die Angst, den Ansprüchen der Familie nicht zu genügen, »nicht das richtige Leben zu führen«. Aus diesen trüben Stimmungen holte ihn Elisabeth (Elly) Gräfin von Reventlow heraus, 15 Jahre älter, verheiratet, seine große Liebe, die zeitlebens Bernstorffs Lebensanker blieb, auch wenn sie seine tiefen Gefühle nicht erwiderte.

Die gebildete Frau, die sich für Kunst und Politik gleichermaßen interessierte, stärkte seinen Ehrgeiz, wusch ihm aber, wenn nötig, auch den Kopf. In zahlreichen Briefen – von Bernstorff sind rund 2000 erhalten – tauschten sie sich aus. Angesichts der vom Reichstag beschlossenen Wehrvorlage, die eine umfangreiche Aufrüstung des Heeres vorsah, schrieb er ihr 1913: »Für Leute von meinen Ansichten wird es in unserer Politik bald zwingende Notwendigkeit werden, Sozialist zu sein.« Ein Jahr später bezeichnete Bernstorff den Krieg, für den er keinerlei Begeisterung empfand, »als Schreckgespenst seines Lebens«. Als Reaktion auf einen Brief seines Onkels Johann-Heinrich, der als Botschafter in Washington versuchte, die USA vom Eintritt in den Krieg abzuhalten, analysierte er 1915, dass die »Demokratisierung unseres Volkes« unausweichlich sei: mit einer neuen, von breiten Massen getragenen Volkspartei, denn die etablierten seien nur noch von ihren Interessen gelenkt. Der 25-Jährige träumte von einer liberalen Partei, die sich vom alldeutschen Nationalismus abgrenzte: »Es gibt Augenblicke, wo ich mich frage, ob ich im Staatsdienst verbleiben kann, wenn das so weitergeht – diese

Art von Deutschtum zu vertreten, ist mir unmöglich, und nur der Wunsch, sich nicht herausekeln zu lassen und die Hoffnung auf andere Zeiten hält einen.«

In dieser klaren Haltung zum Krieg und den politischen Überlegungen sieht Hartwig Graf von Bernstorff, der heutige Vorsitzende des Bernstorff'schen Familienverbandes, Albrechts frühe »geistige Grundierung« und Reife des Urteils. Der in den Briefen erkennbare Idealismus sei Teil seiner Weltanschauung gewesen, die ein anderer Verwandter so charakterisiert: »Er war ein Aristokrat, der auch Demokrat sein konnte.«

III.

Obwohl noch junger Diplomat, zeigte Albrecht von Bernstorff in Wien keine Berührungsängste. Er knüpfte Kontakte in die Politik, in die Finanzwelt – etwa zur Bankiersfamilie Rothschild –, aber auch zu Kulturschaffenden wie den Schriftstellern Hugo von Hofmannsthal und Rainer Maria Rilke. Sein berufliches Ziel war jedoch Großbritannien. Dorthin konnte Bernstorff im Januar 1923 wechseln. Bevor er seine Stelle als neuer Legationssekretär in London antrat, unterbrach er die diplomatische Laufbahn, um ein Volontariat beim Bankhaus Delbrück, Schickler & Co. in Berlin zu machen. Offenbar wollte er für unsichere Zeiten vorbauen: Kenntnisse im Finanzwesen schienen ihm hilfreich zur Führung des Familienbesitzes.

Seine Aufgabe in London gestaltete sich schwierig. So kurz nach dem Krieg war der Hass auf alles Deutsche in Großbritannien noch weit verbreitet. Propaganda für die eigene Regierung zu machen war Bernstorff aber zuwider. Der inzwischen 33-Jährige wollte durch persönliche Kontakte eine Atmosphäre des Vertrauens schaffen. Dabei erwies er sich als äußerst geschickt: Er frischte alte Bekanntschaften aus der Oxforder Zeit auf und schloss neue – wie schon in Wien quer durch alle Schichten der »guten« Gesellschaft. Er traf sich auch mit deutschen Journalisten, etwa dem Vertreter von Wolffs Telegraphischem Bureau (W.T.B.), Jonah Ustinov, oder seinem alten Freund Kurt von Stutterheim. Bald gehörte Bernstorff zu den willkommenen

Der Botschaftsmit-
arbeiter Albrecht von
Bernstorff um 1930 in
London und in
weiblicher Begleitung

Gästen der britischen Elite, weil er als geselliger und gut informierter Gesprächspartner geschätzt wurde. Er genoss das Leben, hatte Affären, meist mit älteren, gebundenen Frauen – und gelegentlich wurden ihm auch Kontakte zu Männern nachgesagt. In Alben hielt er seine Londoner Jahre fest: Er klebte Fotos hinein, Artikel aus englischen und deutschen Blättern, die ihn erwähnten, aber auch Karikaturen über das deutsch-britische Verhältnis und Zeitungsausschnitte von seinen Gala-Auftritten als Diplomat. Bernstorff zeigte sich selbst als charmanter Gastgeber: Regelmäßig lud er auch nach Stintenburg ein, wo sich bei »houseparties« Freunde und Bekannte aus Deutschland sowie internationale Gäste in zwangloser Runde trafen.

Dass Ende der zwanziger Jahre in Deutschland nationalistische Gruppierungen immer mehr Zuspruch bekamen, registrierte Bernstorff zunächst nur aus der Ferne. Das Verständnis für die politische Atmosphäre in der Heimat fehlte ihm. Allerdings beobachtete er mit

Sorge, dass sich die deutsch-britischen Beziehungen wieder verschlechterten. Anfang 1931 verfasste er darüber einen ausführlichen Bericht: England habe Vertrauen zu Deutschland gefasst, doch habe man in London kein Verständnis für eine Politik der Extreme. Hitler habe durch viele Interviews diesen Eindruck verfestigt und so dem deutschen Ansehen geschadet. Bernstorff konnte sich jedoch nur schwer vorstellen, dass die Deutschen einer derart aggressiven Politik folgen würden. So setzte er sich weiter für ein Klima der Verständigung ein. Unter anderem hatte er das Rhodes-Stipendium für deutsche Studenten wiederbelebt. Bei einem Auswahlverfahren lernte er 1930 Adam von Trott zu Solz kennen. Bernstorff fand Gefallen an dem jungen Mann, den er fördern wollte. 1931 wechselte Trott zu Solz für zwei Jahre nach Oxford.

Gleichzeitig drückten Bernstorff finanzielle Sorgen. Die wirtschaftliche Lage auf Stintenburg war so prekär, dass er an einen Teilverkauf denken musste. Das wollte er verhindern, aber das Geld war knapp, erst recht, seitdem die Regierung Brüning den Beamten das Gehalt um fast ein Drittel gekürzt hatte. Zudem verlor Bernstorff größere Summen an der Börse. Zahlungskräftige Gönner waren schließlich bereit, einzuspringen, etwa Joseph Hambuechen von seiner Hausbank A. E. Wassermann in Berlin.

IV.

Anfang 1933 tritt ein, was Albrecht von Bernstorff für unmöglich gehalten hat: Hitler kommt an die Macht. An seine Vertraute Elly von Reventlow schreibt er: »Die Zustände zu Hause will ich lieber nicht kommentieren. Man fragt sich, was schlimmer ist, dieser österreichische Maulheld oder der engstirnige Industrielle Hugenberg – wahrscheinlich der Letztere. Heute muß man sich geradezu schämen, Deutscher zu sein. Das kann ja nicht gut enden.« Immer häufiger schickt er Berichte über den Umschwung der öffentlichen Meinung in Großbritannien ins Auswärtige Amt. Bernstorff enthält sich jeder Wertung, aber allein die Häufung und die Eindringlichkeit der Schilderungen lassen erahnen, dass er auch sein eigenes Unbehagen meint. Vor allem das Vorgehen gegen die Juden mache es beinahe unmöglich, so Bernstorff am 6. April 1933, Wohlwollen in der angelsächsischen Bevölkerung zu erhalten. Der erste »Judenboykott« in Deutschland liegt da fünf Tage zurück. Zugleich lehnt er propagandistische Aktionen ab, um die öffentliche Meinung zu beeinflussen. Stattdessen empfängt er in der Botschaft Delegationen, die gegen die Verletzung der Rechte der Juden protestieren und mit dem Boykott deutscher Waren drohen. »What an unpleasant job!«, findet Bernstorff. Das stößt einem Journalisten des *Völkischen Beobachters* auf, der sich bei dem NS-Außenpolitiker Alfred Rosenberg in Berlin beschwert. Dort hat man Bernstorffs kritische Haltung längst registriert.

Für das herrische Gehabe der NS-Vertreter empfindet der Diplomat nur Abscheu, und er klagt: »Ein Deutschland, das sich in einen Kasernenhof verwandelt, kann ich nicht im Ausland vertreten.« Noch aber tut er es. Bernstorff redet sich ein, dass die »politischen Zumutungen« nicht stark genug seien, um den Job hinzuschmeißen. Insgeheim rechnet er mit einem schnellen Niedergang des Regimes. Doch zu seiner Überraschung beruft ihn das Auswärtige Amt im Juni 1933 ab. Bernstorff führt das nicht auf seine Haltung zurück, sondern auf Intrigen im Amt. Es geht um die Besetzung attraktiver Posten.

Das Echo in Großbritannien ist stark. Der *Evening Standard* schreibt: »Graf Bernstorff kann mit Befriedigung auf eine Reihe von Leistungen zurückblicken, wie sie in den Annalen der Diplomatie selten sind.« Der *Observer* ergänzt: »Kein Diplomat unserer Tage hat mehr geleistet als Graf Bernstorff, und keiner war so beliebt wie er ... Er kennt sein England, liebt es und hat doch niemals den Deutschen verleugnet.« Manche Kommentare vermuten hinter Bernstorffs Abberufung Anfänge einer politischen Säuberung im diplomatischen Korps. Dies macht ihn indirekt zu einem Opfer und schürt das Misstrauen bei den neuen Machthabern in Berlin in Bezug auf seine Person. Aber auch aus Deutschland kommt Lob. Die *Vossische Zeitung* bekennt am 28. Juni 1933: »Bernstorff hat mehr als jede andere deutsche Persönlichkeit dazu getan, daß die englisch-deutschen Beziehungen sich ständig verbesserten.«

Die Hoffnung auf ein akzeptables Angebot zerschlägt sich schnell; einen Posten als Generalkonsul in Asien lehnt er ab. Ende 1933 wird Albrecht von Bernstorff in den einstweiligen Ruhestand versetzt. Seine Enttäuschung versteckt der 43-Jährige hinter der trotzigen Bemerkung gegenüber Elly, intellektuelle Aufrichtigkeit sei wichtiger, als Karriere zu machen. »Der Nationalsozialismus richtet sich gegen alles, wofür ich eingetreten bin: ›Geist‹, Toleranz, Einsicht und Menschlichkeit.«

V.

Nun gibt es mehrere Möglichkeiten, mit dieser Situation umzugehen. Bernstorff schwankt zwischen Exil und innerer Emigration, zeigt sich dabei wie schon in seiner Jugend von Selbstzweifeln geplagt. Doch der Anflug ist bald vorbei, und er entscheidet sich, auch nachdem er sich mit seinem Onkel Johann-Heinrich beraten hat, der selbst ein Gegner des NS-Regimes ist und nun in der Schweiz lebt, in Deutschland zu bleiben – und zu widerstehen. Früh schafft es Bernstorff durch sein Auftreten, dass selbst Hitler auf ihn aufmerksam wird, über den er im Berliner Gesellschaftsleben Witze macht. Bernstorff war Graham Seton Hutchinson, dem Führer der britischen National Workers Party, in die Parade gefahren. Auf dessen Lob 1934 für die »Aufbauarbeit« des Dritten Reiches konterte er, wie der Historiker Knut Hansen schildert: Es werde ein furchtbarer Zusammenbruch folgen. Über Hutchinson gelangt diese Bemerkung bis zu Hitler, der tobt: Wenn dieser Ausspruch nachzuweisen sei, habe Bernstorff mit schwersten Strafen zu rechnen. Dank früherer Kollegen beim Auswärtigen Amt, die Hutchinsons Schilderung in Zweifel ziehen, kommt es am Ende nicht dazu.

Doch Bernstorff zeigt auch auf andere Weise, dass er sich der NS-Ideologie verweigert und nicht daran denkt, sich anzupassen. Im März 1934 tritt er eine Stelle im Bankhaus A. E. Wassermann an, die ihm Joseph Hambuechen verschafft hat. Die Bank befindet sich mehrheitlich in jüdischem Besitz und hat sich darauf spezialisiert, Vermögen von verfolgten Juden ins Ausland zu transferieren, um

Flüchtlingen einen Neustart zu ermöglichen. Dass Bernstorff sich mit dieser Arbeit zuallererst seinen Lebensunterhalt sichern will und zu Beginn durchaus Bedenken hat, ändert nichts daran, dass dieser Schritt an sich eine Provokation darstellt. Bernstorff hat sich nicht nur als Anhänger der Demokratie nach britischem Vorbild gezeigt. Er ist auch weder antisemitisch noch antikapitalistisch.

Ein Jahr nach seinem Eintritt steigt Bernstorff mit Zustimmung der Familie Wassermann zum Generalbevollmächtigten der Bank auf, obwohl ihm das erforderliche Geld für die Einlage fehlt und er ein Darlehen aufnehmen muss – und es ihm im Bankwesen an Berufserfahrung mangelt. Mit dem Gehalt kann er Stintenburg retten. Die Wassermanns vertrauen ihm, so dass sie ihn später sogar an der von der Bankiersfamilie selbst initiierten »Arisierung« ihres Hauses mitwirken lassen. Bernstorff sieht sich dabei als Treuhänder.

Andererseits beginnt er zu begreifen, dass er die Nationalsozialisten unterschätzt hat, die ihre Macht festigen. Er rechnet mit einem neuen Krieg. Vor allem das motiviert ihn, mit seinen Mitteln Widerstand zu leisten, »um sich treu zu bleiben«, wie er Elly von Reventlow schreibt. Dafür nutzt Bernstorff seine Kontakte in Berlin, dessen Atmosphäre ihn immer mehr bedrückt, aber auch die »houseparties« in Stintenburg, das mehr und mehr ein Zufluchtsort wird und wohin er Gäste einlädt, die seine Sicht teilen: so Pfingsten 1937 den Historiker Ernst Kantorowicz, der einst dem George-Kreis angehörte, oder die junge Marion Gräfin Dönhoff. Auch Adam von Trott zu Solz kommt vorbei. Zu ihm hat er nach dessen Rückkehr aus Oxford Kontakt gehalten und eine Stelle in einer Anwaltskanzlei vermittelt.

Bernstorff sucht Zugang zu oppositionellen Kreisen, etwa zum informellen Zirkel um Johanna Solf, die Witwe seines früheren Vorgesetzten und Förderers im Auswärtigen Amt, Wilhelm Solf. Den oppositionell eingestellten Beamten, Offizieren und Wissenschaftlern aus bürgerlich-liberalem Milieu, die sich bei ihr treffen, geht es nicht um konkrete Umsturzpläne, sondern um Meinungsaustausch, das Gefühl des Zusammenhalts als Vertreter einer Minderheit sowie um konkrete Hilfe für Verfolgte.

Albrecht von Bernstorff an Pfingsten 1937 mit Freunden in Stintenburg, rechts sitzend neben ihm: Marion Gräfin Dönhoff

Die leistet auch Bernstorff für Betroffene aus seinem Bekannten-kreis. Dank der Arbeit in der Bank erregt das kaum Aufsehen. So warnt er Kantorowicz vor der Pogromnacht, versteckt ihn ein paar Tage in seiner Wohnung und hilft bei der Ausreise. Jonah von Usti-nov und dessen Familie kommen zeitweise in Stintenburg unter. Bernstorff versucht auch mit seinen Kontakten in die Schweiz der Witwe des Malers Max Liebermann zu helfen. Für ihn selbst ist Flucht noch immer kein Thema. Als Kantorowicz 1939 in London seinen Freund zum Bleiben überreden will, wendet der mit einiger Verzögerung ein: »Und Stintenburg?« Der Familienbesitz also. Die Wurzel. Die Heimat. Kantorowicz versteht das. In einem Erinne-rungsband schreibt er 1952: »Stintenburg war ein Teil seiner selbst, sein Rahmen, die Handbreit festen Bodens unter den Füßen, die der Kosmopolit brauchte.«

Auf seinen Reisen kontaktiert Bernstorff nicht nur ausländische Politiker und Diplomaten, sondern auch deutsche Exilanten, wie den früheren Reichskanzler Joseph Wirth. Unterstützung von außen hält er für eine Voraussetzung, soll in Deutschland ein Umsturz gelingen. Dass ausgerechnet Großbritannien dies mit seiner Appeasement-Politik verweigert und Deutschen mit Misstrauen begegnet, die sich als Oppositionelle vorstellen, schmerzt Bernstorff sehr. Einst hat er in London für Vertrauen in die deutsche Politik geworben und damit Erfolg gehabt. Nun muss er erkennen, dass die Briten dieses Vertrauen auch dem NS-Regime entgegenbringen.

Doch er lässt sich nicht entmutigen und versucht weiter, über die Verbrechen des Regimes zu informieren. Etwa über die Gewalttaten in Polen nach Kriegsbeginn. Davon zeugen zahlreiche Akten des britischen Foreign Office und Tagebucheinträge des britischen Abgeordneten und Appeasement-Gegners Harold Nicolsen, der Bernstorff zu seinen wichtigsten Informanten zählt. Außerdem warnt Bernstorff Anfang 1940 die Briten vor Hitlers Angriffsplänen auf Belgien und Holland. Eine lebensgefährliche Aktion. Doch mit Hitlers ersten Kriegserfolgen erlahmt auch der Widerstandswille in der Wehrmacht. Enttäuscht schildert Bernstorff dem früheren Völkerbundfunktionär Carl Jacob Burckhardt in der Schweiz die Lage: Die Generalität sei zu schwach, um die Initiative zur Erhebung zu ergreifen, und würde wohl erst nach einem gelungenen Attentat jenen beispringen, die zum Kampf gegen Hitler entschlossen seien. Diese Entschlossenen suchen Verbündete. So steht der Solf-Kreis im Kontakt mit Oppositionsgruppen in der Wehrmacht, etwa um Hans Oster von der Abwehr, oder auch durch Bernstorff im Auswärtigen Amt, wo Trott zu Solz arbeitet, der wiederum enge Kontakte zum bürgerlich-zivilen Kreisauer Kreis hat und auch Claus Schenk Graf von Stauffenberg kennt.

VI.

Als Albrecht von Bernstorff am 20. Mai 1940 von einer Reise aus der Schweiz zurückkehrt, wird er in seiner Wohnung von der Gestapo festgenommen und vom 1. Juni bis zum 27. September im KZ Dachau inhaftiert. Weder die Familie noch Historiker können einen eindeutigen Grund dafür angeben. Auch der Zeitpunkt bleibt rätselhaft. Aber Diktaturen agieren willkürlich. Anklage wird nicht erhoben, der Vorwurf, er habe sich als deutscher Staatsbürger bei Kriegsbeginn nicht unverzüglich in sein Land begeben sowie Devisenvergehen begangen, gilt als vorgeschoben. Dazu kommt eine so undurchsichtige wie pikante private Komponente: Bernstorff hat sich Jahre zuvor mit der Familie seines Bruders Heinrich wegen der finanziellen Probleme von Stintenburg und wegen deren NS-Überzeugung überworfen. Nach Heinrichs Tod 1935 verschlechtert sich das Verhältnis zur Schwägerin Ingeborg, als sie eine Liaison mit dem Adjutanten Himmlers beginnt, dem SS-Gruppenführer Karl Wolff. Da Albrecht offiziell keine eigenen Kinder hat, geht man davon aus, dass er den 1929 geborenen Sohn seines Bruders als Erben benennt. Bernstorff ist dazu bereit, doch es fehlt zum Zeitpunkt seiner Festnahme noch die Unterschrift.

In Briefen aus Dachau erkundigt sich Albrecht (Häftling 13 096) immer wieder nach Stintenburg, den Ernteaussichten und dem Wohl seiner Familie und erinnert an die Geldbeträge für Freunde. Offenbar rechnet er mit einer längeren Haft. Zu den Geldempfängern gehört Ellen Schulz-Dornburg, eine alte Freundin, die ihn schon Anfang der zwanziger Jahre in Stintenburg besucht hat und mit einem Dirigenten verheiratet ist. Sie erhält monatlich hundert Reichsmark und ist, was lange unbekannt bleibt, die Mutter eines gemeinsamen, unehelichen Sohnes, der 1937 geboren wurde und den Bernstorff auf diese Weise unterstützt. Auch ist Albrecht bereit, wie er am 14. Juli 1940 aus dem KZ Dachau schreibt, sich an den Schulkosten seines Neffen Andreas von Bernstorff zu beteiligen.

Wenige Tage nach seiner Entlassung unterzeichnet er den Erbvertrag. Hat Wolff auf die Festnahme gedrängt, um den Vertrag zugunsten des Neffen zu erpressen? Oder hat er sich umgekehrt für die Freilassung eingesetzt, damit Bernstorff unterschreiben kann? Tatsache ist, dass Verwandte und Freunde über den Rechtsanwalt Carl Langbehn direkt mit Himmler und Wolff über die Freilassung verhandeln. Mit Erfolg, doch nun hat die SS-Spitze Bernstorff im Visier, der Anwalt muss die Gestapo eine Zeitlang regelmäßig über den

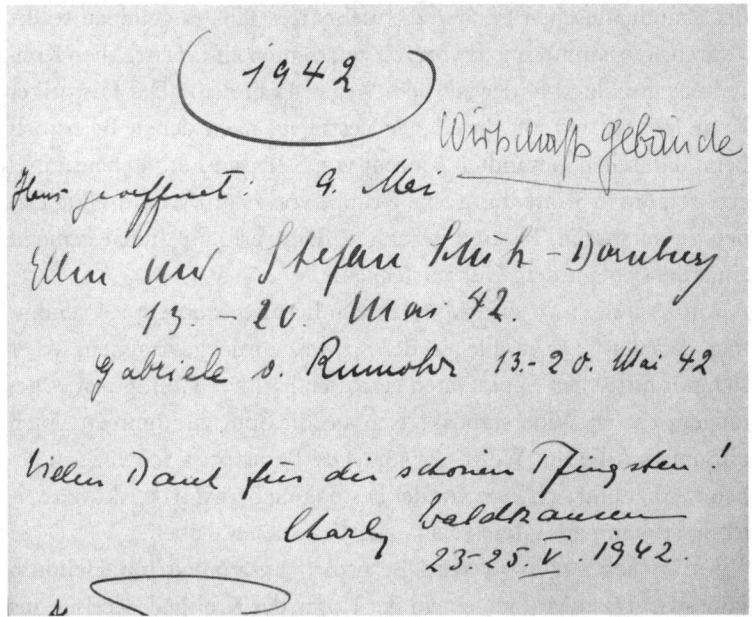

Im Mai 1942 besuchen Ellen und Stefan Schulz-Dornburg das Gut Stintenburg. Stefan ist Bernstorffs leiblicher Sohn.

Aufenthalt seines Mandanten unterrichten. Auslandsreisen sind Bernstorff nur noch mit Sondergenehmigung erlaubt, sein Pass wird eine Zeit lang eingezogen.

Aus Dachau kommt er nicht nur körperlich geschwächt zurück. Sein Humor und seine Leichtigkeit sind einem bitteren Zug gewichen, auch Niedergeschlagenheit. Doch sein Wille ist ungebrochen. Albrecht »wäre erstickt, hätte er in Gesinnungsdingen beim Gespräch eine erkünstelte Tonlage wählen sollen«, betont Theodor Heuss, der erste Bundespräsident, 1962 im Vorwort eines Buches über Bernstorff. Er kennt dessen Onkel Johann-Heinrich aus gemeinsamen Zeiten im Reichstag und besucht den Neffen, als er von seiner Freilassung aus dem KZ erfährt.

Bernstorff lässt sich nicht einschüchtern. So erinnert sich der dänische Historiker Aage Friis, dass 1942 Adam von Trott zu Solz vorbeigekommen sei, um ihm im Auftrag Bernstorffs Pläne zur Zukunft der skandinavischen Länder zu offenbaren, falls es gelingen sollte, »durch eine Sammlung der traurig zerstreuten antinazistischen Kreise in Deutschland Hitler aus dem Wege zu räumen«. Der Historiker Knut Hansen ist auf Unterlagen gestoßen, nach denen Bernstorff beim dänischen Gesandten Vincent von Steensen-Leth Lebensmittel erbittet, um in Stintenburg eine Gruppe von zwanzig bis dreißig Dänen zu versorgen. Hansen vermutet, dass verfolgte Juden gemeint sind, die sich auf dem Gut verstecken.

Am 30. Juli 1943 wird Albrecht von Bernstorff erneut festgenommen. Wieder ist er gerade aus der Schweiz zurückgekommen, wo er sich mit britischen Diplomaten getroffen hat. Der Gestapo ist es gelungen, zivilen Widerstandskreisen auf die Spur zu kommen. Auch Himmlers Adjutant Wolff, der im März Bernstorffs Schwägerin geheiratet hat und sich kurz vor der Festnahme Bernstorffs Akte zustellen lässt, kann ein Interesse an einer Festsetzung haben.

Am 7. Februar 1944 wird Bernstorff zusammen mit Helmuth James Graf von Moltke, einem der Köpfe des Kreisauer Kreises, ins KZ Ravensbrück gebracht, wo es eine Sonderabteilung für prominente politische Häftlinge gibt. Es beginnen verschärfte Verhöre, in denen Bernstorff massiv gefoltert wird, wie sich Mitgefangene erinnern. Moltke berichtet darüber in einem Brief an seine Frau: Bernstorff sei »14 Tage vollkommen geschwollen im Gesicht« gewesen. Auch Johanna Solf wird Augenzeugin, wie Bernstorff »blutbedeckt und von zwei Wärtern gestützt« an ihrer Zelle vorbeigeführt wird. Doch offenbar kann die Gestapo keine konkreten Beweise gegen ihn finden, auch wenn die Befragungen nach dem 20. Juli 1944 noch einmal verschärft werden. Am 19. Oktober wird er zurück nach Berlin ins Zellengefängnis Lehrter Straße gebracht, wo zahlreiche Verschwörer einsitzen. Er kommt in Zelle 269. Am 15. November wird Anklage vor dem Volksgerichtshof gegen Solf und andere wegen Wehrkraftzersetzung, Feindbegünstigung und Hochverrats erhoben. Nur wenige Zeilen der Anklageschrift beziehen sich auf Bernstorff. Zusätzlich wird sein Besitz eingezogen. Gerichtspräsident Roland Freisler legt die Hauptverhandlung auf den 8. Februar 1945, die dann noch einmal auf den 27. April 1945 verschoben wird. Doch zur Verhandlung kommt es nicht. Beim ersten Termin ist Freisler bereits tot, beim zweiten Bernstorff.

VII.

Nach seiner Überführung in die Lehrter Straße bittet Bernstorff Freunde, Verwandte und sogar seine ungeliebte Schwägerin verzweifelt um Hilfe. Der Ton in seinen Briefen, der fordernder, fast unwirsch wird, wenn erbetene Sachen nicht eintreffen oder Fragen unbeantwortet bleiben, verrät, wie zermürbend die Ungewissheit ist. Das zeigt ein Brief vom 15. April 1945 an seine Schwester Anna, die als Diakonisse im Elisabeth-Krankenhaus in Berlin arbeitet. Bernstorff rätselt, welches Schicksal ihm in den kommenden Tagen und Wochen bevorsteht. Bisher habe er im Fall des Heranrückens des Feindes mit einer »Entlassung in letzter Minute« gerechnet. Jetzt sehe es aus, als würde er bleiben, schreibt er. Ein paar Zeilen weiter heißt es, allerdings fürchte er auch, verlegt zu werden. Dann könnte es »arg werden«. Wiederum ein paar Zeilen später notiert Bernstorff voller Sorge: »Vielleicht bleiben wir doch hier, sicher wird der Moment zur Entlassung verpaßt werden, da niemand die Verantwortung übernehmen wird, es rechtzeitig zu tun!« Bernstorff nennt für den Fall, dass er das Kriegsende erlebt, seiner Schwester Namen und Anlaufstellen, die sich für ihn verwenden sollen. Darunter ist auch Winston Churchill; Bernstorff betont, dass er die Umgebung des britischen Premiers gut kenne, und fleht: »Laß mich jedenfalls nicht lange schmoren, bitte!« Andere Passagen, in denen es um den Neffen und das Erbe geht, ähneln wiederum einem Testament: »Bitte erzieht den Neffen zu einem guten Bernstorff, tolerant, weise, kein Nationalist.« Der Brief endet: »Gott schütze Dich und uns – alle Liebe und tiefste Dankbarkeit für alle treue Hilfe. Bless you love, stets Dein treuer Br. A.«

In dem Brief äußert er sich auch zum Widerstand: Alles, was man ihm anhänge, sei durch Folter erzwungen worden, und »mit dem 20. Juli 1944 habe ich überhaupt nichts zu tun gehabt, es ist eine ganz freche vollkommen unwahre Behauptung«. Geht es Bernstorff nur um die Wahrheit, oder hofft er im Wissen, dass die Briefe kontrolliert werden, davonzukommen? Als am 20. April 1945 die Gestapo angesichts der vorrückenden sowjetischen Armee die restlichen Insassen offiziell der Gefängnisleitung übergibt und einen Tag später einige Gefangene aus der Haft entlassen werden, keimt auch bei ihm Hoffnung auf. Sie zerschlägt sich, als am 22. April ein SS-Trupp 16 Mitgefangene holt und ohne Urteil in der Nähe des Gefängnisses hinrichtet. Am folgenden Tag ist die Front nicht einmal 1,5 Kilometer entfernt. Ist das die Rettung? In der Nacht zum 24. April erscheint erneut ein SS-Kommando und holt drei weitere Gefangene: Karl Ludwig Freiherr von und zu Guttenberg, den Gewerkschaftsfunktionär Ernst Schneppenhorst und Albrecht von Bernstorff. Alle drei werden nie wieder lebend gesehen, ihre Leichen nie gefunden. Die übrigen Häftlinge werden am 25. April 1945 befreit. Widerstandsforscher gehen davon aus, dass der Befehl zum Mord direkt von Gestapo-Chef Heinrich Müller kam.

Der Tod Albrecht von Bernstorffs erschüttert seine Freunde in Deutschland und im Ausland. Für Aufsehen sorgt ein Nachruf von Sir Harold Nicolson im August 1945, weil er nur Wochen nach Kriegsende in der britischen Zeitung *Spectator* den Diplomaten Bernstorff als guten Deutschen lobt, was Churchills damaliger Einschätzung des Widerstands widerspricht. Nicolsons Würdigung findet 1952 Eingang in eine Gedenkschrift, die Elisabeth Gräfin von Reventlow herausgibt und in der sich Weggefährten wie Ernst Kantorowicz oder Marion Dönhoff an den Menschen Bernstorff erinnern. Carl Jacob Burckhardt schildert, dass Bernstorffs Urteile nicht nur geistreich gewesen seien, sondern richtig: Er habe »mit gelassener Einsicht genau dasjenige vorausgesagt, was inzwischen eingetreten ist«. Aage Friis äußert sich beeindruckt von Bernstorffs »weltbürgerlicher Lebensanschauung«, mit der er sich freigemacht habe »von allen nationalen, politischen wie religiösen Vorurteilen«. Und Vincent von Steensen-Leth betont Bernstorffs Fähigkeit, »auch in schwierigsten und gefahrvollsten Verhältnissen er selbst zu bleiben«. Er bezeichnet Bernstorff zudem als Vertreter eines »anderen Deutschlands«, dessen Existenz im Ausland oft angezweifelt worden

Das Gutshaus am malerischen Schaalsee in Mecklenburg, im Vordergrund das Gedenkkreuz der Familie für Albrecht von Bernstorff

sei, das aber 1933 von Hitler »ebenso okkupiert wurde wie die meisten kleinen Nationen im Laufe des Kriegs«. Kurt von Stutterheim, der ebenfalls in der Gedenkschrift von 1952 vertreten ist und ein Jahr später Bernstorffs Schwester Luise Henriette, genannt Luisette, heiratet, bringt 1962 ein eigenes, ehrendes Buch mit einem Vorwort von Theodor Heuss heraus. Bernstorffs Tätigkeit wird heute auch im Auswärtigen Amt gewürdigt.

VIII.
Von bleibendem Wert spricht auch die Familie. »In seiner Beharrlichkeit, Dinge nicht hinzunehmen, in seiner Konsequenz, eine Linie gegen alle Anfeindungen durchzuhalten, in seiner Orientierung an allgemeinen menschlichen Werten ragt Albrecht in der Familie heraus«, sagt das aktuelle Oberhaupt, Hartwig von Bernstorff. Das sehen auch die Angehörigen von Albrechts Bruder Heinrich so, die wegen der späteren Ehe der Schwägerin mit SS-General Karl Wolff lange einen schweren Stand im Familienverbund haben, in erster Linie Al-

brechts Neffe, der Stintenburg geerbt hat, wie sein Sohn Johann-Hartwig von Bernstorff erzählt. Der Familiensitz wird nach einem Gebietsaustausch der sowjetischen Zone zugeschlagen und in der DDR verstaatlicht. Nach 1990 bemüht sich die Familie um die Rückgabe, ein zähes Ringen, das schließlich erfolgreich ist. Heute leben wieder Bernstorffs auf der »Insel der froheren Einsamkeit«. Nur eines sei unerfüllt und werde es wohl bleiben, meint Johann-Hartwig: Sein Großonkel habe in seinem Vermächtnis bestimmt, dass er in Stintenburg begraben werden will, »mit Blick nach Westen«.

Einen festen Platz im Leben hat Bernstorff am Ende auch bei seinem Sohn Stefan Schulz-Dornburg. Dieser hat erst 1962 bei seiner Hochzeit erfahren, dass der vermeintliche Patenonkel sein leiblicher Vater gewesen ist. Weder seine Mutter noch Bernstorffs Schwestern, zu denen Stefan einen sehr engen Kontakt hatte, haben früher davon erzählt. »Sie hatten, wie diese ganze Generation, nach den Katastrophen des Jahrhunderts geschwiegen«, sagt er heute. Von seinen Besuchen beim Vater, etwa im Mai 1942 in Stintenburg, hat er nur wenige Bilder im Kopf. Es ist vor allem die stattliche Statur; an Zärtlichkeit oder eine besondere Zuwendung kann sich Stefan Schulz-Dornburg nicht erinnern. Emotional als Vater wahrgenommen hat er ihn beim späten Prozess gegen Wolff im Jahre 1964, bei dem es auch um die Erbschaftsfrage ging. Er ist bewusst zu dem Prozess gefahren. Die Versuche der Verteidigung, Bernstorffs Person und seinen Lebenswandel zu diffamieren, haben Schulz-Dornburg, der als Zuhörer im Saal saß, schwer gekränkt − und ihn für den Vater dauerhaft eingenommen.

In seinem ganzen Auftreten und Wirken ist Albrecht von Bernstorff im Kreis des Widerstands schwer einzuordnen. Dass er seine Abneigung gegen das NS-Regime nie versteckt und die Gefahr lange ignoriert hat, die eine solche Haltung heraufbeschwört, brachte ihm sicherlich Respekt in Widerstandsgruppen ein. Doch seine mitteilsame und offen kritische Art machte ihn zugleich ungeeignet für konspirative Arbeit. Trott zu Solz, Moltke und andere haben in Bernstorff sogar ein Sicherheitsrisiko gesehen, auch weil die Gestapo ihn ständig im Auge hatte.

Trotzdem sind seine kompromisslose Haltung und sein Einsatz für Verfolgte ehrenhaft. Seine Versuche, im Ausland klarzumachen, dass es in Deutschland mutige Gegner des NS-Regimes gibt, sind von großer Bedeutung. Denn für Stauffenberg und die anderen Mitverschwörer wäre dieses Verständnis wichtig gewesen, sobald nach dem Gelingen eines Staatsstreichs mit den Alliierten über die Beendigung des Krieges und die Nachkriegsordnung verhandelt worden wäre – möglicherweise dann mit dem in Großbritannien geschätzten Bernstorff an ihrer Seite. Er besaß nach Ansicht von Burckhardt das nötige Fingerspitzengefühl, »andere Nationen in der Weise zu behandeln, daß sie aus Gegnern zu Freunden geworden wären«, oder war, wie ein Mitstudent in Oxford, Harald Mandt, es ausdrückt, »wie kaum ein anderer dazu berufen, die außenpolitischen Fäden zwischen Deutschland und den früheren Feindmächten wieder anzuknüpfen«. Sein Streben nach »Westanbindung« hätte gut zu Adenauers Nachkriegspolitik gepasst.

Lars-Broder Keil

Margarethe von Oven (1904–1991)

»Einen Mittelweg gab es nicht«

I.

»Ich weiß noch genau, wie ich das erste Mal diesen Befehl getippt habe, der mit den Worten anfing: ›Der Führer Adolf Hitler ist tot …‹ Da blieb mir das Herz stehen. Da wurde mir klar, was es heißt, einen Menschen umzubringen.«[1] Mit diesen Worten erinnert sich Margarethe von Oven 1985 an den entscheidenden Moment im Sommer 1943, von dem an sie nicht mehr nur eingeweiht war in die Attentatspläne der Offiziere, sondern selber tatkräftig mit konspirierte. Sie tippte den entscheidenden Befehl mit Handschuhen, und sie tippte ihn fern von ihrem Büro, um damit jede Spur zu verwischen.

Was hat es auf sich mit diesem hochgeheimen und konspirativen Dokument? Margarethe arbeitet damals seit wenigen Wochen in Berlin als Büroleiterin im Heeresamt, im sogenannten Nachkommando der an der Ostfront eingesetzten Heeresgruppe Mitte. Sie befindet sich damit im Zentrum des Umsturzes, den eine Gruppe von hochrangigen Offizieren plant: Oberst Claus Schenk Graf von Stauffenberg, Oberst Henning von Tresckow, General Ludwig Beck, General Friedrich Olbricht und andere, alle kennt sie persönlich.

Der Befehl, den Margarethe schreibt, soll nach den Plänen dieser Männer die Aktion »Walküre« in Gang setzen. Bei der Planung bedienen sie sich der bereits bestehenden »Walküre«-Befehle, die offiziell für den Fall innerer Unruhen ausgearbeitet wurden, wenn beispielsweise die Millionen Zwangsarbeiter, die in Deutschland auf den Tag ihrer Befreiung warteten, sich erheben würden. Tresckow, Olbricht und Stauffenberg aber formulieren diese Pläne um für die Zwecke des Staatsstreichs, der mit dem Attentat auf Hitler beginnen soll.

Man hat sich geeinigt, das Ersatzheer, dessen Einheiten im ganzen Reich stationiert sind, für die Durchführung der Pläne einzusetzen. Es besteht aus Kommando- und Verwaltungsbehörden, Ausbildungseinheiten und -schulen sowie Wachtruppen. Die Verschwörer ergänzen die vorliegenden Befehle um wesentliche Details: Im Oktober 1943 werden auch Einheiten des Feldheeres einbezogen, die zur Auffrischung oder Umgliederung im Reichsgebiet stationiert sind. Im Februar 1944 schafft Stauffenberg die Möglichkeit, dass sehr bewegliche und gut ausgerüstete Einheiten einzeln zu wichtigen Zielen in Marsch gesetzt werden können, ohne bei der Alarmierung den langsameren Gesamtapparat zu bemühen.

Tresckow, Stauffenberg und Olbricht sind genau an den richtigen Stellen, um den Plan auch ausführen zu können: Stauffenberg ist Chef des Stabes beim Chef der Heeresrüstung und Befehlshaber des Ersatzheeres, General Fromm, und hat damit Zugang zu den »Führerbesprechungen« in Hitlers Hauptquartier. Tresckow ist Erster Generalstabsoffizier der Heeresgruppe Mitte, die dank seines unermüdlichen Einsatzes das Zentrum des militärischen Widerstands geworden ist. General Olbricht ist Chef des Allgemeinen Heeresamtes und stellvertretender Befehlshaber des Ersatzheeres und hat damit die Möglichkeit, das Ersatzheer tatsächlich gegen die NS-Spitze und die SS einzusetzen.[2]

Die »Walküre«-Befehle, die Margarethe von Oven tippt, gehen nach den Worten »Der Führer Adolf Hitler ist tot« weiter mit der Formulierung: »Eine gewissenlose Clique frontfremder Parteiführer hat unter Ausnutzung dieser Lage versucht, der schwerringenden Front in den Rücken zu fallen …« Der Ausnahmezustand wird ausgerufen, die vollziehende Gewalt dem Befehlshaber des Ersatzheeres übertragen. Weiter sieht der Befehl die Eingliederung der Waffen-SS ins Heer und die Verhaftung aller hohen Funktionäre der Partei und der SS sowie die Besetzung der Konzentrationslager vor.[3] Danach sollen eine Übergangsregierung eingesetzt und so bald wie möglich ein Friedensschluss mit den Kriegsgegnern herbeigeführt werden.

II.

Die Vorbereitungen für den Umsturz sind subversiv und höchst gefährlich. Die immer wieder umgearbeiteten Pläne müssen stets auf den neuesten Stand gebracht und unter allen Umständen geheim gehalten werden. Wer ist dafür vertrauenswürdig genug? Wo sollen die brisanten Dokumente geschrieben werden? Wo kann man sie aufbewahren, wie soll man sich absprechen, ohne Telefon und Post zu nutzen, die selbstverständlich überwacht werden? Henning von Tresckow, der an der Ostfront unabkömmlich ist, weit mehr als 1000 Kilometer entfernt von Berlin, braucht für diese Tätigkeiten eine absolut verschwiegene, mutige und zuverlässige Sekretärin. Wer kommt für eine solche Arbeit in Frage? Es muss ja eine Person sein, die hinter den Umsturzplänen steht und die beteiligten Personen möglichst kennt, damit bei den notwendigen Absprachen für geheime Treffen, bei der Übergabe von Nachrichten usw. keine tödlichen Missverständnisse entstehen. Es ist zunächst seine Frau, Erika von Tresckow, die ihm hilft. Aber sie hat vier Kinder, und die Kriegssituation wird in Potsdam für die Familie zu gefährlich.

Es gibt noch eine Frau, der man diese Aufgabe anvertrauen und zumuten kann: Margarethe von Oven. Seit der Schulzeit ist sie eng befreundet mit Erika, eine Freundschaft, die sich auch auf Henning von Tresckow übertragen hat. Ihre Einstellung gegenüber dem NS-Staat, ihre langjährige Berufserfahrung, ihre Verschwiegenheit und Zuverlässigkeit stehen außer jedem Zweifel.

Im Sommer 1943 schreibt Henning von Tresckow einen dringenden Brief an Margarethe von Oven, die sich zu der Zeit im Schwarzwald zur Heilung einer Lungentuberkulose aufhält. Er bittet sie, möglichst sofort nach Berlin zu kommen. Sie zögert nicht lange, trotz ihrer kaum verheilten Krankheit. Der Arzt hatte ihr gesagt, sie müsse sich unbedingt schonen, möglichst Aufregungen vermeiden und sich gut ernähren. All das spielt nach diesem Brief keine Rolle mehr. Sie fährt nach Berlin, wo es wenig zu essen gibt, wo bald jede Nacht Bomben fallen, wo das Zentrum der diktatorischen NS-Herrschaft mit der allgegenwärtigen Gestapo und ihren Zuträgern ist. Sie gerät mitten hinein in die Umsturzpläne der Offiziere.[4]

Margarethe als junge
Frau bei einer
Hochzeitseinladung

Margarethe kann so nur handeln, weil sie einen Ruf zu hören meint, dem sie nicht ausweichen kann und will. Es ist nicht Gehorsam, es ist eigene Überzeugung, tun zu müssen, was sie nun tun wird, und dabei mit dem eigenen Gewissen im Reinen zu sein. Entscheidend ist für sie das Vorbild Tresckows, dem sie vertraut und dessen unbeirrbare Entschlossenheit sie tief beeindruckt. Dabei empfindet sie sehr wohl – wie alle an den Attentatsplänen Beteiligten –, dass sie sich schuldig machen wird. »Denn für ein Unrecht mußte man sich ja entscheiden. Also entweder mußte man den Mord auf sich nehmen, oder man mußte das Unrecht (die Duldung des NS-Staats) auf sich nehmen, einen Mittelweg gab es nicht. Und diese schwere Entscheidung mit dem Gewissen abzumachen, das kann sich heute keiner mehr vorstellen. Eine Schuld mußte man auf sich nehmen ...«[5], so formuliert sie es selbst im Rückblick.

Sie erinnert sich auch Jahre danach noch genau an ihre beklemmende Angst, als sie den Brief las. »Ich konnte es mir denken [was Tresckow von mir erwartete]. Er ... weihte mich ein. Ich habe mich innerlich gesträubt, ich hatte Angst, Hundejungen-Angst. Ich habe zum Himmel gebetet, dass ich mir die Hand breche, damit ich mit Anstand aus der Sache rauskomme. Ich will das gar nicht beschönigen.«[6] Aber sie fährt, sie bricht sich nicht die Hand. Sie bezieht ein Büro des Nachkommandos in der Kaiserallee, der heutigen Bundesallee, in Berlin und übernimmt die Schreibarbeiten sowie die telefonische Kommunikation zwischen Berlin und der Truppe in den nichtmilitärischen Fragen: »Ich habe die Poststelle verwaltet, die Verbindungen hergestellt. Wie nannte das Henning? ›Warenhaus für kleines Glück. Du bist das Warenhaus für kleines Glück.‹ Wenn jemand ein Federbett benötigte oder eine Salbe gegen das Reißen oder wissen wollte, wie es seiner Frau ging, dann wurde eben telefoniert.«[7] Rüdiger von Voss erinnert sich an die Erzählungen seines Vaters – er war ein enger Vertrauter im Stabe Tresckows – über sie: »Sie wurde ja nicht ohne Grund so geschätzt. Sie wurde ja Övchen genannt, und das hatte unmittelbar mit ihrer Person und ihrer menschlichen Kompetenz zu tun. Eine Wärmequelle in einer kalten Zeit.«[8]

Neben dieser menschlich wichtigen, unverfänglichen Tätigkeit wird es eine ihrer wichtigsten Aufgaben, die jeweils aktuellste Fassung des »Walküre«-Befehls ins Reine zu schreiben und sicher zu verwahren. Sie tut dies immer wieder bis zum Juli 1944. Die vorherigen, nicht mehr gültigen Entwürfe werden sorgfältig vernichtet, was nicht immer einfach ist: Eine größere Menge Papierschnipsel im Papierkorb wäre aufgefallen und verdächtig gewesen, Öfen stehen in den Büros nicht zur Verfügung, also muss man andere Wege finden. Eine Methode besteht darin, die Blätter im Toilettenbecken zu verbrennen, die Asche hinunterzuspülen und den schwarzen Beckenrand dann säuberlich zu putzen. Das ist in einem Bürohaus auch nicht gerade risikofrei. Daher nimmt im Oktober 1943 Nina Gräfin Stauffenberg einen ganzen Rucksack voll Korrespondenz von Berlin nach Bamberg mit, um sie dort im Kamin zu verbrennen.[9]

Das Revidieren und Schreiben der Dokumente geschieht ebenfalls unter »grotesken Umständen«.[10] Margarethe von Oven schreibt die Texte immer mit Handschuhen, um keine Fingerabdrücke auf dem Papier und auf der Schreibmaschine zu hinterlassen. An verschiedenen Stellen im Grunewald treffen sich Tresckow und Stauffenberg mit ihren Schreibkräften zu Besprechungen und zum Austausch der Papiere. Margarethe erzählt später, wie sie einmal nach einem dieser Treffen zwischen Tresckow auf der einen, Stauffenberg auf der andern Seite, die Mappe mit dem Erlass »Der Führer Adolf Hitler ist tot ...« unter dem Arm, die Trabener Straße entlanggeht, als plötzlich ein Mannschaftswagen mit SS-Leuten scharf vor ihnen bremst. Die Männer springen heraus und stürmen ihnen entgegen. »Das war die Situation, die ich immer gefürchtet hatte, und ich dachte: Jetzt wird's passieren.« Aber die SS-Leute haben anderes im Sinn, sie rennen zum nächstliegenden Haus, in dem sie verschwinden. Eine brenzlige, hochgefährliche Situation, die mit Verhaftung und Todesurteil wegen Hoch- und Landesverrats hätte enden können. Diesmal ist es noch einmal gut gegangen.[11]

III.

Woher hatte Margarethe von Oven ihren Mut, woher stammte ihre innere und äußere Widerstandskraft gegen das NS-Regime? Da war zunächst die Familie. Margarethe wurde 1904 als jüngste Tochter des aktiven Offiziers Günter von Oven und seiner Frau Margarete, geb. von Jordan, geboren. Als Kind lebte sie mit ihren Eltern und den drei Geschwistern in großzügigen Verhältnissen in der Dienstwohnung ihres Vaters am Lützowufer in Berlin; von dort aus wurde sie zusammen mit Erika von Falckenhayn, der späteren Ehefrau Henning von Tresckows, und Elisabeth Grauer, ihrer späteren Schwägerin, in der Mädchenschule von Fräulein Kirschstein eingeschult, wo die drei die ganze Schulzeit über zusammenblieben und eine Freundschaft entwickelten, die bis zu ihrem Lebensende anhielt. Besonders eng war die Beziehung zwischen Eta (Erika) von Falckenhayn und Margarethe.[12]

Dann wurde die Familie von Oven im Ersten Weltkrieg von schweren Schicksalsschlägen getroffen: Der Vater fiel bereits 1914, der einzige Sohn Günter 1917, und Frau von Oven blieb mit den drei Töchtern allein zurück. Der Tod der zwei sehr geliebten Männer der Familie bedeutete nicht nur einen schmerzhaften Verlust, sondern auch einen finanziellen Einbruch. Für die vier Frauen musste eine knapp bemessene Hauptmannswitwenrente zum Lebensunterhalt genügen, und das kleine ererbte Vermögen ging in der Inflation verloren. So bezog die Familie eine Wohnung im 3. Stock eines Miethauses in der Nürnberger Straße, vermietete eines der Zimmer und lebte in äußerst bescheidenen Verhältnissen. Aber auch oder gerade unter diesen schwierigen Bedingungen vermittelte Frau von Oven den Töchtern die traditionellen Werte wie Verantwortung, Treue, Zuverlässigkeit, Fleiß und Verschwiegenheit, allerdings in einer völlig unpolitischen Atmosphäre.[13]

Die drei Töchter besuchten die Schule bis zur 10. Klasse, um dann möglichst rasch einen Beruf zu erlernen, der ihnen ihren Lebensunterhalt sichern könnte. Margarethe trat schon mit 16 Jahren ihre erste Stellung als damals noch ungelernte Sekretärin beim Mitteleuropäischen Motorwagenverein an und lernte in dieser Zeit Schreibmaschine und Stenographie. Nach mehreren anderen Stationen erhielt sie schließlich 1925, also mit 21 Jahren, die erste Stelle im Reichswehrministerium, zunächst in der Organisationsabteilung, von wo sie 1928 für sechs Monate unter falschem Namen nach Moskau geschickt wurde. Das war eine erste harte Schule in politisch brisanten Fragen, auch in konspirativer Tätigkeit und Verschwiegenheit, denn die Reichswehr betrieb in bewusster Verletzung der Bestimmungen des Versailler Vertrags eine geheim gehaltene Kooperation mit der Roten Armee der Sowjetunion. Die junge Margarethe half dort mit Schreibarbeiten und in organisatorischen Dingen, jedes Schriftstück, ja sogar ihre Anwesenheit mussten dabei verschwiegen werden.[14] Ihrem Auftrag und ihrem Dienstverständnis entsprechend hat sie auch später nie darüber gesprochen, was sie dort im Einzelnen getan hat.

Nach ihrer Rückkehr aus der Sowjetunion bekam sie bald die Stelle der Chefsekretärin oder, wie es damals hieß, der »Vorzimmerdame« bei General Kurt von Hammerstein, zunächst Chef des Truppenamtes, dann Chef der Heeresleitung. Sie begriff bald, dass Hammerstein ein entschiedener Gegner der Nationalsozialisten war. In der politischen Krise zu Beginn des Jahres 1933 versuchte er, den Reichspräsidenten Hindenburg davon abzuhalten, Hitler die Regierungsbildung zu übertragen. Vergeblich.[15] Dann kam die feierliche Eröffnung des neuen Reichstags am 21. März 1933 in Potsdam. Margarethe erzählt, wie sie von der Tresckow'schen Wohnung an der Ecke zur Garnisonskirche aus den »Tag von Potsdam« miterlebte. »Ich war vollkommen fasziniert und hingerissen. Alle hatten gefürchtet, es würde schiefgehen zwischen Hindenburg und Hitler, und viele waren verzweifelt. An diesem Tag aber kamen die beiden und haben sich die Hand gegeben; es folgte eine Zeremonie in der Kirche, und da hatte man das Gefühl, jetzt wird alles gut. Auch Tresckow war von dieser Begegnung des greisen Reichspräsidenten mit Hitler angetan. Als ich am nächsten Tag in high spirits zu Hammerstein ging und ihm begeistert erzählte, brummte der nur: ›Nun sind Sie dem also auch auf den Leim gekrochen.‹«[16] Das und sicher noch weitere nüchterne Kommentare Hammersteins haben nachhaltig gewirkt. Margarethe begann von da an, den NS-Staat zunehmend kritisch zu sehen.

Hammerstein zog Ende 1933 die Konsequenz aus seiner Ablehnung und trat von seinem Amt als Chef der Heeresleitung zurück. Margarethe arbeitete anschließend bei seinem Nachfolger Generalleutnant Werner Freiherr von Fritsch, den sie ebenso schätzte und der ihr ebenso vertraute. In ihrer Position erfuhr sie sehr viel. Selbst die sogenannten Chefsachen und die geheimen Kommandobefehle, die die Generäle eigentlich nur selbst schreiben durften, wurden von ihr getippt, oft mit zur Tarnung extra eingestreuten Schreibfehlern.[17] Bald schon hatte sie auf ihrem Posten die gesamte hohe Generalität kennengelernt: Manstein, Kluge, Guderian, Fromm – manche aus dieser Runde durchschaute sie wohl recht gut und früher als andere. »Durch Margarethe habe ich sehr viel erfahren. Sie hatte einen unglaublichen Riecher für die Menschen«, erzählt später ihre Freundin Gundalena von Weizsäcker. Als diese Margarethe einmal fragt, wieso sie die Offiziere so gut beurteilen könne, bekommt sie zur Antwort: »Vor dem Chef stehen sie stramm, bei mir lassen sie sich gehen.«[18]

Mit einigen der hohen Offiziere entwickelte sich dabei ein freundschaftliches Verhältnis, z. B. mit General Carl-Heinrich von Stülpnagel, dem späteren Oberbefehlshaber der Besatzungsarmee in Frankreich und Mitverschwörer des 20. Juli. Ebenso kannte und verehrte sie General Ludwig Beck.

Nach der Entlassung Fritschs, die auf eine gezielte Diffamierung und Intrige von Himmler und Göring zurückging, welche jeden Wahrheitsgehalts entbehrte, quittierte Margarethe den Dienst. Sie war empört über das Unrecht, das ihrem früheren Chef geschah – sie musste das weitgehend mit sich selbst ausmachen. Bei dessen Nachfolger von Brauchitsch aber wusste sie sofort, dass sich kein vergleichbares Vertrauensverhältnis würde einstellen können.

Stülpnagel, der sie wegen ihrer engen Zusammenarbeit mit Fritsch in Berlin in unsicherer Situation sah, vermittelte ihr zunächst eine Stellung beim Militärattaché in Budapest, später beim Militärattaché in Lissabon. Dort hatte sie 1942 einen schweren Unfall, als sie beim Fotografieren am Meer von einer Welle ergriffen wurde und nur knapp mit dem Leben davonkam. Im Krankenhaus in Lissabon zog sie sich noch eine Tuberkulose zu, woraufhin sie nach St. Blasien im Schwarzwald zur Kur geschickt wurde. Hier erreichte sie im Sommer 1943 der Brief Henning von Tresckows, mit der Bitte, umgehend nach Berlin zu kommen.[19]

IV.

Das eine Jahr bis zum Attentat am 20. Juli 1944 durchlebt sie in ständiger Anspannung. Mit niemandem kann sie über die Verschwörungspläne und ihre verständliche Angst sprechen, nicht einmal mit ihrer Mutter, mit der sie wieder zusammenlebt. Als das Attentat dann tatsächlich bevorsteht, schickt Tresckow sie fort: »In den Tagen, wo das passiert, will ich dich nicht in Berlin haben. Das Attentat ist Männersache. Da will ich dich raushaben.«[20]

Sie verlässt also Berlin. Am 20. Juli selbst aber hält sie es fern vom Ort des Umsturzes nicht mehr aus, und so fährt sie, mit einer dunklen Vorahnung, auf eigene Faust zurück. Auf der Zugfahrt hört sie von einem Mitreisenden die Wortfetzen: »Stauffenberg – Attentat – Vorsehung – kleine Clique – alle umgelegt.« Sofort geht sie auf die Toilette und zerreißt die Briefe, die sie von Henning in der Handtasche hat, und spült die Schnipsel hinunter. In Potsdam schleicht sie sich vorsichtig an die Wohnung der Tresckows heran, wo sie und ihre Mutter nach ihrer Ausbombung untergekommen sind. »Und ich guckte immer: Stehen schon Autos vor der Wohnung, ist irgendetwas verdächtig? Ich renne in die Wohnung, schließe auf, schreie: ›Wer ist da?‹ War aber niemand da. Die Nacht war furchtbar. Bei jedem Auto zuckte man zusammen und dachte, jetzt kommen sie. In der [nächsten] Nacht ruft mich Berndt von Kleist vom Stab der Heeresgruppe Mitte an, um mir mitzuteilen: ›Tresckow ist gefallen.‹« Sie soll diese Nachricht Erika von Tresckow überbringen. Beide wissen zunächst nicht, dass er sich an der Front das Leben genommen hat – das kommt erst später heraus. In aller Trauer gilt es, Haltung zu bewahren. Die Trauerfeier findet noch im traditionellen Stil für den gefallenen General statt – bis die Gestapo allmählich den ganzen Umfang der Verschwörung und Tresckows führende Rolle bei deren Organisation erkennt. Dann beginnen die Durchsuchungen und Verhöre. Margarethe selbst wird im August verhaftet.[21]

Es sind keine Protokolle der dann folgenden Verhöre durch die Gestapo überliefert, aber Margarethe wird wohl einigermaßen korrekt behandelt. Bei ihren Antworten folgt sie der inneren Stimme und der Verschwiegenheit Henning von Tresckows.[22] Sie erzählt später, dass sie sich einfach ahnungslos gestellt habe. Nach wenigen Wochen wird sie wieder entlassen und kehrt an ihren Arbeitsplatz in der Kaiserallee zurück.

Die Aufregungen und Anspannungen sind damit nicht vorbei, denn viele Angehörige der verhafteten Offiziere kommen zu ihr ins Büro, um bei ihr und mit ihr Nachrichten auszutauschen. Bei diesem nicht gerade risikofreien Austausch haben alle Beteiligten einen unerwarteten Bundesgenossen in einem der technischen Mitarbeiter des

Hauses. Margarethes Erinnerung an ihn, die ihr sehr wichtig war –
denn sie versuchte in ihrer Zurückhaltung immer, die Aufmerksamkeit von sich weg auf andere zu lenken –, hat sie selbst für die Nachwelt festgehalten:

Ich bin verschiedentlich gefragt worden, wie es möglich war, »davonzukommen«. Als einen der glücklichen Umstände möchte ich
es »das Wunder Schmadtke« nennen. Als Werkmeister unterstan-
den ihm alle telefonischen Leitungen zwischen Berlin und den
Heeresgruppen, also ein wichtiger Mann. Er war ein Ur-Berliner,
erschreckend häßlich und herzerfrischend ordinär, wahrscheinlich
Kommunist, aber das linke Herz auf dem rechten Fleck und damit
hat er wahrscheinlich manchem von uns das Leben gerettet ...
Nach dem 20. Juli vertiefte sich unser Verhältnis. Kein Wort: ich
weiß was, oder ihr könnt mich doch nicht für doof verschaukeln –
die ganzen Monate keine einzige Andeutung, daß er uns durchschaute – aber in stündlichem Wechsel erschien nun sein Gesicht
in meiner Tür: »Ick würd' man nu auf der und der Leitung telefo-
nieren, ick würd man heute nicht in die Bendlerstraße gehen, ick
würd man heute Ihre Gäste aus dem Portal raus lassen, ick würd
man ..., ick würd man ... wurde für die nächsten Monate unser
Umgangston. Als Herrscher über alle Leitungen war er eben bestens informiert. – Ein Besucher, der mich wieder mal nicht an-
getroffen hatte, fragte ihn etwas vorwurfsvoll: »Ist denn Frl. von
Oven nie auf ihrer Dienststelle?« »Ne is se eben nich. Die pendelt
mang de Jefängnisse.« Woher wußte er?[23]

V.

Nach dem Krieg versinken all diese Erlebnisse zunächst einmal in
der Sprachlosigkeit. Die Mitarbeiter und Angehörigen der Verschwörer können lange nicht darüber sprechen, sei es, dass sie zu
sehr unter der Diffamierung der Toten als Landes- und Hochverräter
litten, sei es, dass sie zu bescheiden waren, sei es, dass es einfach zu
schwer war, über diese Zeit und über die Toten zu sprechen. Sie hat-

ten zu Schreckliches erlebt, sie hatten monate- oder gar jahrelang gezittert, in ihren subversiven Tätigkeiten entdeckt zu werden, und sie hatten gewusst, was sie dann erwartete. Danach, als alles vorüber war, gab es einfach den Wunsch, »den Rest meines Lebens unter dem Bauch einer Kuh zuzubringen«, wie Margarethe von sich selbst sagte.[24]

Gerade weil es den Überlebenden so schwerfiel, über die NS-Zeit und ihre Rolle im Widerstand zu sprechen, ist die Rolle vieler Frauen, einschließlich Margarethe von Ovens, für diesen Kampf lange völlig unterschätzt worden. Erst vierzig Jahre nach dem Krieg hat sich Margarethe zu einem Interview mit Dorothee von Meding bereit erklärt, dieses Gespräch ist eine der wichtigsten Quellen bei der Rekonstruktion ihrer Tätigkeiten. Sie erzählt in ihrer vertrauten Bescheidenheit und endet mit der Bitte, dass man ihr ja »kein Kränzchen winden« möge. In ihrer Sicht waren andere so viel wichtiger, selbst unter den Frauen; sie wollte nicht mit Marion Yorck oder Freya Moltke auf eine Stufe gestellt werden.

Aber sie gehört auf die gleiche Stufe: Sie hat mitgedacht, mitgeplant, ist große Risiken eingegangen, hat sich geschickt verhalten und die Verschwörer gut getarnt. Sie war damals eine alleinstehende Frau, die es nie leicht hatte, aber großen persönlichen Mut bewies. Ihre Chefs, von Hammerstein über Fritsch bis zu Tresckow, waren für sie dabei große Vorbilder und zugleich wirkliche Freunde. Sie hatte sich von der Notwendigkeit des Widerstands überzeugen lassen und meint im Rückblick: »Für viele, die den Weg zum Widerstand nicht gefunden haben, habe ich viel Verständnis, denn hätte man selber den Weg gefunden, wenn man nicht das Glück gehabt hätte, mit besonderen Menschen wie Hammerstein und Tresckow und einigen anderen befreundet zu sein?«[25]

Einmal hat Henning von Tresckow ihr als Dank für ihre Mitarbeit ein schmales, feingliedriges, goldenes Armband geschenkt. Sie hat es immer getragen und dann Uta von Aretin, Erikas und Hennings ältester Tochter, vererbt.

Spätes Glück:
Margarethe von Oven
und Wilfried Graf von
Hardenberg

VI.

Das Kriegsende ist eine Erlösung, aber zugleich bringt es neue Herausforderungen: Margarethe muss wieder, wie immer, ihren Lebensunterhalt verdienen. Einige Jahre arbeitet sie als Haushälterin in der Schweiz, dann als Arzthelferin in Wennigsen am Deister. Schließlich findet sie bei Carl-Hans Graf von Hardenberg eine Stelle in der Vermögensverwaltung des Hauses Hohenzollern. Hardenberg war ein enger Freund von Henning von Tresckow gewesen, selbst aktiv im Widerstand und hatte wie durch ein Wunder seinen versuchten Selbstmord und die KZ-Haft überlebt. Margarethe ist glücklich, bei einem Vertrauten arbeiten zu können, und so beginnt sie 1954 eine neue verantwortungsvolle Tätigkeit. Allerdings bleibt sie diesmal nicht allzu lange bei dem vertrauten Mitverschwörer aus den Zeiten des Attentats, denn sie begegnet in dieser Zeit erneut dessen Bruder Wilfried. Das verändert ihr Leben noch einmal nachhaltig: Margarethe und Wilfried heiraten, beide schon im fortgeschrittenen Alter, und führen noch 18 Jahre lang eine sehr glückliche Ehe. Zuerst leben sie in Hardegsen am Solling, wo Wilfried bis zu seiner Pensionierung als Forstmeister arbeitet, dann im Ruhestand in Göttingen. Mit einigen Familien der Widerstandskämpfer bleibt Margarethe ihr Leben lang befreundet.[26] Rüdiger von Voss, der Sohn des Widerstandskämpfers aus dem Kreis um Henning von Tresckow, erinnert sich an sie aus den sechziger Jahren, als er in Göttingen studierte und sie häufig bei Erika von Tresckow traf:

»Ich habe ihren strahlenden Blick noch im Auge. Sie strahlte innerlich, lebte in dem Bewußtsein, daß es Menschen gibt, die wissen, was sie getan haben. Und sie leben daraus und machen darüber keine großen Worte. Daraus erwächst eine enorme Ausstrahlung ... Sie war eine bedeutende Frau!«

Elisabeth Raiser

Hans-Ulrich von Oertzen (1915–1944)

»Aber reiten muß ich selber«

I.

Die Idee, einen Diktator zu töten, um Krieg, Verbrechen und menschliches Leid zu beenden, ist unter einem funktionierenden Regime schon an sich gewagt. Denn ein Attentat verlangt strengste Geheimhaltung. Wenn man zudem mit einem Staatsstreich die gesamte Machtzentrale außer Gefecht setzen will, braucht man nicht nur kluge Planer, sondern entschiedene und fähige Unterstützer. Stauffenberg, Schulenburg oder Tresckow als Köpfe des militärischen Widerstands haben sie zuerst im Kreis von Verwandten und alten Freunden gefunden. Doch das reichte nicht. Woher kamen die sonstigen Mitverschworenen?

Am 1. März 1943 tritt der Hauptmann Hans-Ulrich von Oertzen seinen Dienst im Stab der Heeresgruppe Mitte an. Es ist seine zweite Stelle als Generalstabsoffizier. Zuvor hat er sich rund fünf Monate als Versorgungsoffizier (Ib) im Stab einer Infanterie-Division um den gesamten Nachschub mit Verpflegung, Munition und Treibstoff gekümmert. Um etwa 15 000 Soldaten in einem fremden Land zu versorgen, braucht er sein ganzes Organisationstalent und Durchsetzungsvermögen; die Herausforderung macht ihm Spaß, wie Oertzen in Briefen an seine Freundin Ingrid Langenn-Steinkeller schildert. Dass er nun als 5. Stabsoffizier in einer Heeresgruppe für die Ausbildung (Id) zuständig sein soll, ist ein Karrieresprung für den noch nicht einmal 28 Jahre alten Offizier. Sein Ziel ist der Posten des Ia, also die Stelle des für Militäroperationen zuständigen Ersten Stabsoffiziers.

Diese Position bekleidet bei der Heeresgruppe Mitte Oberst Henning von Tresckow, der zunächst 1933 angetan war von Hitlers Idee der Volksgemeinschaft und der von ihm propagierten Wehrfreudig-keit, dann aber früh zusammen mit General Ludwig Beck zu einem strategischen Kopf der Militäropposition gegen Hitler wurde. Der charismatische Stabsoffizier hat nach Kriegsbeginn Kontakt zu anderen Offizieren aufgenommen, die sich aus unterschiedlichen Motiven mit dem Gedanken eines Staatsstreichs tragen. General Friedrich Olbricht, der Chef des Allgemeinen Heeresamtes in Berlin, will einen Aufstand des Ersatzheeres vorbereiten, doch müsse das Startsignal vom Feldheer ausgehen: die Beseitigung Hitlers. Tresckow sammelt in seinem Stab zuverlässige Offiziere wie Fabian von Schlabrendorff und Rudolf Freiherr von Gersdorff, ferner Heinrich Graf von Lehndorff, Carl-Hans Graf von Hardenberg, Georg Schulze-Büttger oder Berndt von Kleist. Am 13. März 1943 ergibt sich eine günstige Gelegenheit: Tresckow hat Hitler nach vielen vergeblichen Versuchen zu einem Truppenbesuch bewegen können. Mehrere seiner Stabsoffizie-re sind bereit, den »Führer« zu erschießen. Doch Generalfeldmar-schall Günther von Kluge, der Oberbefehlshaber der Heeresgruppe, untersagt schließlich den Anschlag. Er will keinen Bürgerkrieg mit der SS – schon gar nicht in seinem Verantwortungsbereich. Tresckow widersetzt sich dem Verbot. Er versucht es auf eigene Faust mit einer in Hitlers Flugzeug deponierten Sprengladung – die nicht explodiert.

Davon weiß Hans-Ulrich von Oertzen nichts, als er seinen Dienst Anfang März im Stab der Heeresgruppe antritt. Obwohl es ihm nicht an Selbstbewusstsein mangelt, muss er sich in der neuen Umge-bung erst orientieren. Noch am ersten Tag schreibt er seiner Freun-din: »Viel Schreibtisch-Arbeit wird es geben, besonders nachts. Aber interessant ist es schon: Ich bearbeite zum Beispiel die Gesamtlage an der Ostfront. Der Stab besteht aus vielen, sehr netten Menschen.« Wenig später weiß er zu berichten: »Ich nehme bereits die Allüren eines großen Stabes an – dazu gehört auch, daß der ›Alabaster‹-Leib richtig gewaschen ist –, ich stolziere schwer beschäftigt in der Ge-gend herum, und mein Gesicht beginnt durch die durchgeistigte Bläs-se der steten Nachtarbeit interessant zu wirken.« Knapp eine Woche im Amt, macht sich Oertzen ein erstes Bild von Tresckow: »Er ist nicht nur der Typ eines Generalstabsoffiziers, sondern darüber hinaus noch ein Kavalier der alten Schule und ein ganz besonders liebenswerter Kamerad. Ich bin sehr froh, bei ihm gelandet zu sein.« Bald wird Hans-Ulrich von Oertzen befördert, doch begeistert ist er nicht. Major und Generalstab – das sei sein Ziel von Anfang an gewesen, erklärt er Ingrid:»Nun, wo ich es erreicht habe, sieht es ganz anders aus. Nun liegt eine weite, nebelhafte Zukunft vor mir. Kein leuchtendes Ziel ist mehr in der Ferne. Es gibt nur noch, seine Pflicht an jedem Platz zu erfüllen und sich ganz für die Sache einzusetzen.« Den Brief schreibt er an Hitlers Geburtstag, dem 20. April. Eine Begründung für die Ernüchterung liefert Oertzen am 23. Juli 1943, als er Ingrid gesteht, wie sehr ihn die Atmosphäre des Stabes beeindrucke,»die von geistig hochstehenden und starken Persönlichkeiten wie Tresckow, Schlabrendorff und Kleist« ausgehe. Sie habe seine Einstellung in vielen Dingen über den Haufen geworfen. Er habe mit Menschen zu tun,»die auf den Kern« sehen, bei denen »Äußerlichkeiten nicht über das Wesen hinwegtäuschen« könnten.

II.

Es gehört zu den Konstanten im Leben Hans-Ulrich von Oertzens, dass er trotz seines Selbstbewusstseins die Nähe zu starken Persönlichkeiten suchte, die ihm Halt und Orientierung geben konnten. Sein Vater Ulrich, ein Offizier, fiel im Ersten Weltkrieg, ohne ihn gesehen zu haben. Mutter Elisabeth, eine Malerin, hatte es nicht leicht, doch sie erzog ihren am 6. März 1915 in Berlin geborenen Sohn zu einem traditionsbewussten Menschen. Die Kindheit auf dem Gut seines Onkels im mecklenburgischen Rattey prägte ihn ebenso stark wie die humanistische Bildung im Internat Salem am Bodensee. Seine Aufnahme dort im Mai 1929 war nur möglich durch ein Stipendium. Hilfe erhielt er auch von Edgar Röhricht, einem Mitarbeiter der Presseabteilung im Reichswehrministerium und Bekannten der mittellosen Mutter, der sich um den vaterlos aufgewachsenen Oertzen kümmerte.

Mit den Anforderungen in Salem kam Oertzen bestens zurecht. Das Konzept von Schulgründer Kurt Hahn sah neben dem Fördern musischer und handwerklicher Fähigkeiten sowie dem akademischen Unterricht auch Formen der Mitverantwortung und viel Sport vor, um den Schülern Mut, Fairness und Kooperation nahezubringen. Oertzen zeichneten bereits früh starker Wille und Energie aus. »Er ist einer der Klügsten von uns gewesen«, lobt seine Klassenkameradin Georgia, die Tochter des Architekten Mies van der Rohe. Und er registrierte genau, was außerhalb der Internatsmauern passierte. Während seiner Schulzeit gewannen die Nationalsozialisten enorm an Zustimmung. Oertzen reagierte wie viele junge Menschen seiner Zeit mit Neugier und Begeisterung auf deren Parolen.

Das bekam Hauptmann Edgar Röhricht bei einem Treffen Weihnachten 1932 zu spüren. Als Anhänger des Kanzlers Kurt von Schleicher stand er der NS-Bewegung kritisch gegenüber. Seine Gespräche mit Oertzen notierte er im Tagebuch. »Verbeamtet seid Ihr, zu hoffnungslosen Spießern geworden, wirft man Euch vor! Draußen aber herrscht frischer Wind, Sturm soll es demnächst geben, der Euch hinwegfegt, so sagen die Leute. Und man merkt es denen auch an, daß ihre Auslese anders vor sich geht, dafür aber rascher«, hielt Oertzen ihm demnach bei dem Treffen vor.

»Lockt Dich das Tempo?«, konterte der väterliche Freund. »Dann sieh Dir die Brüder doch einmal genauer an, die dort jetzt nach oben drängen! Bisher stelltest Du höhere Ansprüche.«

»Wir sind ja noch ›behütete Buben‹ hinter unseren Schulmauern«, gestand Oertzen zu. »Aber einiges dringt auch zu uns durch, und wer will verhindern, daß man sich Gedanken macht?« Da komme so ein Mann wie Hitler, der es nicht einmal zum Offizier gebracht habe. »Und solch ein Nichts stellt sich eines Tages hin, einfach hin vor die fremden Leute und sagt, was er über die Verhältnisse denkt. Erst ist es eine Handvoll, die ihm zuhört, dann schon mehr, bald Tausende, und nun geht es in die Millionen. Dazu gehört doch etwas Besonderes, was die anderen nicht haben.«

Im April 1933 verließ Hans-Ulrich von Oertzen Salem mit dem Abitur und schlug die Militärlaufbahn ein. Vorbild dafür mag der Vater gewesen sein, den er nie kennengelernt hatte, dem er sich aber nahe fühlte – deshalb wollte er wie dieser nur »Ulrich« genannt werden. Röhricht fuhr Oertzen zur ersten Dienststelle, der 6. Nachrichtenabteilung in Hannover. Die Zielstrebigkeit seines Zöglings, den er gern den »kleinen Bonaparte« nannte, beeindruckte ihn, wie er in seinen Notizen vermerkt: »Ulrich besitzt das, was mir fehlt. Wo wir zu grübeln und zu erwägen beginnen, verfügt er über die Unbekümmertheit des Entschlusses.« Zum Abschied habe er ihm geraten: »Jetzt setze ich Dich in den Sattel, reiten mußt Du selber. Das Barometer sieht nicht nach ›beständig‹ oder gar ›Schönwetter‹ aus. So könnte es sein, daß Du eines Tages hinter klobigen Koppelricks, Gräben und Hürden Dein Ziel siehst. Junge, dann reite!«

Wie in der Schule fand sich Oertzen im Militäralltag schnell zurecht, die Vorgesetzten schätzten ihn wegen seiner Einsatzbereitschaft und seiner Zuverlässigkeit. In der Freizeit nahm er an Reitturnieren und Autorennen teil, korrespondierte aber auch mit dem Indologen Hans-Hasso von Veltheim-Ostrau, weil er von einer Indienreise träumte. Nicht mit allem, was er erlebte, war Oertzen zufrieden. Dass sich viele Wiener nach dem Einmarsch deutscher Truppen 1938 reserviert zeigten, bedrückte ihn; erbost war er über das herrische Auftreten der SS-Trupps, wie er Röhricht erzählte. »Ich habe früher oft geglaubt, aus Dir spreche die Verärgerung. Allmählich sehe auch ich das Bedenkliche an dem System. Wenn einem der Blick dafür erst einmal geschärft ist, stößt man auf immer Neues.« Doch Oertzen, inzwischen Oberleutnant und in Wien stationiert, glaubte noch an die Versprechen des NS-Regimes. »Dafür muß man schließlich auch einige Schönheitsfehler in Kauf nehmen.«

Im Sommer 1942 beendete er die Generalstabsausbildung. Von den Anstrengungen erholte er sich bei seinem Freund Dietrich von Saldern in der Neumark, einem kargen Landstrich östlich der Linie Schwedt–Küstrin. Dort lernte Oertzen die 19-jährige Ingrid Langenn-Steinkeller vom Nachbargut Bellin kennen, die den jungen Offizier gleich sympathisch fand. Nach dem Kaffee gingen beide spazieren; die Unterhaltung war kurz, aber intensiv. Sie drehte sich nicht nur um die gemeinsamen Leidenschaften Reiten und Malen. »Er erzählte mir vom frühen Tod seiner Mutter, zu der er offensichtlich eine sehr

Große Liebe: »Ulli« von Oertzen mit seiner Frau Ingrid in der Neumark.
Sie ist sein wichtigster Halt.

enge Beziehung hatte«, erinnert sich Ingrid. Elisabeth von Oertzen
war 1938 an Krebs gestorben. Die Vertrautheit erschien Ingrid ungewöhnlich, war ihr aber nicht unangenehm. Nach dem Besuch
schrieb Ulrich von Oertzen einen ersten Brief. Bis zum 20. Juli 1944
folgten rund 240 weitere. Schnell wechselte er aus der förmlichen
Ansprache in ein vertrautes »Liebe Ingrid« und begründete das
frech: »Frauen und Festungen müssen im Sturm genommen werden.« Die Briefe sind Zeugnisse einer tiefen Liebe, die eine Zukunft
haben will, aber auch eine wichtige Quelle für seinen Wandel vom
begeisterten Offizier zu einem Menschen, der bitter enttäuscht zu der
Erkenntnis kommt, dass Hitler Deutschland in den Abgrund führt.
Dass er seinen Weg in den Widerstand gefunden hatte, erwähnte er
in diesen Briefen mit keiner Silbe.

III.
Wenige Wochen nach seinem Dienstantritt im Stab der Heeresgruppe
ist Oertzen nicht nur nachdenklicher geworden, sondern wird einer

der engsten Vertrauten des vierzehn Jahre älteren Tresckow. »Dieser hat Oertzen ganz nah an sich herangezogen«, meint Fabian von Schlabrendorff im Rückblick. Tresckow ist von Oertzens Fähigkeiten überzeugt, von seiner Urteilskraft und seinem Improvisationsvermögen. Ihn beeindruckt auch sein Wesen, das der Mitverschworene Philipp von Boeselager als zupackend, hilfsbereit, lebendig und wach beschreibt. Die Nähe hat zudem einen privaten Grund: Tresckow kennt die Familie von Oertzens Freundin, weil er ebenfalls aus der Neumark stammt. Dass Oertzen ausgerechnet dort seine Liebe gefunden hat, ist Zufall, doch so kann Tresckow bei Beziehungsproblemen helfen, denn Ingrids Vater ist über diese Beziehung in Kriegszeiten keineswegs erbaut. Er stellt dem jungen Paar, das sich verlobt hat, Bedingungen: Sie sollten ernsthafte Absichten oder gar eine Familienplanung »bis auf Weiteres hinausschieben«. Oertzen ist darüber wenig begeistert, doch die Autorität des väterlichen Alters und seine Erfahrung, sich Vorschläge erst einmal anzuhören, hätten ihn bewogen, auf das »Warten« einzugehen, schreibt er Ingrid, um ihr gleich zu versichern, dass es kein Zurück in seinem Entschluss gibt, mit ihr zusammenzubleiben. Sein Rat: »Vertraue auf unser Glück, und es wird sich alles zum Besten wenden. Geduld und Vertrauen sind unsere Engel.« Es wisse, dass es schwierig sei, sich ihrem Vater zu nähern. Aber er traue sich das zu – »durch Einfühlungsvermögen, Frische und Glauben«. Das ist es, was Ingrid an Ulrich mag: Dass er selbstbewusst und optimistisch ist, aber auch Schwächen zugibt und sich ernsthaft Gedanken um sie macht.

Ihr Vater erkundigt sich bei Tresckow über den Freund seines einzigen Kindes. Franz Helmut von Langenn-Steinkeller lässt dabei durchblicken, der mittellose Oertzen könnte es auf das Erbe abgesehen haben. Dieser erfährt davon und ist entsetzt. Am 25. Juni 1943 schreibt er seiner Verlobten: »Sollte in mir überhaupt nur die Andeutung zu einer derartigen Absicht vorliegen, dann möchte ich in den Boden versinken. Ich will gar nicht nach Gegengründen suchen, aber doch anführen, daß es in der heutigen Zeit überhaupt nicht abzusehen ist, ob es nach Ende des Krieges noch Besitz und Eigentum gibt.« Doch Tresckow kann Oertzen beruhigen. Er habe dem künftigen

Ingrid von Oertzen mit
ihrem Vater Franz
Helmut von Langenn-
Steinkeller auf ihrem
Gut in Bellin

Schwiegervater ein klares Bild von ihm gegeben mit Stärken und Schwächen, meint er augenzwinkernd. Gesamturteil: »Geeignet«. Gleichwohl zögert der Vater seine Zustimmung zur offiziellen Bekanntgabe der Verlobung noch Wochen hinaus. Tresckow nutzt die Gelegenheit der persönlichen Aussprache auch, um Oertzen auf väterliche Art etwas zurechtzustutzen. Er finde ihn unglaublich ehrgeizig und wisse nicht, wie sich das einmal entwickeln würde.

Oertzens Kampf um die Beziehung findet in schwierigen Zeiten statt. Inzwischen sind die Vorbereitungen für einen Staatsstreich vorangeschritten. Für das Gelingen ist Berlin entscheidend. Nach dem Attentat und dem Ausschalten des »Führerhauptquartiers« in Ostpreußen müssen die Befehle, mit denen das Ersatzheer für den Umsturz eingespannt werden soll, aus den Kommandobehörden der

Reichshauptstadt kommen. Dafür ist Stauffenbergs Anwesenheit unabdingbar, weil er als Stabschef des Befehlshabers des Ersatzheeres formal gültige Befehle erlassen kann. Tresckow soll nach Stand vom Sommer 1943 Hitlers Hauptquartier in Ostpreußen besetzen. Laut dem Ablaufplan, den der Historiker Peter Hoffmann in einem Moskauer Archiv gefunden hat, sollte die Funktion, die Oertzen damals im Stab der Heeresgruppe bekleidete, dabei eine zentrale Rolle spielen.

Doch es gibt Schwierigkeiten. Die Befehlsvorlagen sind ungenau, Tresckow überarbeitet sie im Herbst 1943 – als Urlaub getarnt – zusammen mit Stauffenberg in Berlin. Allerdings muss er bald die Arbeit abbrechen, weil er ein eigenes Kommando an der Front übernehmen soll. Damit verliert das Widerstandszentrum in der Heeresgruppe Mitte zunächst seinen Kopf. Zumindest für die Überprüfung der Putschpläne weiß sich Tresckow zu helfen. Er bittet Oertzen nach Berlin, der knapp hundert Kilometer entfernt auf dem Gut seiner Verlobten Urlaub macht, um mit Ingrid und dem Schwiegervater, der gegen die Beziehung nun nichts mehr einzuwenden hat, ihren 21. Geburtstag zu feiern.

Zur Tarnung wird Oertzen wie Stauffenberg zum Stab des Stellvertretenden Generalkommandos III am Hohenzollerndamm kommandiert. Dort bearbeitet er den Plan für die Besetzung der wichtigsten Stellen in der Reichshauptstadt: SS-Kasernen, Oberste Reichsbehörden, Nachrichten- und Rundfunkanlagen.

Als mehrere Generäle ablehnen, die überarbeiteten Pläne prüfen zu lassen, werden die Attentatspläne des Jahres 1943 abgebrochen. Oertzen ist enttäuscht und schreibt am 22. Oktober einen untypisch traurigen Brief an seine Braut, für den er sich entschuldigt. »Vielleicht ist es das immer mehr zur Gewißheit werdende Gefühl, daß die Tätigkeit in meinem Urlaub umsonst war. Das niederschlagende ›zu spät‹ steht über ihr geschrieben. Doch ist die letzte Hoffnung noch nicht zerronnen.« Tatsächlich geht Tresckow daran, auf seiner neuen Position die Vertrauten wieder in seine Nähe zu bekommen. Auch Oertzen ist weiter aktiv. Er hilft im November 1943 in Minsk beim Fronteinsatz, Sprengstoff zu besorgen. Der junge Offizier ist inzwischen fest davon überzeugt, dass sich etwas an den Verhältnissen ändern muss und dass er sich richtig entschieden hat. So lassen sich auch Äußerungen an seine Braut verstehen, wie »Die Aufgaben, die das Leben an uns stellt, müssen wir lösen, um wirklich zu leben« oder »Nur durch Prüfungen werden wir geläutert«.

Ein paar Wochen später besucht Edgar Röhricht, inzwischen General, Oertzens Frontabschnitt. Tresckow sucht das Gespräch, um auch ihn für den Umsturz zu gewinnen. Er nennt auch den Namen Ulrich von Oertzen, worauf Röhricht, wie er in seinem Tagebuch schreibt, »erblaßt«. Doch er weist Tresckows Ansinnen für sich zurück, vor allem, weil ihm zu vage erscheint, wie nach einem Attentat der NS-Apparat ausgeschaltet und die Bevölkerung für die Putschisten gewonnen werden sollten. Über seine Zweifel spricht Röhricht auch mit Oertzen und hält den Dialog fest.

»Ach, Ulli, Du machst mir das Herz schwer!«

Der weiß sofort, worum es geht: »Dann hat also Tresckow mit Dir gesprochen?«

Röhricht registriert, wie sich das eben noch so junge Gesicht verwandelt. Oertzen wirkt angespannt, als er ihm antwortet. »Die Situation, in der wir uns befinden, ist ja nicht neu. An Überlegungen, sie gewaltsam zu ändern, hat es auch früher nicht gefehlt. Immer war es der Sprung über die letzte Hürde, der nicht gewagt wurde.«

Oertzen fragt nach: »Dann soll also alles so bleiben? Du hast mich in den Sattel gesetzt und zu dem gemacht, der ich bin, das vergesse ich Dir nie, aber reiten muß ich selber!«

Röhricht versucht ihn zu besänftigen. »Ich bin der Letzte, der Dich daran hindern will. Trotzdem, mein Junge, bin ich heilfroh, Dich hier an der Front zu wissen, wo es genügend andere Koppelricks gibt, an denen Du Dich erproben kannst.«

Oertzen schüttelt den Kopf. »Den Trost muß ich Dir leider nehmen! Dazu stecke ich schon zu tief in dem – Geschäft.« Er bemerkt, wie bedrückt nun sein alter Freund ist, und erklärt ihm: »Du warst von Anfang an Skeptiker, das weiß keiner besser als ich ... Ich aber bin anfangs mit Begeisterung in die neuen Verhältnisse hineingewachsen und mußte dann einsehen, daß alles ein ungeheuerlicher

Hans-Ulrich von Oertzen um 1938 bei einem Springreitturnier in Wien.
Er fährt auch gern Autorennen.

Irrtum war. Gerade deshalb kann ich mich jetzt nicht einfach damit
begnügen, es hinzunehmen.«

Im März 1944 ist es Tresckow gelungen, Oertzen in der 2. Armee,
wo er Stabschef ist, die wichtige Position des Operationsoffiziers eines Korps zu verschaffen. Beide überreden den Rittmeister Eberhard
von Breitenbuch, Ordonnanzoffizier eines Generalfeldmarschalls,
Hitler in die Luft zu sprengen. Breitenbuch soll seinen Vorgesetzten
auf den Obersalzberg begleiten. Oertzen zieht einen etwa 300 Gramm
leichten Sprengkörper aus der Tasche und erläutert Breitenbuch die
Handhabung des Zünders. Er schlägt vor, Hitler von hinten zu umar-
men, bis die Explosion erfolgt. Doch Breitenbuch ist dies zu riskant,
denn er kann die Wirkung des Sprengkörpers weder abschätzen noch
erproben und will daher lieber schießen. Er gilt als exzellenter Jäger
und Schütze. Am Ende kommt es nicht dazu, weil Hitler ausnahms-
weise die Ordonnanzoffiziere bei der Besprechung hinausschickt.

Von der Enttäuschung wird Oertzen durch seine Hochzeit abge-
lenkt. Am 26. März 1944 heiraten Ingrid und er in Bellin in der Neumark. Fotos zeigen eine ausgelassene Gesellschaft, aber auch einen

ernst schauenden Oertzen. Henning von Tresckow kann nicht kommen, doch er schickt der Braut einen anrührenden Brief. Er betont, wie »sehr ich an dem Glück Ihres Mannes teilnehme, denn er ist mir in der gemeinsamen Arbeit ans Herz gewachsen wie ein Bruder«. Oertzen verbinde »ein frohes Herz mit einem hohen reinen Gedankenflug wie nur sehr wenige seiner Altersklasse, und Sie heiraten einen wahren ›Ritter ohne Furcht und Tadel‹«. Das junge Paar reist in die Flitterwochen nach Wien. Wie bei den Vorbereitungen zur Hochzeit hilft auch hier die Büroleiterin der Heeresgruppe in Berlin, Margarethe von Oven. So besorgt sie die Schlafwagenkarten. Oven ist mit Tresckows Frau befreundet und hat heimlich die aktualisierten Putsch-Befehle abgetippt.

Nach der Rückkehr stürzt sich Oertzen wieder in die Attentatsplanung. Wie gefährdet die Vorbereitungen sein können, zeigt ein Hilferuf seines Schulfreundes Hans von Godin im Mai 1944. Der Jurist, der auch politische Häftlinge verteidigt, hatte ein halbes Jahr zuvor schon einmal für Aufregung gesorgt, als er in Berlin Oertzen mit entsicherter Waffe die Wohnungstür öffnete – aus Angst vor der eigenen Verhaftung. Als Godin dann die Pistole verschämt in den Bademantel zurückstecken wollte, schoss er sich aus Versehen ins eigene Bein. Ein Vetter, Assistenzarzt beim berühmten Chirurgen Sauerbruch, operierte ihn noch in der Nacht in der Charité, ohne den Vorfall zu melden. Nun bittet Godin verzweifelt um Unterstützung für seinen Vater, der in einem Gerichtsverfahren eine unbedachte Bemerkung gemacht habe und wegen »Wehrkraftzersetzung« zum Tode verurteilt worden sei. Oertzen möge sich doch schriftlich für seinen Vater verwenden. Ein schwerer Konflikt: Das Schreiben würde die Gestapo auf ihn aufmerksam machen, also unterlässt Oertzen das.

Wie groß der Druck auf die Verschwörer ist, zeigt sich Ende Mai: Oertzen bittet den Pfarrer seiner Einheit um ein Gespräch. Er wolle über die Pfingstpredigt reden, in der Pfarrer Ernst Ufer den Vers zitiert hat: »Gott hat uns nicht gegeben den Geist der Furcht, sondern der Kraft und der Liebe und der Zucht.« Der Geistliche glaubt zu spüren, dass den Offizier »etwas Besonderes, evtl. Bevorstehendes innerlich bewegt«, und bezieht das auf die ernste militärische Lage

12/193

27.4.44.

[Handschriftlicher Brief, nur teilweise lesbar]

Mein geliebtes Annalein.

Heute war ein sehr arbeitsreicher Bürotag. Trotzdem aber ganz anders als die Tage bei der Heeresgruppe. Hier kann man in Ruhe Entscheidungen treffen, die sich sichtbar auswirken und der Truppe helfen. Dort oben beim hohen Stab schien es einem immer als wenn man leeres Stroh dreschen würde. Ich kann mir immer mehr und mehr vorstellen, warum die Stelle des Ia einer Division die aufreibendste und schönste der Rollen...

Heute morgen bestieg ich das Ross meines Vorgängers. Es sollte das beste der Division sein. Ich kann mir nur sagen: Bei Leibe nicht! Es mag wohl ein gutes Pferd an sich sein, aber es ist insubordiniert geradezu zu viel verritten. Bitter war es mir mit Kandarre zu bewegen. Der hochherrschaftliche Sattel war in der Mitte quer gebrochen. Das...

Regelmäßig tauscht sich Hans-Ulrich von Oertzen mit seiner Frau per Post aus. Als er diesen Brief schreibt, steckt er mitten in den Attentatsvorbereitungen.

an der Front. Nach dem 20. Juli notiert der Pfarrer in sein Tagebuch: Er sehe das Gespräch mit Oertzen »jetzt in einem besonderen Licht«.

IV.

Mittlerweile ist es Anfang Juli 1944 geworden. An ein Treffen mit seiner Frau ist angesichts der Kriegslage nicht zu denken. Umso überraschter ist Ingrid, als ihr Mann am 8. Juli von einer überstürzt angetretenen Reise zu einem höheren Stab schreibt und sie wenig später aus Berlin anruft: »Ich bin dienstlich hier und habe sehr viel zu tun. Aber kannst du herkommen?« Oertzen will den Menschen, der ihm am nächsten steht, gerade in diesen Tagen bei sich haben. Den Grund darf er nicht nennen. Sofort macht sich die 21-Jährige auf den Weg. Doch in den folgenden Tagen sieht sie ihn nur abends, wenn er erschöpft zurückkommt. Sein Standardsatz zur Begrüßung lautet: »Jetzt machen wir eine Stunde in Familie und schalten ab.« Ingrid von Oertzen bedauert, dass ihr Mann »viel zu viel« arbeiten müsse, wie sie in ihrem Tagebuch festhält. Am 16. Juli 1944, am Tag zuvor ist zu frühzeitig der Putschplan ausgelöst worden, kann Ulli »wirklich gegen jede Erwartung« zu Hause bleiben. Sie hofft, dass die Arbeitsbelastung nun »milder« werde. Doch zwei Tage später hetzt ihr Mann wieder los. Ingrid notiert: »Von morgens halb sechs bis nachts halb zwei. Ein unhaltbarer Zustand.«

Einmal fragt sie ihn, was er eigentlich mache. Oertzen spricht ausweichend von der Gestapo, die ihr gefährlich werden könnte, will dann aber doch reden, worauf Ingrid abwiegelt. Sie ahnt schon länger etwas, und ihr fällt ein Besuch bei Tresckows ein. Dessen Frau hatte ihr gesagt: »Mein Mann ist dankbar, daß Ihr Mann sich so selbstlos in den Dienst unserer Interessen stellt«, dann aber das Thema gewechselt, als sie merkte, dass Frau von Oertzen nicht weiß, um was es geht.

Am 20. Juli 1944 hört Ingrid von Oertzen im Rundfunk vom Attentat auf Hitler. Sie verbindet das zunächst nicht mit ihrem Mann. Auch nicht, als er abends anruft und sagt, er könne wegen der Ereignisse nicht kommen. Am Morgen des 21. Juli meldet er sich erneut: »Ich bin mit dem Attentat in Verbindung gebracht worden, habe damit aber nichts zu tun – fahre bitte zu deinem Vater.« Das sind die letzten Worte, die sie von ihm hört und mit denen er versucht, sie zu schützen. Wenig später steckt sich der 29-Jährige im Flur seines Einsatzortes eine zuvor versteckte Gewehrsprenggranate in den Mund und zieht ab.

V.

Wie die Untersuchungen der Gestapo und Erinnerungen von Teilnehmern zeigen, spielte Ulrich von Oertzen in Berlin kurz vor und am 20. Juli eine zentrale Rolle. Tresckow war es nur unter größten Schwierigkeiten gelungen, seinen Vertrauten erneut in die Reichshauptstadt abzuordnen – immerhin brauchten die Stäbe an der Front jeden Mann. Oertzen solle in Berlin Waffen und Material besorgen, lautet der Vorwand, um seine Anwesenheit beim Allgemeinen Heeresamt zu rechtfertigen. In Wirklichkeit geht er Stauffenberg und anderen Mitverschworenen zur Hand. Oertzen legt Marschzeiten für Ersatzheer-Einheiten fest, besucht mehrere der Einheiten wie die Panzertruppenschule Krampnitz und Wünsdorf und dringt auf schnellere Marschbereitschaft. Dass diese Aktivitäten keineswegs mit dem Grund seiner Dienstreise übereinstimmen und deren Frist durch die Verschiebung des Attentats überschritten ist, hält Oertzen nicht ab. Er agiert, wie seine Mitstreiter ihn kennen. Ein »ich kann nicht« habe es bei ihm nicht gegeben, erinnert sich Boeselager.

Am Vormittag des 20. Juli 1944 stellt Oertzen für die Einheiten auf Anweisung von General Friedrich Olbricht alle Marschbefehle zur Sicherung wichtiger Objekte des Wehrkreises zusammen und verteilt sie anschließend. Bis 16.00 Uhr ist das erledigt. Danach begibt sich Oertzen in das Wehrkreiskommando (WKK) am Hohenzollerndamm, um bei Problemen einzugreifen. Er ist dort ganz auf sich allein gestellt. Oertzen richtet dem Leiter des Wehrkreises aus, er solle zu Olbricht in die Bendlerstraße kommen, wo er festgenommen wird. Gegen 17.30 Uhr, der Staatsstreich ist in Gang gekommen, präsentiert Oertzen eine weitere Liste von zu besetzenden Einrichtungen, darunter Behörden der SS und der NSDAP. Der Chef des Stabes beim Wehrkreiskommando weigert sich zunächst, fügt sich aber dann doch. Zwischen 18 und 19 Uhr bestätigen die alarmierten Militärschulen und Garnisonen Oertzen ihre Marschbereitschaft.

Doch langsam sickert durch, dass Hitler das Attentat überlebt hat. Um 23.00 Uhr kehrt der Leiter des Wehrkreises zurück und lässt Oertzen verhören. Dieser kann den Verdacht gegen sich zunächst ausräumen und gibt vor, zufällig in das Geschehen geraten zu sein.

Trotzdem muss er seine Pistole abgeben und wird unter Bewachung gestellt. Ihm gelingt es noch, auf der Toilette belastende Papiere zu verbrennen. Doch am nächsten Morgen erinnert sich die Vorzimmerdame des Kommandeurs, als sie Oertzen sieht, dass dieser im Herbst 1943 zum Wehrkreiskommando abkommandiert war, als sich auch Stauffenberg dort aufhielt. Das steht im Widerspruch zu seinen Aussagen, er habe Stauffenberg nie getroffen. Als Oertzen seine falsche Angabe einräumt, muss er mit seiner Festnahme rechnen. Er ruft seine Frau an. Wenig später erschüttert eine Detonation die Etage. Auf dem Flur liegt Oertzens Bewacher blutend am Boden, während der Major, der sich eine Gewehrsprenggranate an den Kopf gehalten hat und im ersten Augenblick bereits für tot gehalten wird, schwer verletzt auf eine Löschsandtüte zukraucht und nach der zweiten versteckten Granate greift. Es gelingt ihm, auch diese noch zu zünden.

VI.

Ingrid von Oertzen ist dem Rat ihres Mannes gefolgt und ins Hotel zu ihrem Vater gefahren, der eigentlich mit Tochter und Schwiegersohn seinen Geburtstag feiern wollte. Doch dort wartet bereits die Polizei, die offensichtlich Kenntnis von dem letzten Telefonat bekommen hat. Während Ingrid beim Verhör nichts vom Freitod ihres Mannes erfährt, informieren Beamte ihren Vater über sein Schicksal. Der offenbart der Tochter erst nach der Rückkehr in Bellin die Wahrheit über Ulrichs Tod, ohne auf die Hintergründe einzugehen. Für ihre Reaktion machte sich Ingrid noch Jahre später Vorwürfe, »weil ich so unbeherrscht war, was sonst nicht meine Natur ist«: Sie bricht mit einem Schreikrampf zusammen. Heute weiß sie, dass ihr das wohl geholfen hat, nicht verrückt zu werden. Am 2. August – ihrem Kennenlerntag – wird Ingrid von Oertzen erneut verhaftet. Die NS-Führung hat beschlossen, die Angehörigen der Verschwörer in »Sippenhaft« zu nehmen. Ihr Vater macht sich Sorgen und versucht mit Kassibern, seiner Tochter Mut zuzusprechen: »Du wirst durch das lange Warten auf eine sehr harte Probe mit Deinen Nerven gestellt, aber ich habe den festen Glauben, daß Du auch diese weitere Aufgabe, vor die Dich das Schicksal stellt – nämlich den Mut nicht zu verlieren und nicht zuletzt noch zu verzweifeln – meistern wirst, ebenso wie Du all die Wunden, die das Leben Dir schlug, aus eigener innerer Kraft überwinden konntest.« Wenig später wird auch er festgenommen. In den Verhören wollen die Vernehmer erfahren, was die beiden über das Attentat und die Mitstreiter wissen. Ulrichs frühere Verschwiegenheit schützt sie jetzt. Als den Vernehmern klar wird, dass beide tatsächlich nichts wissen, werden Ingrid und ihr Vater in Ruhe gelassen. Einmal wird ihr das Angebot gemacht, sich posthum von ihrem Mann scheiden zu lassen, was sich strafmildernd auswirken soll. »Das kam für mich natürlich nicht in Frage«, sagt sie noch Jahrzehnte später. Nach vier Wochen wird der Vater entlassen; Ingrid bleibt noch bis Oktober 1944 in Haft. Als einer der Beamten ihr die Briefe ihres Mannes zurückgibt, die bei der Verhaftung beschlagnahmt worden waren, fragt er: »Wie kann jemand, der solche Briefe schreibt, solche schlimmen Dinge tun?« Ingrid von Oertzen antwortet ihm nicht. Zu Hause werden die Rückkehrer misstrauisch beäugt, viele Nachbarn meiden den Kontakt. Doch die Tage in Bellin sind ohnehin gezählt. Anfang Februar 1945 verlassen Ingrid und ihr Vater das Gut aus Furcht vor der nahenden Front.

Die Flucht endet bei Bekannten in Holstein. Und hier beginnt das neue Leben der Ingrid von Oertzen. Sie arbeitet in einem Kreiskrankenhaus und verliebt sich in den Chefarzt Dr. Martin Simonsen. Sie heiraten 1947 und bekommen einen Sohn. Das Schicksal ihres ersten Mannes ist lange kein Thema in der Familie. Ingrid Simonsen will nicht, dass ihr erstes Leben zu viel Gewicht bekommt, und vor allem will sie ihren zweiten Mann nicht kränken. Doch Anfang der neunziger Jahre lässt sich das Thema nicht mehr verdrängen. Ein Zeitungsbericht macht auf das Schicksal Oertzens aufmerksam, seine Verwandten wollen ihn öffentlich ehren. Am 5. September 1992 lassen die Oertzens eine Gedenktafel in Rattey enthüllen. Unter den fast tausend Gästen und Besuchern sind auch Bundespräsident Richard von Weizsäcker, der als Privatmann an der Veranstaltung teilnimmt, sowie sein Freund Axel von dem Bussche, der ebenfalls ein Attentat auf Hitler vorbereitet hatte. Die Tafel, die Ulrich von Oertzens

Name, seine Lebensdaten, das Familienwappen und der bescheidene Spruch »Im Aufstand gegen Hitler gab er sein Leben« zieren, hat Ingrid Simonsens Sohn Torsten entworfen.

Als Nachgeborener hat er sich lange gegen die Familiengeschichte gesträubt. Die Art, wie seine Mutter, entgegen ihrer Absicht, doch über »Ulli« oder ihr Zuhause in der Neumark sprach, gefiel ihm nicht. Sein Großvater, der 1983 stirbt, habe dagegen in seiner Gegenwart Oertzen nie erwähnt. Doch seiner Mutter zuliebe übernimmt er den Entwurf der Gedenktafel. Durch die Arbeit hat Oertzen für Torsten Simonsen schließlich eine besondere Bedeutung bekommen: »Sie verhalf mir zu einem völlig neuen Zugang zu seiner Person und zum 20. Juli.« Seither fühle er sich ihm und dem Ereignis enger verbunden, ja »zugehörig«. Nach seiner Einschätzung war Hans-Ulrich von Oertzen ein mutiger, kluger und klar kalkulierender Mann, keinesfalls naiv. Für den kriegserprobten Offizier habe möglicherweise der Einsatz des eigenen Lebens für die Sache des 20. Juli weniger bedeutet, »als es unserer friedensverwöhnten Nachkriegsgeneration erscheinen mag«. Deshalb liege vor allem im Erkennen und Bekämpfen eines verbrecherischen Regimes, gegen den Strom und den Gehorsam jener Zeit, das eigentlich Vorbildliche, das für alle nachfolgenden Generationen Maßstab zur Orientierung sein kann, so Simonsen. Besonders berühre ihn an Oertzens Handeln, dass er »ein gerade gefundenes persönliches Glück« höheren Werten untergeordnet habe.

Darin schwingt natürlich die Frage mit, inwieweit die Hochzeit im März 1944 mit genügender Rücksicht auf die Mutter geschehen ist und ob ein Warten nicht »vernünftiger« gewesen wäre. Ingrid Simonsen stellt sich diese Frage auch heute nicht. Sie sei vor allem traurig wegen der kurzen Zeit, die beiden nur gegeben war. Aber sie sei dankbar dafür, ihrem ersten Mann begegnet zu sein. »Es waren wichtige Jahre in meinem Leben, und wie ich ihn gekannt habe, hätte er nicht so gehandelt, wenn es nicht notwendig gewesen wäre.«

Lars-Broder Keil

Kurt Freiherr von Plettenberg (1891–1945)

*»Ich fürchte den Tod nicht,
denn ich habe einen guten Richter«*

I.

Unverhoffte Gelegenheiten bringen einen mitunter erst auf eine Idee. Da steht also Kurt Freiherr von Plettenberg im Herbst 1942 am Fenster seiner Dienstwohnung im Niederländischen Palais Unter den Linden in Berlin und schaut auf die Wache gegenüber mit dem Grabmal für den unbekannten Soldaten. Zu Besuch hat Plettenberg, seit einem Dreivierteljahr der Generalbevollmächtigte des vormals regierenden preußischen Königshauses, Marion Gräfin Dönhoff, mit der er aus seiner Zeit als Verwalter des Land- und Forstbesitzes der Grafen Dönhoff in Ostpreußen von 1923 bis 1930 eng befreundet ist und die sich an die Begegnung erinnert. Der 51-Jährige ist gerade von der Jagd zurückgekehrt, sein Gewehr mit Fernrohr liegt noch auf dem Tisch. »Schau mal«, sagt er zu Marion, nimmt die Waffe in die Hand, ohne sie anzulegen, und deutet auf die Wache. »Wenn er dort seinen Auftritt hat, könnte ich ihn leicht umlegen.«

Mit »er« ist Adolf Hitler gemeint, der alljährlich am 10. März zu Ehren der Toten des Ersten Weltkriegs dort einen Kranz niederlegt. Plettenberg weiß, dass seine Besucherin ihn nicht verraten wird, ebenso wenig wie Axel von dem Bussche, ein junger Offizier aus dem Potsdamer Infanterie-Regiment 9 (I. R. 9), der ebenfalls den exponierten »Hochsitz« gezeigt bekommt. Bussche, der Plettenberg als Mentor sieht, wird ein Jahr später zu denen gehören, die bereit sind, sich mit Hitler in die Luft zu sprengen.

Einfach so dahingeredet ist Plettenbergs Idee vom Attentat auf den Diktator nicht. Auch will er den Jüngeren nicht etwa imponieren. Bereits im März 1942 hat er sich auf dem Balkon des Palais mit seinem Kameraden aus dem Regiment 415 und späteren evangelischen Superintendenten Horst Teichgräber ausgetauscht und diesem klar gesagt: »Wir müssen Hitler umbringen.« Was brachte Plettenberg zu diesem Entschluss? Und warum hat er damals nicht geschossen?

II.

Kurt von Plettenberg wurde am 31. Januar 1891 in Bückeburg, der Residenzstadt des Fürstentums Schaumburg-Lippe, in der Nähe von Hannover als Sohn eines Offiziers geboren. Sein Vater, seit 1890 Kommandeur der Bückeburger Jäger, war später General des Gardekorps und Generaladjutant von Kaiser Wilhelm II. und musste wegen seiner Kritik an der Kriegsführung im Ersten Weltkrieg 1917 zurücktreten. Sohn Kurt beendete den Krieg als Offizier beim 1. Garde-Regiment zu Fuß, Vorläufer des I. R. 9, in dem zu dieser Zeit auch Henning von Tresckow und der gleichaltrige Carl-Hans Graf von Hardenberg dienten, die den militärischen Widerstand gegen Hitler mitorganisieren werden. Besonders mit Hardenberg entwickelte sich eine tiefe Freundschaft.

Plettenberg wollte zunächst weg vom Militär, zu sehr war er vom Kriegsgeschehen erschüttert. Dabei hatte er sich 1914 wie viele andere Deutsche begeistert gezeigt und den Kampf als Herausforderung betrachtet, als Möglichkeit, sich zu bewähren, gesellschaftliche Anerkennung zu gewinnen, aber auch, um sich von gesellschaftlichen Zwängen zu befreien. Am 25. Juni 1925 schrieb er rückblickend an seine Cousine Elisabeth von Sydow: »Weshalb empfanden wir Jungens den Krieg als Erlösung, weshalb loderten wir geradezu auf vor Glück und Freude? Ehrgeiz und Abenteuerlust war es nicht, wenngleich von beiden einige Tropfen den Becher der Begeisterung mit füllten.« Plettenberg nannte zwei Gründe: »Einmal hofften wir stark und zuversichtlich, daß der Schwerpunkt des Lebens für jeden von uns auf ein großes Gebiet verschoben würde, auf dem gerade wir glaubten, durch Tradition, Blut und eigene Passion unsere Sache besonders gut zu machen. Dann aber erhoffte man die Möglichkeit eines Ausgleichs des sozialen Unrechts, unter dem wir alle lebten.«

An der Begeisterung schien auch der Tod des geliebten Bruders, gefallen zwei Monate nach Kriegsbeginn, nichts zu ändern. Irgendwann aber klang sie ab. Plettenberg bezeichnete den Krieg nun als »die Konzentration allen menschlichen Elends auf kurze Zeit« und notierte: »Ich habe vom Krieg absolut genug.« Am Ende wünschte er nur noch, dass Schluss ist, wobei er die Niederlage Deutschlands als »Zusammenbruch« empfand. Auch er selbst hatte für lange Zeit alle Freude am Leben verloren.

In der Weimarer Republik setzte Plettenberg seine forstwirtschaftliche Ausbildung aus der Vorkriegszeit fort. Das war ein Gebiet nach seinem Geschmack, bei dem es um Hege und Erhalt geht, um vorausschauendes Wirtschaften, das Denken an die nachfolgenden Generationen. Das entsprach sowohl seiner Naturverbundenheit als auch seiner konservativen Einstellung. Seinen ersten Posten trat Plettenberg 1921 als Leiter des Holzhandelsdezernats bei der preußischen Regierung zu Stralsund an. Zwei Jahre später wechselte er in eine private Stellung und übernahm in Ostpreußen zunächst die Aufgabe als Oberförster und dann die Gesamtverwaltung der Dönhoff-Güter. Schon in dieser Position zeigte er die Eigenschaften, die seine Arbeit wie seinen Umgang mit Menschen prägten: Verlässlichkeit, Loyalität und Geschick. Mitarbeiter wie Freunde schätzten auch seine gewinnende Art, hinter der echtes Interesse steckte – auch gegenüber Heranwachsenden. »Daß jemand, der 20 Jahre älter war als ich, bereit war, sich ernsthaft mit mir zu unterhalten, war ein immer wieder bestauntes Erlebnis«, sagt Marion Dönhoff, die spätere Herausgeberin der Wochenzeitung *Die Zeit*. Auch die Töchter seines Freundes Hardenberg, die ihn »Onkel Kürtchen« nannten, schwärmten. »Die große Zuneigung, die wir dem Onkel entgegenbrachten, lag in der Art, wie er sich um uns bemühte. Er tröstete und gab gute Ratschläge«, erinnert sich Reinhild Gräfin von Hardenberg. Bei einem dieser Besuche lernte Plettenberg eine Schulfreundin der Mädchen kennen, Arianne Freiin von Maltzahn. 1934 wird er die 23 Jahre jüngere Frau heiraten.

Kurt von Plettenberg war auch nicht vorstellbar ohne seinen Humor, seine Freude an lustigen Situationen. So spielten er und ein Bruder Hardenbergs einmal einer nervigen Erbtante aus Jux einen handfesten Streit vor, an dessen Ende Plettenberg im Hochparterre von Neuhardenberg aus dem Fenster sprang. Jahre danach sollte sich die Fensterszene wiederholen – dann aber ist es tödlicher Ernst. Der Sprung war für ihn kein Problem. Einst Boxmeister seiner Gewichtsklasse im Heer, legte Plettenberg viel Wert auf körperliche Fitness. Das bemerkte auch Fürst Alexander zu Dohna-Schlobitten bei einer gemeinsamen Jagd. Plettenberg habe sich ganz bestimmten Richtlinien unterworfen, notiert er. Dazu gehörte, jeden Morgen Übungen zu machen, »um seinen muskulösen Körper fit zu halten«. Außerdem habe Plettenberg täglich einige Strophen von Gedichten auswendig gelernt, »die er dann laut wiederholte«. Prägendes Kennzeichen war auch seine Brille mit dicken Gläsern, durch die er einen fest ansehen konnte. Ohne sie wirkte Plettenberg verlegen, fast verletzlich.

III.

Nach Hitlers sogenannter Machtergreifung und inzwischen seit mehr als drei Jahren wieder in der preußischen Verwaltung angestellt, übernimmt Kurt von Plettenberg 1934 das Haushaltsreferat der Landesforstverwaltung; ein Jahr später holt ihn Generalforstmeister Walter von Keudell ins Reichsforstamt. Hat er für das NS-Regime zu Beginn durchaus Sympathie, weil er den Gedanken der Volksgemeinschaft gut findet und Ansätze einer neuen Landwirtschaftspolitik begrüßt, die eine Teilung großer Grundbesitze vorsieht, von der sich Plettenberg »gesündere soziale Verhältnisse« erhofft, so ist er schon bald ernüchtert. Öffentlich spricht er sich gegen die Gleichschaltung in der Gesellschaft aus und kritisiert beispielsweise scharf die Überführung seiner Studentenvereinigung, der Feldjäger-Gesellschaft, in eine NS-Kameradschaft. Auch hält er zu einem früheren Vorgesetzten, der wegen seiner jüdischen Herkunft entlassen worden war.

Persönlich entzieht er sich der Vereinnahmung, wie ein Konflikt aus dem Jahr 1937 zeigt. Hermann Göring hat zur Kriegsvorbereitung eine stärkere Abholzung angeordnet. Keudell dagegen ist für

Kurt von Plettenberg Anfang der dreißiger Jahre

eine ökologisch sinnvolle Nutzung des Waldes. Göring bedrängt den Generalforstmeister und plant, Plettenberg zu dessen Nachfolger zu machen. Doch der will sich nicht benutzen lassen; zuvor hat er schon die Aufforderung ignoriert, in die NSDAP einzutreten. Nun scheidet er freiwillig mit Keudell aus dem Amt. Eine neue Stelle findet er als Hofkammerpräsident des ehemaligen Fürstenhauses Schaumburg-Lippe, wo er die Güter auf Vordermann bringt. Das Angebot dazu kam von Wolrad Prinz zu Schaumburg-Lippe, einem Kriegskameraden von 1914. Die Familie, Tochter Christa-Erika ist noch nicht ein Jahr alt, zieht zurück nach Bückeburg, wo sie in einer angemieteten Villa wohnt. Über eigenen Grundbesitz verfügen die Plettenbergs nicht, eine Tatsache, die ihn beruflich stets abhängiger macht als viele seiner späteren Mitverschworenen. In Bückeburg kommen Sohn Karl-Wilhelm (1938) und die jüngste Tochter Dorothea-Marion (1943) zur Welt.

Das friedliche Leben der Familie wird durch den nahenden Zweiten Weltkrieg gestört. Plettenberg wird reaktiviert und als Major der Reserve mit dem I. R. 9 in den Krieg geschickt. Er beweist Tapferkeit, an der Front bei den Soldaten – die Arbeit im Generalstab ist nicht das, was er anstrebt. Anders als 1914 ist von Kriegsbegeisterung nichts bei ihm zu spüren. Im Gegenteil: In einem Brief vom 3. November 1939 an seine Cousine Elisabeth von Sydow drückt er sein Unbehagen aus: »M. liebes Bäschen, Du wirst Dir denken können, wie sehr auch ich unter allem leide. Ich bin meiner innersten Einstellung nach wohl wirklich ein ›Pazifist‹, u. ich habe in Polen unter dem unverminderten Grauen des Krieges vielleicht mehr noch gelitten wie vor 25 Jahren.« Gleichwohl will er die eingezogenen jungen Soldaten nicht allein lassen. »Ich fürchte auch die bevorstehenden Katastrophen der Menschheit, aber ich kann nicht, wenn die junge deutsche Mannschaft kämpft, abseits stehen.«

Der Kriegseinsatz dauert bis Ende 1941, als Plettenberg beurlaubt wird, um parallel zu seiner Anstellung im Haus Schaumburg-Lippe die Generalverwaltung des Hauses Hohenzollern zu übernehmen. Bereits 1929, kurz nachdem er der Landwirtschaftskammer für die Provinz Brandenburg und Berlin die Zusage gegeben hatte, deren Forstabteilung zu leiten, hatte das Haus Hohenzollern mit der Aufsicht über acht Oberförstereien und den Wohnsitz von Prinz Louis Ferdinand gelockt. Vergeblich. Dieses Mal lehnt Plettenberg nicht ab. Seine Fachkenntnisse, aber auch sein ausgleichendes Wesen und seine Zuverlässigkeit sind bekannt und gefragt. 1939 hat er schon das Schiedsrichteramt für eventuelle Erbstreitigkeiten zwischen dem Kronprinzen und dem einstigen Kaiser Wilhelm II. übernommen, der 1941 gestorben ist. Stellvertreter als Schiedsrichter ist auf seinen Vorschlag hin sein Freund Carl-Hans von Hardenberg geworden.

IV.

In dessen Haus in Neuhardenberg bei Berlin finden seit Anfang der dreißiger Jahre Zusammenkünfte statt, zwanglose Treffen, bei denen Militärs, Diplomaten und Beamte offen über die politische Lage sprechen. Darunter sind der ehemalige Chef der Heeresleitung, Kurt Freiherr von Hammerstein-Equord, Botschafter Ulrich von Hassell,

Brief-Telegramm , den 9.7.42.

Sr. K. H. des Prinzen Eitel Friedrich von Preußen

An S.H.
Herrn Präsident Freiherrn von P l e t t e n b e r g
B e r l i n W. 8
Unter Den Linden 11

Mein lieber Plettenberg!

Ihre Zeilen zum 7.7. waren mir eine rechte Geburtstagsfreude. Ich habe wieder das Ihren Worten entnommen, was ich bisher schon so hoch bei Ihnen schätzte " die ungekünstelte Aufrichtigkeit und Treue, wie sie unter uns allen sein sollte." Haben Sie sehr herzlichen Dank hierfür. Und mir wäre nichts lieber, als dass wir weiter in solcher Harmonie arbeiten könnten, wie es bisher geschah. Dass ich Sie und auch die andern lieben Kameraden in diesem Jahr nicht bitten konnte; werden Sie ja verstehen. Hoffen wir auf bessere Zeiten.

Mit sehr herzlichen kameradschaftlichen Grüssen

Ihr

Eitel Friedrich von Preußen bedankt sich für Geburtstagsglückwünsche. Der zweite Sohn Kaiser Wilhelms II. stand dem NS-Regime distanziert gegenüber. Dieses verweigert ihm die ansonsten übliche Beisetzung mit militärischen Ehren, als der Kaisersohn am 8. Dezember 1942 stirbt.

der stellvertretende Polizeipräsident von Berlin, Fritz-Dietlof Graf von der Schulenburg, und Kurt von Plettenberg, der wie die anderen das Kriegsgeschehen zunehmend mit Sorge und die Massaker hinter der Front mit Entsetzen betrachtet. So ist Hardenberg im Oktober 1941 in geringer Höhe über Borissow in Weißrussland geflogen und hat gesehen, wie die SS Menschen zusammentrieb. Nach späteren Angaben sollen dort 7000 Juden ermordet worden sein. Axel von dem Bussche hat Plettenberg schockiert geschildert, wie er im Oktober 1942 auf dem Flugplatz von Dubno in der Ukraine zufällig

Zeuge einer Massenexekution von Zivilisten, überwiegend Juden, durch die SS wurde. Plettenberg, der aufmerksam zuhört, sagt Bussche voraus, bei Kriegsende würden wohl im »Schutze« deutscher Waffen ebenso viele wehrlos Ermordete zu beklagen sein wie tote deutsche Soldaten. Und das auf 20 Millionen geschätzte jüdische Volk werde um mindestens ein Viertel dezimiert sein. Kaum einer hat zu diesem Zeitpunkt so exakt die Zahl ermordeter Juden benannt.

Plettenberg sieht es längst als erste Priorität an, gegen das Regime zu handeln und die Massenausrottung zu beenden, wie Bussche bezeugt. Dazu haben ihn nicht nur die Augenzeugenberichte, sondern das eigene Erleben und Informationen aus anderen Quellen gebracht. Freunde wie Hardenberg und Tresckow sind geeignete Ansprechpartner, denn sie organisieren inzwischen den Widerstand. Anfang 1944 besucht Gotthard von Falkenhausen, einer der Verschwörer in Paris, Plettenberg in Potsdam. Sie reden über die Unwägbarkeiten bei der Vorbereitung eines Attentats, Plettenberg beklagt sich, wie sich Falkenhausen erinnert, über die mutlose Haltung der hohen Generalität, »die trotz besserer Erkenntnis den Entschluß zu verantwortungsbewußtem Handeln nicht finden konnte«. Im Frühjahr 1944 ist in Neuhardenberg auch häufig Claus Schenk Graf von Stauffenberg zu Gast, ebenso dessen Adjutant Werner von Haeften, sein Ordonnanzoffizier Friedrich Karl Klausing und andere Offiziere, die mit den Attentatsvorbereitungen beschäftigt sind. Um kein Aufsehen zu erregen, lassen sie es nach außen so aussehen, als wollten sie den Hardenberg-Töchtern »den Hof machen«. Plettenberg, der in diesen Wochen oft mit Stauffenberg zusammentrifft, lernt die Planungen für den Umsturz genau kennen.

Als Zivilist ist Plettenberg nicht für die Militäraktion am 20. Juli eingeplant, wohl aber erhält sein Büro einen Anruf von Stauffenberg, der Plettenberg bitten will, mit ihm am 19. Juli nach Neuhardenberg zu fahren. Unklar bleibt, ob das der Code für das bevorstehende Attentat ist. Plettenberg arbeitet an diesem Tag nicht in seinem Büro und nimmt die Gesprächsnotiz des Telefonats, die seine Mitarbeiter ihm auf den Tisch legen, erst zur Kenntnis, als er am 24. Juli wieder zu seinem provisorischen Quartier im Cecilienhof in Potsdam kommt: Sein eigentlicher Wohn- und Dienstsitz, das Niederländische Palais, ist von Bomben stark zerstört. Loyale Mitarbeiter haben den gefährlichen Zettel beiseitegelegt. Plettenberg ist auch nicht als Politischer Beauftragter in einem Wehrkreis vorgesehen, wie die mit ihm befreundeten Heinrich Graf zu Dohna für Ostpreußen und Forstkollege Joachim Freiherr von Willisen für Stettin. Die insgesamt 17 Beauftragten sollen bei Gelingen des Staatsstreichs die öffentliche Ordnung aufrechterhalten.

Gleichwohl ist Plettenberg eine feste Größe im Widerstand. Seine zahlreichen Kontakte und umfangreichen Kenntnisse über Personen bis in die Ministerien hinein machen ihn zu einem wichtigen Berater der Mitverschworenen. Er benennt vertrauenswürdige Menschen und vermittelt sie zuverlässig, auch überzeugt er selbst Vertraute, sich am Widerstand zu beteiligen. Willisens Urteil in seinen Erinnerungen ist hier eindeutig: »Plettenberg war einer der befähigtsten und gütigsten Menschen, die mir im Leben begegneten. Und gerade er war es, der mich letztlich davon überzeugt hat, daß es keine andere Möglichkeit gäbe, als Hitler gewaltsam zu beseitigen.«

Die Zurückhaltung, Plettenberg operativ einzubinden, erklärt Axel von dem Bussche 1985 in einem Vortrag mit der Gefahr für die Häuser Hohenzollern und Schaumburg-Lippe, für die Plettenberg arbeitet. Bussche und Schulenburg hatten Informationen erhalten, Kreise der NSDAP-Führung warteten nur auf einen geeigneten Anlass, Mitglieder der bis 1918 regierenden Häuser zu liquidieren. Plettenberg hätte sie also in Gefahr bringen können. Andererseits besitzt er zwar einen großen Vertrauensbonus in beiden Häusern, aber er ist lediglich ihr Angestellter und damit von ihnen abhängig. Das mag auch ein Grund gewesen sein, warum Kurt von Plettenberg nicht vom Niederländischen Palais aus geschossen hat. »Die Gestapo hätte bei Misslingen meinem Vater niemals abgenommen, dass kein Mitglied des ehemaligen Königshauses involviert war, wenn ausgerechnet deren Generalbevollmächtigter den Todesschuss auf Hitler abgibt«, vermutet sein Sohn Karl-Wilhelm von Plettenberg.

V.

Obwohl Plettenberg am 20. Juli nicht eingesetzt wird, muss er schon allein als Mitwisser täglich mit seiner Verhaftung rechnen. Drei Tage nach dem Attentat wird sein bester Freund Carl-Hans von Hardenberg festgenommen, der auf seinen Einsatz als künftiger Oberpräsident von Berlin und Brandenburg gewartet hat, zwei Selbstmordversuche bei der Festnahme sind missglückt. In Haft kommt auch Plettenbergs Schwiegervater Helmuth Freiherr von Maltzahn. Während nach und nach weitere Vertraute inhaftiert und hingerichtet werden, bleibt Plettenberg scheinbar verschont. Damit kommt er nur schwer zurecht, wie ein grüblerischer Brief vom 20. August 1944 an seine Frau vermuten lässt. Es mag sein, so schreibt er, »daß die schwereren und größeren Aufgaben für die Lebenden – vorläufig Überlebenden – vor uns liegen«.

Versuche, sich an die Front versetzen zu lassen, vielleicht um der quälenden Ungewissheit und Tatenlosigkeit zu entfliehen oder von seiner Einbindung in die Staatsstreichpläne abzulenken, scheitern an seinem Alter. So bittet er am 11. August 1944 das Stellvertretende Generalkommando des III. Armeekorps um die Prüfung seines Gesuches auf »Frontverwendung«. Auffallend ist, dass er in diesem Brief auf ein Gesuch Bezug nimmt, das er »schon 5 Wochen zuvor« gestellt habe. Das wäre Mitte Juli und damit vor dem Attentat gewesen. Von seinem Versuch, wieder Soldat zu werden, berichtet Plettenberg sogar noch früher, am 18. Juni, Marion Dönhoff und begründet das so: »Mir geht's nur völlig gegen m. Innerstes, daheim zu sitzen, wenn um Ostpreußen gekämpft wird.« Die Handschrift ist kaum entzifferbar. Der Brief scheint unter äußerster Anspannung geschrieben worden zu sein, vermuten seine Kinder im Rückblick und erklären dies mit dem bevorstehenden Umsturzversuch. Möglicherweise ist der Brief auch Zeichen seiner Verzweiflung, dass Freunde und Weggefährten an den Schrecken des Krieges zu leiden haben, besonders in seiner Lieblingslandschaft Ostpreußen, während er zu Hause relativ geschützt ein halbwegs normales Leben führt. Ein Abrücken von den Mitverschworenen des 20. Juli ist daraus nicht abzuleiten, denn ihm war klar, dass er nicht unmittelbar Aufgaben beim Umsturz übernehmen sollte. Eine Erklärung für Plettenbergs damalige Gemütsverfassung, für seine Versuche, an die Front zu kommen, obwohl er zu Beginn des Krieges seine »pazifistische Haltung« betont hat, findet sich in einem Absatz aus dem Buch *Die Stimme des Krieges* des französischen Biologen und Psychologen René Quinton, den Plettenberg angestrichen hatte: »Alle gesellschaftlichen Fesseln sind gefallen, die Quälerei der Karriere, die Sorge um das standesgemäße Auftreten, die Standesunterschiede, die Ungerechtigkeit der Beförderung, das Alleinsein, die Zermürbung und der Zweifel, am rechten Platz zu stehen, die Ziele, die durch keinen Mut und keine Anstrengung erreicht werden können, das ganze Netzwerk der Versuchungen, die Reibung des Lebens und die Mittelmäßigkeit der gesamten Verhältnisse. Das ganze gesellschaftliche Leben ist künstlich: Der Krieg zerbricht es. Es ist die ›Wohltat‹ des Krieges, daß er den Menschen wieder dem ursprünglichen Leben zurückgibt.«

Es vergehen Monate der Ungewissheit, ehe am 3. März 1945 die Gestapo Plettenberg doch noch in Potsdam festnimmt. Kurz vor 10.30 Uhr treffen zwei Kriminalbeamte im Schloss Cecilienhof ein. Plettenberg geht mit den Beamten in sein Arbeitszimmer und bittet zehn Minuten später Louis Müldner, den Kabinettschef und Chef der Hofverwaltung, zu sich, um ihm mitzuteilen, dass er nach Berlin in die Prinz-Albrecht-Straße fahre. Sein Gepäck: ein kleiner Koffer mit warmen Sachen. Kaum ist Plettenberg mit den Kriminalbeamten weg, schreibt Müldner einen Brief an dessen Frau, in dem er die Verhaftung schildert und diese sehr bedauert. Auch berichtet er, dass die Beamten schon in den Tagen zuvor mehrfach in Cecilienhof aufgetaucht seien und vergeblich nach Plettenberg gefragt hätten. Bei der Festnahme hätten die Kommissare trotz Nachfrage keine Auskunft über den Grund gegeben, er wolle sich aber in den kommenden Tagen nach ihrem Mann erkundigen oder selbst nach Berlin fahren und sie in Bückeburg auf dem Laufenden halten. Das ist angesichts der schlechten Telefonverbindungen und der kriegsbedingten Probleme beim Postverkehr nicht einfach. Tatsächlich bemüht sich Plettenbergs Arbeitgeber darum, ihn aus dem Gefängnis zu holen. Doch die Gestapo hält das Haus Hohenzollern mit der Auskunft hin, es sei

alles nicht so ernst, man wolle von Plettenberg nur einige Namen er-
fragen.

Seine Frau und Freunde hatten vergeblich versucht, Plettenberg im
März 1945 von seiner Fahrt aus Bückeburg nach Berlin abzubringen.
Das berichtet später Karin »Sissi« Dönhoff, die sich damals bei den
Plettenbergs aufhielt. Doch er habe darauf beharrt, dringende Ange-
legenheiten der Hohenzollern vor dem Einmarsch der sowjetischen
Armee regeln zu müssen. Zuvor war er zu Kronprinz Wilhelm gefahren, der damals zu Gast bei einem Baron Bockelberg in der Nähe von
Baad in Österreich war. Bei diesem Besuch hatte Plettenberg die aus-
sichtslose Lage in Berlin und Potsdam geschildert und angeboten,
zur Rettung der Möbel und Kunstgegenstände dorthin zurückzurei-
sen. Aufgrund dieser Reise ist er Anfang März weder zu Hause in
Bückeburg noch in Potsdam für die Gestapo greifbar, deren Netz
durch die Kriegswirren offenbar löchriger geworden ist.

Die Gestapo soll durch die Unvorsichtigkeit eines jungen Offiziers
aus dem Umfeld des Widerstands auf ihn aufmerksam geworden
sein, was aber nirgendwo zu belegen ist. Sein Sohn Karl-Wilhelm
hält es auch für möglich, dass sie absichtlich so lange gewartet hat,
in der Hoffnung, durch ihn an das Haus Hohenzollern heranzukommen, das Hitler immer suspekt war.

VI.

In der Gestapo-Zentrale wird Kurt von Plettenberg von Kommis-
saren der »Sonderkommission 20. Juli« verhört. Weil er die Aussage
zu Mitgliedern des Widerstands verweigert, droht man ihm »verschärfte Vernehmung« an – eine Umschreibung für Folter. Wie sein
Mithäftling Fabian von Schlabrendorff nach dem Krieg nieder-
schreibt, habe ihm Plettenberg anschließend bei einem Gespräch auf
dem Hof hinter den Zellen erklärt, dass er der Gestapo auf keinen
Fall Namen nennen wolle und keine andere Möglichkeit sehe, als
sich das Leben zu nehmen. Tatsächlich hätte Plettenberg noch eine
Reihe Mitstreiter belasten und verraten können, allein aus seinem
engsten Kreis den inhaftierten Freund Carl-Hans von Hardenberg

Arianne von Plettenberg kann an der Beerdigung ihres Mannes nicht teilnehmen und muss den Kindern den Tod ihres Vaters erklären.

und dessen Tochter Reinhild, zugleich die Verlobte von Stauffenbergs Adjutanten Werner von Haeften, Axel von dem Bussche, Marion Dönhoff, Margarethe von Oven, die die Umsturzpläne abgetippt hatte, aber auch Ludwig von Hammerstein, einen der Ordonnanzoffiziere im Bendlerblock am 20. Juli, Johann-Dietrich von Hassell, Sohn des hingerichteten Exbotschafters und mit einer Nichte Plettenbergs verheiratet, sowie Gotthard von Falkenhausen und seinen Forstkollegen Willisen.

Schlabrendorff bittet ihn eindringlich, den Entschluss zum Freitod so lange wie möglich hinauszuzögern. Vergeblich. Als Plettenberg am folgenden Tag, dem 10. März, »vorgeführt« wird und im vierten Stockwerk angekommen ist, reagiert er blitzschnell. Mit einem Faustschlag streckt er einen der leitenden Beamten nieder und springt aus einem Fenster in den Freiganghof. Er erleidet dabei einen doppelten Schädelbruch sowie eine Zertrümmerung der Brust und ist auf der Stelle tot.

Seine Frau erfährt davon erst am 16. März. Ebenso, dass die Beerdigung bereits am darauffolgenden Tag auf dem Bornstedter Friedhof bei Potsdam vorgesehen ist. Arthur Berg, Plettenbergs Freund und Privatsekretär des Hauses Hohenzollern, schildert ihr das in einem Brief möglichst schonend und betont ausdrücklich, wie sehr der »Heimgegangene« von allen im Haus, »ob Hoch oder Niedrig, geachtet, verehrt und geliebt wurde«. Berg informiert auch über die Auflagen der Gestapo, die ihm in Berlin mitgeteilt worden seien. Danach sollen lediglich Plettenbergs Frau und sein Dienstherr, S. K. H. Prinz Oskar und Müldner benachrichtigt werden. Der Gefolgschaft sei nur mitzuteilen, dass Plettenberg verstorben sei. Die Leiche sei freigegeben und könne an einem beliebigen Ort beigesetzt werden, allerdings im kleinsten Kreis und ganz schlicht, Anzeigen in der Zeitung und schriftliche Todesanzeigen seien zu unterlassen, ebenso die Unterrichtung Außenstehender. Ort und Zeitpunkt der Beisetzung seien der Gestapo 24 Stunden vorher zu melden. Berg schreibt, dass die Einsargung bereits am Vortag stattgefunden habe, der Entschlafene sei »mit einem friedlichen Ausdruck im Sarg gebettet worden«. Als letzten Gruß habe man ihm rote Tulpen in die Hand gelegt, »weiter ein Strauß von Ihren Königlichen Hoheiten und ein Waldstrauß von der Belegschaft«.

Aufgrund der kurzfristigen Benachrichtigung kann die Familie nicht an der Beisetzung teilnehmen. Arianne von Plettenberg sucht Trost bei Verwandten und Freunden, die vor dem Kriegsgeschehen zu ihr nach Bückeburg geflohen sind: ihre Mutter und Schwester, aber auch Marion Dönhoff und deren Schwägerin »Sissi« Dönhoff, die ihren Bruder Heinrich von Lehndorff durch den 20. Juli verloren hat.

Kurt von Plettenberg hat einen Abschiedsbrief hinterlassen, der jedoch der Familie nicht ausgehändigt wird. Stattdessen werden dem Sekretär der Hohenzollern von einem Kriminalkommissar unter der Maßgabe der Verschwiegenheit Auszüge vorgelesen. Berg kann sich an drei Sätze erinnern, die er überliefert. Zum einen habe Plettenberg gebeten, seinem Wärter Äpfel und Zigaretten zu hinterlassen, des Weiteren, sich um seine Familie zu kümmern. Der dritte Satz lautete: »Ich fürchte den Tod nicht, denn ich habe einen guten Richter.«

VII.

Tatsächlich hatte sich Kurt von Plettenberg schon früh mit dem Tod beschäftigt, der für ihn sinnvoll schien, wenn er am Ende eines besonderen Schicksals stand. Nachdem sein Bruder Karl-Wilhelm gefallen war, schrieb Kurt als 23-Jähriger am 1. November 1914 an seine trauernde Mutter, dass es für einen Durchschnittsmenschen sehr schwer sei, »noch irgendwie Ehre und Ruhm zu gewinnen«. Beim echten Heldentod könne man jedoch zeigen, wie innerlich frei man sei, dass man die Kraft habe, »seinem Ideal zu folgen bis zum letzten Atemzuge«. Sicherlich wollte er seine Mutter trösten, aber die Zeilen verdeutlichten bereits damals schon seine Einstellung. Dreißig Jahre später griff er das Thema erneut auf. Am 3. April 1944 schrieb er mit dem Wissen um die Attentatspläne an sein Patenkind Wilfried Berg, Sohn seines Freundes Arthur, zur Konfirmation: Es komme darauf an, »daß man mit Ernst prüft, zu welcher inneren Haltung in ihrer Beziehung zueinander, in ihrem Verhältnis zum Tode – zu Gott, das liegt beides sehr nah beieinander – Christus die Menschen führen wollte«. Plettenberg ermunterte den jungen Berg, der Kirche zugehörig zu bleiben und das Werk früherer Generationen nicht »mit billigem Spott beiseite zu werfen«, und er beklagte sich über den vorherrschenden Zeitgeist. Die breite Masse plappere jedes Urteil, »auch ein solches über die schwierigsten Fragen des menschlichen Lebens«, gedankenlos nach, christliche Werte wie Wahrhaftigkeit und Nächstenliebe würden nicht mehr »in den Mittelpunkt unseres Denkens und Strebens« gestellt. Der Brief zeigte die Verbitterung über die aktuelle politische Lage und die Schwermut, die Plettenberg befallen hatte.

Wie sagt man den eigenen Kindern, dass der Vater verstorben ist, sich gar selbst das Leben genommen hat? Arianne von Plettenberg

Kurt von Plettenberg mit seinen Kindern Christa-Erika und Karl-Wilhelm, auf dem Arm die Jüngste: Dorothea-Marion

entschließt sich zu einer Notlüge: »Euer Vater ist an einem Herzfehler gestorben.« Für den siebenjährigen Karl-Wilhelm ist das natürlich ein Schock. Zwar hat er den Vater nicht häufig gesehen, sich von ihm aber stets ernst genommen gefühlt und ihn als wunderbaren Erzähler und Naturfreund erlebt. Und als kraftvollen Menschen, dem es trotz seines Alters nichts ausmachte, zwei seiner Kinder gleichzeitig mit den Armen hochzuheben. Wochen später reißt ein Schulfreund die Wunde des Nichtbegreifens noch weiter auf. »Dein Vater ist in Berlin aus dem Fenster gesprungen. Das weiß ich von meinem Vater.« Karl-Wilhelm berichtet das empört seiner Mutter, die an ihrer Variante festhält. Erst Anfang der fünfziger Jahre, Karl-Wilhelm ist etwa 13 Jahre alt, erzählt seine Mutter ihm die Wahrheit. Sicherlich dachte sie, jetzt wäre er alt genug, das zu verstehen, glaubt der Sohn.

Da viele Deutsche auch noch in den ersten Nachkriegsjahren die Verschwörer des 20. Juli als Verräter betrachteten, war Arianne von Plettenberg wie auch Angehörige anderer Familien entmutigt, das

Thema anzusprechen, was sie am 9. August 1947 an den Schriftsteller Reinhold Schneider schreibt, um sich für dessen Buch *Gedenkwort zum 20. Juli* zu bedanken. Ihr Mann habe Gewissensqualen gehabt und »sich zur Tat durchkämpfen« müssen, aber dieses »bewußt schuldig werden« auf sich genommen, »um der Wiederherstellung des Rufes« von Deutschland wegen. Es sei so schwer, anderen Menschen nachträglich zu erklären, worum es ihrem Mann und den anderen Mitverschworenen gegangen sei. Sie habe es daher eigentlich aufgegeben, mit anderen, »die nicht in dieser Arbeit gestanden hatten, darüber zu sprechen. Ich hatte das Gefühl, sie verstehen dich nicht, und es ist so ganz zwecklos. Ihr Büchlein hat mir wieder Mut gemacht.«

Wie versteht der Sohn heute den Selbstmord? Ein Verstecken, so Karl-Wilhelm, wäre für seinen Vater nicht in Frage gekommen, da sei er sich ganz sicher. Außerdem hätten Angehörige von Plettenbergs Freund Hardenberg erklärt, dass sich beide darauf verständigt hätten, sich im Falle der Festnahme einem Verhör durch Freitod zu entziehen, auch wenn sie damit gegen ein Gebot ihres Glaubens verstießen. Sein Vater habe sicherlich Angst vor der Folter gehabt, aber zusätzlich die berechtigte Sorge, durch Drogen zum Reden gebracht zu werden. Aus den Worten des Sohnes ist kein Vorwurf zu hören, obwohl er sich als Jugendlicher wie seine ältere Schwester gefragt hat, ob es nicht andere Auswege gegeben hätte – acht Wochen vor dem erkennbaren Ende des NS-Regimes, als viele nur noch darauf hofften zu überleben. Karl-Wilhelm von Plettenberg glaubt, dass sein Vater so nicht gedacht hat. Auch Resignation schließt er aus. Was war es also dann? Vielleicht das: Mehr als zwanzig Jahre vor dem Freitod vertraute Kurt Freiherr von Plettenberg 1924 seinem Tagebuch seinen großen Wunsch an sein Schicksal an, »daß – wenn ich sterbe – ich unerschüttert sterbe, sei es den Opfertod für's Heimatland oder die Brüder im Vaterlande, sei es in bewußter Erkenntnis, daß ich mein Leben voller Pflichten erfüllte«.

Lars-Broder Keil

Georg Schulze-Büttger (1904–1944)

»Als Soldat gehörte ich jetzt nicht mehr unter diese Leute«

I.

Es war ein 19-jähriger Fähnrich der Infanterie, der im Jahre 1923 in sorgfältiger Sütterlin-Schrift seinem Tagebuch einen erstaunlichen Bericht anvertraute. So entstand ein einzigartiges Zeitdokument, in dem Aufregung und Verunsicherung noch nachzittern. Die Aufzeichnungen Georg Schulze-Büttgers beginnen mit einer verheißungsvollen Bergwanderung des Autors im Kreis seiner Kameraden, die am 8. November 1923 jäh durch den Einbruch der Weltpolitik unterbrochen wird.

Sehnsüchtige Blicke wanderten dabei oft zu den gewaltigen Tiroler Bergen, die als schneebedeckte Riesen zu uns herüberragten, hinter denen wir »das Märchenland mit dem tiefblauen Himmel« liegen wußten. Es entstanden die schönsten Pläne für Oster- und Pfingsturlaub, aber wir hatten uns verrechnet. Am Abend des 8. November 23 wurde die Infanterieschule alarmiert. Es wurde uns mitgeteilt, daß endlich der Augenblick gekommen sei, an dem die unendliche Schuld und Schande, die im November 1918 eigene Landsleute über unser Vaterland brachten, getilgt werden sollte. Wir, die Infanterie-Schüler, sollten als erste deutsche Soldaten aktiv hierzu beitragen, indem wir unter Führung des Obltn. a. D. Roßbach dem General Ludendorff als Stoßtrupp dienen sollten. Die Zeit des Überlegens betrug 5 Minuten, dann sollten wir mit Stahlhelm und Gewehr auf dem Hofe antreten. Ich wußte dann wohl, dass die Sache auf sein oder nicht sein, zum mindesten in beruflicher Beziehung, ausgehen konnte. Unsere Offiziere waren zum Teil festgehalten, was wir zwar nicht wußten, teils nicht aufzufinden. Es galt also selbständig [zu] handeln. Daß man überhaupt handeln mußte, war wohl den meisten von uns klar. Aber wie? Als Soldat konnte man eigentlich nicht ohne seine zuständigen Führer etwas derartiges unternehmen. Aber wo waren diese? Waren sie selbst zu schlapp zum Teil die Verantwortung auf sich zu nehmen, dann wollten w i r doch zeigen, daß wir einen festen Entschluß fassen konnten. War es tatsächlich der Anfang der Befreiung des Vaterlandes, dann wollte auch ich unter den ersten sein. Von der Inf.-schule marschierten dann die von uns Fähnrichen u. Offiz.anwärtern gebildeten 3 Kompanien durch die Stadt zum Bürgerbräukeller unter dem Jubel der münchner Bevölkerung. Mir war bei alle dem so feierlich zu Mute. Ich glaubte, daß ich endlich einmal mit der Tat beweisen konnte meine Liebe zum Volke und Vaterlande. Ein ähnliches Gefühl müssen unsere Soldaten gehabt haben, als sie 1914 auszogen. Aber wie sollte dieser herrliche Traum, so möchte ich es jetzt beinahe bezeichnen, so bald schon enden! Am Bürgerbräu begrüßte uns Ludendorff, und Adolf Hitler hielt flammende Reden, die auch die Zaghaftesten wohl mit fortreißen konnten ...

Es folgt eine sehr genaue, ungeschönte Beschreibung der Ereignisse dieser Nacht vom 8. auf den 9. November. Nach den hitzigen Reden im Bürgerbräukeller sollen die Infanterie-Schüler unter Leitung des ehemaligen Freikorpsführers Gerhard Roßbach zu einem Regierungsgebäude in der Maximilianstraße ziehen, um einen Kampfgefährten Hitlers, Ernst Pöhner, zu befreien. Pöhner, früher Polizeipräsident von München und entscheidend beteiligt am Putsch gegen die Räterepublik, war von Hitler und Ludendorff als Premierminister der geplanten Umsturzregierung vorgesehen, und es wurde das Gerücht verbreitet, er sei von der bayerischen Regierung festgesetzt worden.

Um 12.00 [nachts] etwa war Antreten ... Wir marschierten zur Maximilianstr., und die 1. und 2. Kompanien mußten die Seitenfronten umstellen, während die 3. Komp., in der auch ich war, gegen die Vorderfront vorrückte. Plötzlich traten aus dem Portal bis an die Zähne bewaffnete Schutzleute, die Fenster des 1. Stockwerkes öffneten sich und ließen Maschinengewehre dahinter erkennen ... Plötzlich wurde auf der Gegenseite das Kommando zum »Laden« gegeben. Es war ein schauriges Geräusch, das Auf- und Zurückreißen der Gewehrschlösser in der nächtlichen Stille ... Es war doch ein eigenartiges Gefühl, das wohl jeden von uns, mich wenigstens bestimmt, befiel. In wenigen Minuten sollte man vielleicht sein Leben, das man doch kaum zu leben angefangen hatte, dahingeben. Ich kann mich kaum auf das besinnen, was mir in diesen Augenblicken durch den Kopf ging. Vor mir stand ein Mann, der mir eine Maschinenpistole entgegenhielt. Ich wußte genau, daß ich wohl bestimmt in ganz kurzer Zeit nicht mehr sein würde, wenn nämlich bei unserem nächsten Vorrücken dieser Mann seine 32 Schuß in wenigen Sekunden abschoß auf mich. Sentimentale Anwandlungen bekam ich zwar nicht, bloß ich wußte, daß ich noch so gerne weiterleben wollte ...

Den plötzlichen Befehl zum Rückzug der Schüler der Infanterie-Schule – Ludendorff hatte einen Motorrad-Kurier geschickt, vermutlich, weil sich die Festsetzung Pöhners in dem Gebäude als bloßes Gerücht erwies – erlebt der noch jugendliche Offiziersanwärter als Rettung des Himmels: »Dieser oder jener hat sich vielleicht sogar vorgenommen, ein anderes Leben jetzt zu führen, das vermute ich aber bloß.« Am frühen Morgen des 9. November gegen 4 Uhr folgt die Ernüchterung,

wo mir aus den verschiedensten Sachen allmählich klar wurde, daß die Verhältnisse doch wohl nicht so lagen, wie man sie uns am Vorabend geschildert hatte. Die Münchner Truppen, geschweige denn die übrige Armee, beteiligten sich nicht an dem Putsch. Viele von den Offizieren des Lehrgangs, die uns anfangs geführt hatten, waren verschwunden. Schon der Vorfall mit der Landespolizei, die doch eigentlich auf unserer Seite stehen mußte, hatte mich stutzig gemacht. Jetzt war es mir klar, daß man uns gelockt hatte unter Verbreitung unzutreffender Schilderungen über Beteiligung des

Auszug aus dem Tagebuch (8./9. Nov. 1923)

ganzen Heeres u. s. w. Als Soldat gehörte ich jetzt nicht mehr unter diese Leute … In einem Gefühl unendlicher Enttäuschung und Verbitterung verließ ich den Bürgerbräukeller, um nach der Inf.schule zurückzukehren. Noch nie im Leben habe ich so gelitten als in dem Augenblick, als ich die hohen Hoffnungen, mit denen ich mich nach inneren Kämpfen mit meinem soldatischen Pflichtbewußtsein der Sache angeschlossen hatte, plötzlich in ein Nichts zerfallen sah. In dieser Seelenstimmung kam ich in der Inf.schule an, wo ich von einem Aufsichtsoffizier mit »Schuft«, »Meuterer« und ähnlichen Ausdrücken empfangen wurde. Daß ich diesem Mann, der am Abend vorher nicht den Mut hatte, wenn er von vornherein von der Sache anders dachte als wir, sich mit der Pistole uns entgegenzustellen und uns von unserem Vorhaben durch einen Befehl als Offizier zu versuchen abzuhalten, daß ich dem damals nicht an die Kehle gegangen bin, darüber staune ich heute noch.

Das war eine sehr bittere, sehr frühe Lehre für Georg Schulze-Büttger, den späteren Widerstandskämpfer aus dem engsten Kreis um

Henning von Tresckow. Nicht das letzte Mal in seinem Leben sollte er fassungslos sein über das Versagen von Vorgesetzten. Er wird diese frühe Erfahrung nie vergessen. Sie prägt sein Leben als Offizier, seinen Einsatz im Kreis der Verschwörer und sein Auftreten vor dem Volksgerichtshof am 13. Oktober 1944, von dem es einen kurzen, sehr beeindruckenden Filmausschnitt gibt.

II.
Wahrscheinlich muss man es nachträglich als Glück ansehen, dass Georg Schulze-Büttger (geboren am 5. Oktober 1904 in Posen, aufgewachsen in Hildesheim) relativ früh eine Chance erhielt, sich von den falschen Versprechen der »hitzköpfigen und abenteuerlichen Männer« (Tagebucheintrag) abzusetzen, von deren agitatorischen Reden und illegalen Aktionen er sich so unbedarft hatte verführen lassen. Zunächst aber folgte auf diesen so schmählich endenden Ausflug in die Tagespolitik die Auflösung seiner ganzen Jahrgangsklasse und die persönliche Strafversetzung nach Westpreußen. Das war ein herber Rückschlag für den jungen Soldaten, der, seinem früh verstorbenen Vater nachstrebend, schon mit 17 Jahren zum Militär wollte und nun nicht mehr zu seinem Elite-Regiment, den berühmten »Goslarer Jägern«, zurückkehren durfte. Jetzt kam er ins Infanterie-Regiment 3 und sollte sich bewähren. Anfang der dreißiger Jahre konnte er dann doch die ersehnte Generalstabsausbildung in Dresden antreten, die er als einer der Besten abschloss.

Auf einem Fest in Berlin und während eines Skiurlaubs im Riesengebirge lernt er seine spätere Frau, Jutta Neumann, näher kennen. Die junge Dame ist zu dieser Zeit oft im Hause des Sohnes von Generalfeldmarschall von Mackensen anzutreffen, des engsten Freundes ihrer Eltern. Bei der Hochzeit im Jahre 1934 ist Georg dreißig, Jutta zwanzig Jahre alt. In den Zeiten der berufsbedingten Trennung – sogar in den Wochen zwischen seiner Festnahme am 20. August 1944 und seinem Ausschluss aus der Armee im Ehrenhof-Verfahren vom 21. September – schreibt Georg fast täglich Briefe an seine Frau. Sie lassen eine sehr nahe Vertrautheit zwischen den Eheleuten erken-

Zur Hochzeitsfeier

von

Fräulein
Jutta-Sibylla Neumann

mit dem

Hauptmann
Herrn Georg Schulze-Büttger

Semerow, den 18. September 1934.

Bräutigam

Tischkarte des Bräutigams
für die Hochzeitstafel
(18. September 1934)

nen, wobei Georg der ernstere von beiden, Jutta aber ein »unterneh-
mungslustiger Wildfang und schwer zu bändigen« ist. Sie hat den
Ruf einer rasanten und wagemutigen Reiterin. Die beiden haben drei
Kinder: Georg, geb. 1936, Jutta, geb. 1940, und Jobst, geb. 1943.
Die junge Familie besitzt eine kleine Dienstwohnung in Hameln, die
nach dem Krieg auch Juttas Zuflucht werden wird, lebt aber die
meiste Zeit in der Nähe von Kolberg auf dem Gut Semerow, dem Besitz von Juttas Eltern in Hinterpommern.

III.

Die prägende Figur im Leben des jungen Offiziers ist Generaloberst
Ludwig Beck, Chef des Generalstabs, dessen Adjutant er von 1935

Foto für den Vater an der Front, 3. Juli 1944: Georg, Jobst und Jutta

bis 1938 wird. Voller Hochachtung spricht er von diesem Vorgesetzten, den er tief verehrt, dessen Haltung, Bildung, Verschwiegenheit und Ernsthaftigkeit er sich zum Vorbild nimmt. Manchmal ist auch seine Frau bei den Ausritten im Berliner Tiergarten dabei. Es wird nicht viel geredet bei solchen Anlässen, aber Jutta kennt die Gegnerschaft Becks und ihres Mannes gegen Hitler und seine Umgebung. 1938, nach der blutigen Pogromnacht, sagt Georg zu ihr: »Diesen Tag werden wir noch einmal bitter bereuen.«

Im Generalstab vertieft er auch seine Zusammenarbeit mit Henning von Tresckow, dem begnadeten Strategen, der für Beck gerade die Studie über das »Unternehmen Grün« ausarbeitet, eine Denkschrift aus dem Jahre 1938, die gegen Hitlers Pläne gerichtet ist, die junge tschechoslowakische Republik zu überfallen und große Teile davon dem Deutschen Reich einzuverleiben. Tresckow, Beck und damit auch Schulze-Büttger sind überzeugt: Das bedeutet einen neuen Weltkrieg, und diesen kann Deutschland nur verlieren. Zu diesem Zeitpunkt befindet sich die Zentrale der Gegner des Krieges mitten im höchsten militärischen Planungsstab.

Als Beck sich weder bei Hitler noch bei den wichtigsten Generälen durchsetzen kann, tritt er zurück. Tresckow aber, der ab 1941 in der

Heeresgruppe Mitte die entschlossenste Gruppe für den geplanten Umsturz und das Attentat auf Hitler zu bilden versucht, holt Schulze-Büttger, der im Sinne Becks vorher versucht hatte, General Erich von Manstein für die Opposition zu gewinnen, als »Ia/op« zu sich – als Ersten Stabs- und Operationsoffizier, zuständig für Planung und Befehlsgebung. Auf dem berühmten Foto vom Stab der Heeresgruppe Mitte am Kartentisch steht Schulze-Büttger unmittelbar neben Tresckow, dem strategischen Kopf des militärischen Widerstands. Aus dieser Zeit stammt auch die Bekanntschaft mit dem Tresckow-Vertrauten Fabian von Schlabrendorff, der über Schulze-Büttger schreibt: »Seine große Befähigung verbarg sich hinter einer echten Bescheidenheit, die es ihm erlaubte, zurückzutreten und anderen den Ruhm zu lassen. Er war in alles eingeweiht. Das bedeutete keine Gefahr bei ihm, da auf seinem Gesicht die Verschwiegenheit sich deutlich abzeichnete. Sein Auftreten war kurz und bestimmt. Im Umgang mit anderen Menschen war er ohne jede Anmaßung. Seine Sicherheit erlaubte es ihm, immer freundlich und höflich zu sein, ohne von seiner Überzeugung auch nur einen Fußbreit abzuweichen.«[1]

In den Flussauen bei Smolensk erproben Tresckow und Schulze-Büttger wochenlang die verschiedensten Sprengstoffe, die der für Feindnachrichten und Aufklärung zuständige Stabsoffizier Rudolf Freiherr von Gersdorff für das Attentat besorgt hat. Am Ende entscheiden sie sich für den englischen, der für die eigenen Pläne am besten geeignet scheint.

Als mehrere Attentatsversuche gescheitert sind und schließlich nur noch Stauffenberg allein ab Juli 1944 die Chance bekommt, in die Nähe von Hitler zu gelangen, sind Tresckow und Schulze-Büttger gerade im Fronteinsatz in heftigste Abwehrkämpfe gegen die entscheidende Offensive der Roten Armee verwickelt. Beide sind jeweils Chef des Stabes in benachbarten Truppenteilen – Tresckow bei der 2. Armee der Heeresgruppe Mitte, Schulze-Büttger bei der 4. Panzerarmee der Heeresgruppe Süd – und deswegen schwer in die Attentatsoperationen einzuplanen. Sie sind sichtlich angespannt. Nach Jahren der Konspiration sind sie verbittert und ernüchtert über die

Am Kartentisch: Der engste Kreis des Widerstands um Henning von Tresckow (4. v. r.). Schulze-Büttger ist der 4. v. l., Schlabrendorff ganz rechts stehend.

zögerliche Haltung der Feldmarschälle Kluge und Manstein, die von allen Plänen wissen, aber nicht bereit sind, zentrale Verantwortung für ein Gelingen des Staatsstreichs zu übernehmen.

Tresckow und Schulze-Büttger treffen sich noch spät in der Nacht vom 20. auf den 21. Juli. Nach außen hin ist davon die Rede, die beiden benachbarten Armeen für den notwendigen Rückzug zu verbinden. Tresckow meint zu dem schwierigen Manöver: »Wäre nicht schön. Etwas reichlich im Augenblick!«[2] Vor allem aber warten beide dringend auf Nachrichten oder sogar eine Anforderung aus dem Bendlerblock in Berlin. Als Tresckow von Schlabrendorff dann erst gegen Morgen erfährt, dass der Staatsstreich in Berlin gescheitert ist, beschließt er seinen Selbstmord, getarnt als Partisanenüberfall im Niemandsland der Front. Er will für seine Mitverschwörer Zeit gewinnen und die Schuld auf sich allein lenken, falls das Komplott überhaupt entdeckt wird, was zu dem Zeitpunkt noch keinesfalls sicher ist. Schulze-Büttger soll sich um den Rückzug der Soldaten des gefährdeten Frontabschnitts kümmern.

Jutta Schulze-Büttger
auf der Flucht, mit
Treckwagen

Erst einen Monat später, als Hitler, Himmler und der Gestapo das
ganze Ausmaß der Verschwörung allmählich bekannt wird, wird
Georg Schulze-Büttger verhaftet. Allein schon seine Nähe zu Beck
und Tresckow bringt ihn zwingend in den Kreis der Verdächtigen,
wenn er auch – wie die ganze Gruppe um Tresckow – äußerst um-
sichtig im Verwischen von Spuren und Dokumenten vorgegangen
war. In der Gestapo-Zentrale in der Prinz-Albrecht-Straße sieht ihn
Schlabrendorff noch einmal von ferne in einem Gang des Gefängnisses: »Seine Miene war verschlossen. Auch nur einen Blick auszutauschen, war in diesem Augenblick unmöglich. Aber die Festig-
keit seiner Haltung wird mir unvergessen sein.«[3]

IV.

Der neunjährige Sohn Schulze-Büttgers, der den Namen seines Vaters trägt, kann diesen Anblick nie in seinem Leben vergessen: Georg sitzt im schützenden Rahmen des Treckwagens, neben sich den einhalbjährigen Bruder Jobst und die vierjährige Schwester Jutta. Es ist März 1945, draußen herrscht klirrende Kälte. Die Kinder sind so eingemümmelt in Decken, dass sie schon deswegen kaum etwas von der Umgebung, dem Chaos, der Panik und dem Lärm ringsum mitkriegen, sie schwimmen in einem Gefühl von Gefahr, das aber doch durch die Mutter und deren Schwester abgemildert wird. Jetzt aber kracht es trommelfellzerfetzend. Die Kinder sollen die Ohren zuhalten und den Mund aufreißen. Ihr Treckwagen steht unmittelbar unter einer 8,8-cm-Flak, die sich mit Sowjet-Panzern ein Feuergefecht liefert. Über den Rücken und die Köpfe der Pferde hinweg sieht Georg das angespannte Gesicht seiner Mutter. Sie trägt ein Kopftuch, wie es nach dem Krieg die Trümmerfrauen tragen, und eine helle Windjacke. Sie krallt sich an den Pferden vor dem Treckwagen fest, die gar nicht anders können, als auszubrechen. Die Mutter hat einen Ausdruck im Gesicht, als wolle sie allein mit ihrer Kraft das

Weltall abstützen, weniger Verzweiflung als Aufruhr, nur noch reine übermenschliche Energie.

Eigentlich sollte die Flucht zusammen mit der ganzen Familie aus Semerow erfolgen. Der Großvater hatte Ende 1944 alles gemeinsam mit dem Dorf sorgfältig vorbereitet. Aber noch hatten die NS-Behörden Treckverbot verhängt. Da nach der Verhaftung Schulze-Büttgers die Gestapo auf dem Gut gewesen war, war es schwer, heimlich loszuziehen. Da kommen Verwandte auf ihrem Treck vorbei, bei denen ein Wagen ausgefallen ist. Kurz entschlossen befiehlt Großvater Neumann, dass Jutta mit den Kindern bei Nacht unauffällig in den Zug eingegliedert wird. Er wird mit den anderen so bald wie möglich nachkommen.

Wenige Wochen später – mit unverhofftem Glück hat Juttas Wagen die Oder als Letzter überqueren können – überholt sie ein Reiter, ein Bekannter der Familie, der eine tödliche Nachricht mitbringt: Als in Semerow endlich die Erlaubnis zum Trecken kam, standen die Russen bereits vor dem Dorf; deutsche Soldaten, vermutlich SS, aber waren im Schatten der Nacht mit den Pferden für den Wagen der Neumanns verschwunden. Der Großvater hat erst die Tochter, die Lieblingstante der Kinder, dann seine Frau und zuletzt sich selbst erschossen. Er sah keine Zukunft mehr. Die Familie schien ausgelöscht.

Das alles hat Georg im Gesicht seiner Mutter gesehen. Am Ende aller Flucht und aller überstandenen Gefahren, als sie nach sieben Monaten schließlich in Hildesheim gelandet sind, stirbt »Juttali«, die kleine Schwester, an Diphtherie und Scharlach. In anderen Zeiten wäre sie zu retten gewesen. Jutta Schulze-Büttger hat damit in neun Monaten ihren Mann, ihre Eltern, eine Schwester und dazu noch eine Tochter verloren. Sie ist dreißig Jahre alt und steht nun allein auf der Welt mit ihren beiden Söhnen.

Nach der Verhaftung ihres Mannes am 20. August 1944 war sie von der Gestapo in Semerow aufgesucht und verhört worden. Noch in dem Moment, da sich diese dem Gut näherte, hatte sie, von Nachbarn gewarnt, fast alle Briefe und Dokumente ihres Mannes unbemerkt hinten im Garten vernichten können. Ihre vielfachen Versuche, ihn in der Gestapo-Haft noch einmal zu sehen, bleiben erfolglos. Sie pendelt in diesen Wochen hin und her zwischen der Berliner Prinz-Albrecht-Straße und dem Krankenhaus Köslin/Pommern, wo ihr Sohn Georg nach einer komplizierten Mittelohrentzündung liegt. Später erst erhält sie den Abschiedsbrief ihres Mannes, den einzigen Brief, der ihr bleibt, unmittelbar vor seiner Hinrichtung am 13. Oktober 1944 geschrieben. Das eine Blatt, das erlaubt wird, trägt den Vermerk: »Nur die Linien benutzen! Ränder nicht beschreiben!«

Meine geliebte Jutta!
Gönne mir den Frieden, in den ich nun für immer eingehen werde.
In meinen letzten Minuten danke ich Dir, mein Liebstes, für Deine übergroße Liebe, mit der Du mich 10 Jahre glücklich gemacht hast.
Trage Dein unendliches Leid, das Du mir verzeihen mögest, groß und stark und verliere nicht den Glauben an unseren Herrgott.
Seinen Schutz flehe ich herab auf Dich, unsere Kinderlein, alle Lieben und unser ganzes deutsches Volk.
Erzieh unsere Kinder zu frohen, freien Menschenkindern. Dazu widme alle Kraft den Lebenden. Möge Dir in dem Aufwachsen und der Liebe der Kleinen ein neues, stilles Glück erblühen. Klopft aber später ein anderer auch wieder an Deine eigene Herzenstür, dann öffne, wenn es echt ist. Ich wollte immer nur Dein Glück.
Bitte keine Trauerkleider und Anzeigen. Laßt mich in aller Stille von dieser Erde abgeschieden sein ...
Zum letzten Mal lege ich in Gedanken meine Arme um Dich, Du meine geliebte Frau.
Es hat Dich mit aller Innigkeit, der ein Männerherz fähig ist, treu und unendlich geliebt
Dein Georg

V.
Nach dem Krieg bringt Jutta sich und die Kinder zunächst mit der Heimproduktion von bunten Quasten für Pantoffeln durch. Sie ist

darin sehr geschickt. Erst Mitte der fünfziger Jahre erhält sie durch das Hilfskomitee für die Hinterbliebenen des 20. Juli eine Unterstützung und kann mit dessen Vermittlung für Jobst einen Internatsplatz auf einer Hermann-Lietz-Schule bekommen. Zu den Gedenkfeiern vom 20. Juli in Berlin geht sie nicht. Die Erinnerung tut zu weh. Aber die zehn glücklichen Jahre im Leben ihrer Mutter sind für die Kinder ein Begriff, wenn sie auch eine gewisse Scheu haben, genauer nachzufragen. Sie lernen, stolz auf den Vater zu sein, aber nicht mit anderen darüber zu reden.

Beide Söhne gehen später – wohl dem Vorbild des Vaters folgend – zur Bundeswehr und werden Berufsoffiziere. Georg wird Kommandeur eines Panzerbataillons, ist fünf Jahre lang Leiter des Heeresverbindungsstabes zum US Army Armor Center in Fort Knox (Bundesstaat Kentucky, USA) und leitet danach als Kommandant den größten NATO-Truppenübungsplatz Mittel- und Westeuropas in Bergen. Während seiner Zeit in den USA hat er auch gelegentlich über den militärischen Widerstand des 20. Juli gesprochen. Er trifft dabei – bei völliger Unkenntnis seiner Zuhörer – auf erstauntes Interesse.

Auch Jobst beginnt als Offizier in einem Panzerbataillon, ist zeitweise im Protokollreferat des Bundesministeriums der Verteidigung und wird ebenfalls Kommandeur eines Panzerbataillons in Koblenz. In dieser Funktion hilft er mit bei der Auflösung und Neueingliederung eines Panzerbataillons der Nationalen Volksarmee nach der Wiedervereinigung.

Innerhalb und außerhalb der Bundeswehr werden die beiden Söhne selten auf die Person des Vaters, fast nie auf sein Schicksal im Zusammenhang mit dem 20. Juli angesprochen, auch nicht von Generälen wie Adolf Heusinger, Erich von Manstein, Ulrich de Maizière, die noch in der Wehrmacht gedient haben und das Engagement des Vaters im Widerstand eigentlich kennen müssten. Das Persönliche war kein Thema, für die Bundeswehr als Ganzes wird der 20. Juli ein offizielles Gedenkdatum.

Einmal – es muss 1981 gewesen sein – sitzt Jobst in einer Runde junger Ausbildungsoffiziere. Es wird, mehr pflichtgemäß, über den

Widerstand geredet. Da äußert sich einer der Kollegen spöttisch und abfällig: »Das waren alles Verräter.« – »Das war für mich der Augenblick, an dem ich begann, offen über meinen Vater und seine Freunde zu reden«, sagt Jobst Schulze-Büttger. Er empfand es wie eine Befreiung. »Dabei wusste ich doch selbst noch so wenig, aber es wurde plötzlich ganz, ganz still, und man hätte eine Stecknadel fallen hören können.«

Der Jahrgangskollege hat sich später bei ihm entschuldigt. Jobst selbst, der mit seinem ersten selbstverdienten Geld zum ersten Mal auf persönlicher Spurensuche zu den Gedächtnisfeiern im Bendlerblock gefahren war, engagiert sich seit diesem Tag intensiver in der Forschungsgemeinschaft 20. Juli 1944. Der Mutter, die nie mitkam, hat er ausführlich von den Begegnungen dort berichtet. Das hat ihr gefallen.

Antje Vollmer

Randolph Freiherr von Breidbach-Bürresheim (1912–1945)

»Ihr müßt nicht bitter gegen das Schicksal werden –
alles geht wie es vorgezeichnet ist«

I.

Die Frage, inwieweit der eigene Widerstand gegen das NS-Regime schriftlich festgehalten werden sollte, trieb die Organisatoren des Staatsstreichs immer wieder um. Im Wesentlichen gab es zwei Denkrichtungen: Henning von Tresckow und seine Mitstreiter in der Heeresgruppe Mitte wollten möglichst wenig aufschreiben, um zu verhindern, dass die Niederschriften bei einem Scheitern der Pläne gegen sie verwendet werden konnten. Das Vernichten belastender Papiere stand daher ganz oben auf der Liste der Schutzmaßnahmen – was nach dem 20. Juli Mitverschwörern aus der Tresckow-Gruppe das Leben gerettet hat, obwohl sie aktiv am Attentat beteiligt waren.

Andere, wie Hans von Dohnanyi, hielten es für unabdingbar, Material für die Zukunft zu sammeln: über die Verbrechen des NS-Regimes wie über den Widerstand. Dohnanyi, zunächst Mitarbeiter im Reichsjustizministerium, dann im Amt Ausland/Abwehr des Oberkommandos der Wehrmacht (OKW) in Berlin, wollte diese Unterlagen nach Gelingen des Staatsstreichs bei Friedensverhandlungen vorlegen können. Sie sollten nicht nur dazu dienen, Kriegsverbrechen zu ahnden, sondern belegen, dass Deutsche gegen das Regime gearbeitet hatten. Deutsche, auf die man sich in einer Nachkriegsordnung verlassen konnte.

Im Herbst 1942 erhält Dohnanyi vom Mitarbeiter der Abwehrstelle in München, Josef Müller, einen Bericht des jungen Offiziers Randolph Freiherr von Breidbach-Bürresheim über die Stimmung in den von Deutschen besetzten Gebieten. Alle drei sind gelernte Juristen. Dohnanyi ist von der Beobachtungsgabe und der unverstellten Schilderung, aber auch von der Sprache Breidbachs beeindruckt und bittet, ihm weitere Berichte zu schicken. Müller verbürgt sich für Breidbach, den er seit 1938 aus der gemeinsamen Arbeit in seiner damaligen Kanzlei in München kennt. Der 30-Jährige wird so zum Zuträger des Nachrichtendienstes der Wehrmacht, in dem sich eine der wichtigsten Gruppen im militärischen Widerstand formiert hat. Doch schon ein Jahr später sollten die »Breidbach-Berichte« Gegenstand eines Prozesses gegen diese Gruppe sein – der für den Verfasser mit Gefängnis, Konzentrationslager und dem Tod enden wird.

Beim Verhör macht Breidbach keinen Hehl aus seiner Distanz zum Nationalsozialismus, wie die Anklage festhält: »Er selbst behauptet, von 1930 bis zur Machtergreifung gedanklich dem Nationalsozialismus angehört zu haben, durch verschiedene Begebenheiten nach der Machtergreifung jedoch eine innere Umstellung und eine kritische Einstellung zum Nationalsozialismus erfahren zu haben.« Zu den »Begebenheiten« zählen die Festnahme seines Vaters am 26. Juni 1933, der für die Bayerische Volkspartei im Gemeinderat saß, oder die Aufforderung des Rektors an alle männlichen Studenten der Universität Münster, geschlossen der SA beizutreten – unter Androhung der Relegation. Randolph von Breidbach entscheidet sich als passionierter Reiter, und um keinen Ärger zu bekommen, im November 1933 für die Reiter-SA. Er ist dort wenig aktiv, was kaum auffällt, weil er den Studienort immer wieder wechselt. Seine wahre Haltung zum NS-Regime zeigt der Entschluss, sich trotz Warnungen 1935 bei einem jüdischen Repetitor auf seinen Abschluss des Jura-Studiums vorzubereiten. Das führt zu einem Disziplinarverfahren und schließlich zum Ausschluss aus der SA. Es wird nicht das einzige Mal bleiben, dass Breidbach, wenn er von etwas überzeugt ist, ungern davon abrückt – auch wenn Konsequenzen drohen.

II.
Randolph Freiherr von Breidbach-Bürresheim kam am 10. August 1912 in Bonn als ältester Sohn eines Offiziers zur Welt. Der Kommandeur der Königs-Husaren war stolz auf seinen Erstgeborenen. »Die Dynastie derer von Breidbach-Bürresheim ist wieder gerettet«,

jubelte Hubert von Breidbach. Er wäre sonst der Letzte dieses Namens gewesen. Randolphs Mutter Maria-Anna, eine geborene Gräfin von Wolff-Metternich und sehr resolut, musste ihren Sohn in den ersten Jahren weitgehend allein aufziehen. Erst als der Erste Weltkrieg zu Ende war und nachdem ihr Mann nach 25 Jahren Militärdienst seinen Abschied eingereicht hatte, begann ein geregeltes Familienleben. Die Breidbachs verfügten über ansehnlichen Besitz, darunter Schloss Fronberg in der Oberpfalz, in dem Breidbach einen Teil seiner Kindheit verbrachte. Oft war er auch auf Burg Satzvey in der Eifel, die den Wolff-Metternichs gehörte. Behütet wuchs er in großbürgerlichen Verhältnissen auf und wurde streng katholisch erzogen, allerdings verlor die Familie in der Inflationszeit 1922/23 einen Teil ihres Vermögens, und da sie über keine ausgedehnten Landgüter verfügte, musste sie in dieser Zeit weitgehend mit der Pension des Vaters auskommen, die bei ehemaligen Offizieren nicht hoch war.

Ein anderes Ereignis prägte den jungen Breidbach jedoch noch nachhaltiger. Während eines Ferienaufenthalts in Fronberg kam er beim Rudern auf der Naab, die am Schloss vorbeifließt, zu nahe an ein Wehr. Das Kindermädchen, in Panik, sprang mit seiner fünfjährigen Schwester aus dem Boot in das seichte Wasser, doch die Strömung zog ihr die Beine weg. Sie ließ das Mädchen los, das über das Wehr gespült wurde und ertrank: ein traumatisches Erlebnis für alle, aber besonders für den Internatsschüler im Humanistischen Gymnasium der Benediktinerabtei Metten.

Sein Abitur legte er 1931 am Max-Gymnasium in München ab. Die Atmosphäre der bayerischen Metropole weckte sein Interesse für Politik und Geschichte, öfters besuchte er Reden von Hitler und ließ sich von dessen Ideen einnehmen. Seine Begeisterung für den Nationalsozialismus führte zu Konflikten in der Familie; vor allem mit dem Vater kam es zu lautstarken Auseinandersetzungen. Hitlers Phrase: »Ich aber beschloß, Politiker zu werden«, regte den Vater maßlos auf, und er zog einen Vergleich: Man könne auch schreiben, »da beschloss ich, Maurer zu werden«. Der Entschluss allein befähige niemanden, ein Haus zu bauen.

Randolph von Breidbach (2 v. r.) Ende der zwanziger Jahre mit Gästen auf Schloss Fronberg beim Tennis

Lange hielt die Sympathie für den Nationalsozialismus bei Randolph von Breidbach nicht an. Das dürfte an der Festnahme seines Vaters gelegen haben, auch wenn dieser nach drei Tagen wieder freikam, aber besonders an den »rassischen Verfolgungen und unschönen politischen Methoden«, wie seine Mutter in einem Lebensbild ihres Sohnes schreibt. Zum Sinneswandel beigetragen hätten weiterhin seine Reisen nach Holland, in die Schweiz oder nach Großbritannien – sie hätten die Meinung über demokratische Strukturen zum Positiven geändert. Nach den Erfahrungen mit der Weimarer Republik hatte er darin zunächst kein Modell mit Zukunft gesehen.

Seinen Militärdienst absolvierte Randolph von Breidbach Mitte der dreißiger Jahre beim traditionsreichen Reiter-Regiment 17 in Bamberg, in dem auch Claus Schenk Graf von Stauffenberg seine Karriere begonnen hatte. Mit den Stauffenbergs waren die Breidbachs über die weibliche Linie weitläufig verwandt: Randolphs Tante, Gräfin Huberta Berta Wolff-Metternich, war mit Franz Schenk von Stauffenberg verheiratet, der allerdings einer anderen Linie entstammte als der Hitler-Attentäter. Als Breidbach seinen Militärdienst in Bamberg begann, hatte Stauffenberg zudem bereits das Regiment verlassen. Aus dem späteren Kavallerie-Regiment 17, das für seinen Korpsgeist bekannt war, gingen weitere Hitler-Gegner hervor: Roland von Hößlin, Ludwig Freiherr von Leonrod, Rudolf Graf von Marogna-Redwitz, Karl Freiherr von Thüngen und Peter Sauerbruch. Hößlin, der nach den Planungen Tresckows und Stauffenbergs 1944 beim Umsturz mit seiner Einheit in Ostpreußen wichtige Gebäude besetzen und Maßnahmen gegen NS-Stellen leiten sollte, diente zur gleichen Zeit in Bamberg wie Breidbach. Sie dürften sich daher gekannt haben.

III.

Zur schicksalhaften Begegnung für Randolph von Breidbach-Bürresheim kommt es 1938, als er seine Referendarzeit zur Vorbereitung auf das Staatsexamen in der Kanzlei des Rechtsanwalts Josef Müller absolviert. Breidbach und der vierzehn Jahre ältere Jurist finden einander schnell sympathisch und freunden sich an. Dabei ist Müller auf den ersten Blick ganz anders als der feinsinnige, sensible, gut aussehende Referendar, der sich gern modisch kleidet und auf Fotos posiert: den Pelzkragen des Mantels hochgestellt, einen eleganten Hut schräg auf dem Kopf. Müller stammt aus einer Bauern- und Flößerfamilie, bereits in der Schulzeit hat er als Fuhrknecht arbeiten müssen, was ihm den Beinamen »Ochsensepp« einbringt. Eine zupackende, bauernschlaue Art zeichnet ihn auch als Anwalt aus. Das mag dem zurückhaltenden, fast scheuen Breidbach imponiert haben. Doch es gibt auch Verbindendes: Beide sind überzeugte Katholiken und haben gemeinsame Bekannte, etwa Pater Corbinian, den Abt von Metten und früheren Lehrer Randolphs. Beide denken ähnlich über das NS-Regime und haben Erfahrungen damit gemacht. Auch Josef Müller, Mitglied der Volkspartei – bis 1933 stärkste Partei in Bayern und politischer Arm des Katholizismus –, wird am 9. Februar 1934 für kurze Zeit inhaftiert. Beim Versuch, sich gegen NS-Funktionäre juristisch zur Wehr zu setzen, die den Einfluss katholischer

Einrichtungen beschränken wollten, hat Müller offenbar gewagt, Heinrich Himmler und Reinhard Heydrich bloßzustellen. Das lassen sich die führenden Vertreter der Bayerischen Politischen Polizei, der Vorläuferin der Gestapo in München, nicht gefallen.

Zu Müllers Klienten gehören Geistliche, Ordensgemeinschaften und Klöster; um sie zu vertreten, reist er häufig nach Rom. Durch diese Anwaltstätigkeit lernt er Johannes Neuhäusler kennen, den kirchenpolitischen Referenten des Erzbistums München und Freising. Erzbischof Michael von Faulhaber hat Neuhäusler den brisanten Auftrag gegeben, ein Dossier über die Übergriffe des NS-Regimes auf die katholische Kirche zu erstellen. Dessen Propaganda von der Volksgemeinschaft und dessen Machtanspruch kollidieren mit den Kirchenstrukturen, der Bindung der Katholiken an den Heiligen Stuhl und ihrem Bekenntnis zur umfassenden Weltkirche.

Da Neuhäusler, der unter anderem die päpstliche Enzyklika »Mit brennender Sorge« – eine moderate Kritik des Papstes an der Kirchenpolitik der Nationalsozialisten – verbreiten lässt, unter Beobachtung der Gestapo steht, sucht er »mutige Briefträger«, um Papst Pius XI. verlässliche Berichte zukommen zu lassen. Josef Müller erklärt sich bereit. Seine Reisen zum Vatikan wecken das Interesse der NS-Gegner Hans von Dohnanyi und Hans Oster im Amt Ausland/Abwehr beim OKW, die eng mit dem zurückgetretenen Generalstabschef der Wehrmacht und Hitler-Gegner General Ludwig Beck zusammenarbeiten.

IV.

Sie laden Müller kurz nach Kriegsbeginn 1939 ein und bitten ihn in vertraulichen Gesprächen, seine Kontakte nach Rom zu intensivieren. Inzwischen ist Papst Pius XII. im Amt, den Müller noch als Kardinalstaatssekretär Eugenio Pacelli und päpstlichen Nuntius in München kennt. Außerdem verfügt er über persönliche Kontakte zu weiteren Schlüsselfiguren im Vatikan: zu Prälat Ludwig Kaas, dem früheren Vorsitzenden der Zentrumspartei, und zu Robert Leiber, Jesuit und persönlicher Sekretär des Papstes. Der Vatikan, so die

Überlegung von Dohnanyi und Oster, könne als neutraler Vermittler für Verhandlungen mit Großbritannien dienen. Die Abwehr-Offiziere wollen mit Billigung Becks einen Umsturz in Deutschland außenpolitisch absichern und zugleich mögliche Argumente deutscher Generäle entkräften, die Alliierten würden einen Sturz Hitlers für eigene Zwecke ausnutzen. Müller kann tatsächlich Kontakt zu britischen Diplomaten aufnehmen und von September 1939 bis April 1940 intensive Gespräche führen: Es ist ein vorsichtiges Abtasten, um Vertrauen zu gewinnen und um konkrete Vorstellungen und Forderungen für ernsthafte Friedensverhandlungen auszutauschen. Doch der Umsturz bleibt aus – und die Begegnungen werden abgebrochen.

Den Inhalt der Gespräche gibt Müller in der Regel mündlich weiter, mitunter fertigt er stichwortartige Notizen an, die aus Vorsicht aber regelmäßig vernichtet werden. Einmal formulieren Müller und Dohnanyi aus diesen Notizen einen Bericht: Es ist das Fazit der Treffen, Beweis für die Gespräche und Vorlage für weitere Kontaktversuche zugleich. Auf Müllers Bitte und die seiner Gesprächspartner in Rom soll das Papier nach Kenntnisnahme aber ebenfalls verschwinden.

Inwieweit Randolph von Breidbach von diesen konspirativen Aktivitäten seines Kanzleichefs etwas mitbekommt, ist unklar. Er wird wenige Wochen nach Kriegsbeginn eingezogen. Nach dem Frankreich-Feldzug unterbricht Breidbach im Sommer 1940 seinen Militärdienst, um sich in München auf sein Staatsexamen vorzubereiten, das er im Januar 1941 ablegt. In diesem Zeitraum dürfte er sich öfters mit Müller getroffen haben – allerdings sind da die Gespräche in Rom schon beendet. Müller selbst beteuert später, Breidbach weder eingeweiht noch einbezogen zu haben. Dass dieser in der Referendarzeit die Schwierigkeiten des Älteren mit den NS-Machthabern durch die anwaltliche Tätigkeit für die katholische Kirche miterlebt hat, darf man aber annehmen. Möglicherweise ist er in manchen Fällen eingebunden gewesen.

V.

Randolph von Breidbach hat den Krieg 1939 als Ausbilder begonnen. Schnell merken die Rekruten, dass er »ganz anders ist« als die anderen Ausbilder: irgendwie »durchgeistigt« und sehr gläubig, einer, dem das Militärische offenkundig nicht liegt. Josef Müller muss ebenfalls zum Militär, die Abwehr lässt ihn im Rang eines Oberleutnants zu ihrer Zweigstelle in München abkommandieren, um seine Verhandlungen in Rom abzusichern. Sein offizieller Auftrag lautet: Beobachtung der politischen Entwicklung in Italien.

Müller und Breidbach halten Kontakt. Von der Front schreibt Breidbach Briefe, oder er besucht Müller, wenn er auf Urlaub ist. Auf anschauliche Weise schildert er seine Eindrücke, etwa wie die französische Bevölkerung die Niederlage von 1940 aufgenommen hat. Müller ermuntert ihn, regelmäßig über seine Erlebnisse zu berichten, und der Jüngere kommt dem nach. Dieser Austausch festigt ihre Beziehung, für andere Freunde, vor allem in seinem Alter, scheint die Zeit zu fehlen. Ebenso für feste Partnerinnen – bekannt wird nur eine kurze, aber heftige Liebesbeziehung mit einer Frau während seiner Studentenzeit in Königsberg, von der die katholische Familie nicht begeistert ist.

1942 wird Randolph von Breidbach an die Ostfront versetzt, in Kiew ist er zunächst der Verbindungsoffizier seiner Einheit zur Bevölkerung. Müller bittet ihn, auch von dort zu berichten. Weil bekannt ist, dass Briefe zensiert werden, zögert Breidbach, doch Müller versichert, die Berichte würden dem OKW vorgelegt, außerdem übernehme er die Verantwortung.

Was Breidbach in der Sowjetunion sieht und erfährt, erschüttert ihn zutiefst. Er erlebt die brutale Behandlung der Zivilbevölkerung hautnah, an der sich auch die Wehrmacht beteiligt, hört von der Vernichtung der Juden hinter der Front und registriert die zunehmende Demoralisierung und Verrohung der eigenen Truppen. Das alles ist für ihn schwer zu ertragen, es widerspricht seiner christlichen Einstellung, und bald kann er das Erlebte mit seinem Gewissen nicht mehr vereinbaren. Breidbach reagiert auf die Verbrechen des Krieges jedoch nicht nur aufgrund seines katholischen Glaubens und der elterlichen Erziehung, die, wie seine Schwester Huberta Riederer von Paar betont, naturgemäß die Schulung des Gewissens beinhaltet habe. Genauso wichtig ist die Perspektive eines Mannes, der die Verletzung grundlegender Menschenrechte ablehnt.

Dass er mit niemandem aus seiner Umgebung offen darüber sprechen kann, belastet Breidbach zusätzlich: Er will nur noch weg. Eine Entscheidung über das »Wie« nimmt ihm im Herbst 1942 eine schwere Gelbsucht ab, die ihn ins Lazarett nach Zwickau bringt und von dort zum Ersatztruppenteil seines Regiments nach Würzburg, wo er sich auskurieren soll. Doch die Rückkehr an die Front ist vorgesehen.

Josef Müller trifft bei einem Besuch auf einen völlig verzweifelten Breidbach, der ihn regelrecht anfleht, »ihn aus der Hölle im Osten herauszuholen«, wie Müller in seinen Erinnerungen schreibt. Um zu helfen, fragt er bei der Abwehr in München nach einer Möglichkeit, Breidbach unterzubringen. Dort ist man von dem jungen Offizier nach einem Gespräch angetan, will aber seine Tauglichkeit erst testen. Auf Anregung Müllers fasst Breidbach seine Erlebnisse aus Frankreich in einem Bericht zusammen, der an Dohnanyi in Berlin geht. Die Analyse kommt gut an, sie wirkt authentisch und zeigt, dass der junge Offizier sich sein gesundes Urteil nicht hat trüben lassen und ein entschiedener Gegner der NS-Ideologie zu sein scheint.

Dohnanyi sammelt, begünstigt durch seine alten Kontakte ins Reichsjustizministerium, Dokumente über Verbrechen des NS-Regimes, um hohe Militärs zum Einschreiten zu bewegen. Die ungeschönten Berichte eines Frontoffiziers wie Breidbach können ihm helfen, mehr Einfluss auf Generäle zu nehmen, die noch zögern. Und sie sind ein Beleg, den Alliierten zu zeigen: Seht her, so denken Offiziere über das NS-Regime. Also ersucht Müller Breidbach um Berichte der Ostfront-Erlebnisse. Zwischen September und November 1942 entstehen die drei entscheidenden Papiere Breidbachs.

Macht sich der junge Offizier Gedanken darüber, zu welchem Zweck die Abwehr seine Berichte verwenden will? Ist ihm vielleicht sogar bewusst, dass sie zur Vorbereitung eines Umsturzes dienen sollen? Begrüßt er das? Das muss unbeantwortet bleiben. Andererseits

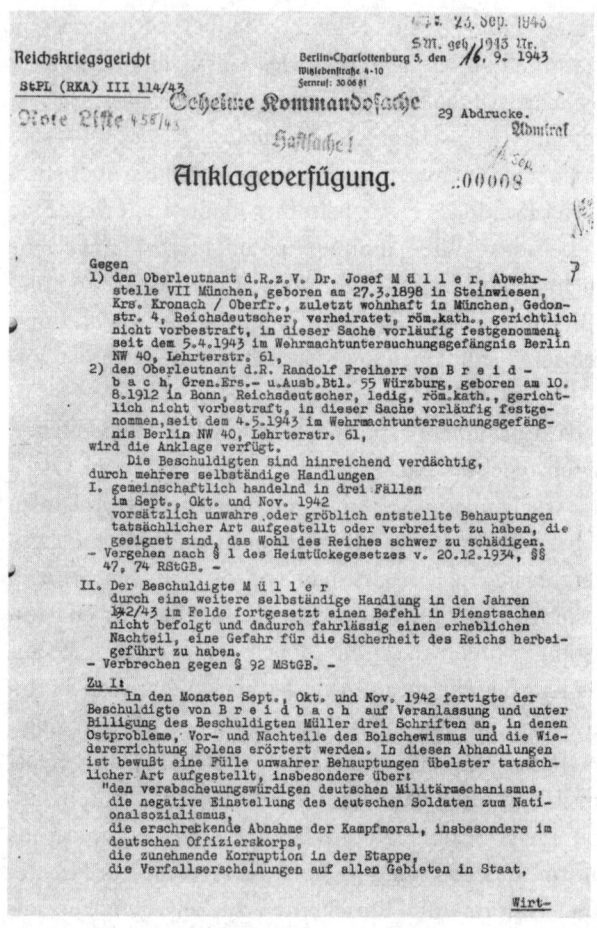

Reichskriegsgericht

StPL (RKA) III 114/43

Berlin-Charlottenburg 5, den 16. 9. 1943
Witelsbenstraße 4-10
Fernruf: 30 06 81

Geheime Kommandosache

Rote Liste 458/43

29 Abdrucke.
Admiral

Haftsache!

Anklageverfügung.   ..00008

Gegen
1) den Oberleutnant d.R.z.V. Dr. Josef M ü l l e r, Abwehrstelle VII München, geboren am 27.3.1898 in Steinwiesen,
   Krs. Kronach / Oberfr., zuletzt wohnhaft in München, Gedon-
   str. 4, Reichsdeutscher, verheiratet, röm.kath., gerichtlich
   nicht vorbestraft, in dieser Sache vorläufig festgenommen
   seit dem 5.4.1943 im Wehrmachtuntersuchungsgefängnis Berlin
   NW 40, Lehrterstr. 61,
2) den Oberleutnant d.R. Randolf Freiherr von B r e i d -
   b a c h, Gren.Ers.- u.Ausb.Btl. 55 Würzburg, geboren am 10.
   8.1912 in Bonn, Reichsdeutscher, ledig, röm.kath., gerichtlich nicht vorbestraft, in dieser Sache vorläufig festgenommen,seit dem 4.5.1943 im Wehrmachtuntersuchungsgefängnis Berlin NW 40, Lehrterstr. 61,
wird die Anklage verfügt.
   Die Beschuldigten sind hinreichend verdächtig,
durch mehrere selbständige Handlungen
I. gemeinschaftlich handelnd in drei Fällen
   im Sept., Okt. und Nov. 1942
   vorsätzlich unwahre oder gröblich entstellte Behauptungen
   tatsächlicher Art aufgestellt oder verbreitet zu haben, die
   geeignet sind, das Wohl des Reiches schwer zu schädigen.
- Vergehen nach § 1 des Heimtückegesetzes v. 20.12.1934, §§
  47, 74 RStGB. -

II. Der Beschuldigte M ü l l e r
    durch eine weitere selbständige Handlung in den Jahren
    1942/43 im Felde fortgesetzt einen Befehl in Dienstsachen
    nicht befolgt und dadurch fahrlässig einen erheblichen
    Nachteil, eine Gefahr für die Sicherheit des Reichs herbei-
    geführt zu haben.
- Verbrechen gegen § 92 MStGB. -

    Zu I:
    In den Monaten Sept., Okt. und Nov. 1942 fertigte der
    Beschuldigte von B r e i d b a c h auf Veranlassung und unter
    Billigung des Beschuldigten Müller drei Schriften an, in denen
    Ostprobleme, Vor- und Nachteile des Bolschewismus und die Wie-
    dererrichtung Polens erörtert werden. In diesen Abhandlungen
    ist bewußt eine Fülle unwahrer Behauptungen übelster tatsäch-
    licher Art aufgestellt, insbesondere über:
    "den verabscheuungswürdigen deutschen Militärmechanismus,
    die negative Einstellung des deutschen Soldaten zum Nati-
    onalsozialismus,
    die erschreckende Abnahme der Kampfmoral, insbesondere im
    deutschen Offizierskorps,
    die zunehmende Korruption in der Etappe,
    die Verfallserscheinungen auf allen Gebieten in Staat,

                                                        Wirt-

Auszug aus der Anklageverfügung gegen Randolph von
Breidbach am Reichskriegsgericht

ist Breidbach ein intelligenter Mensch, der die Umstände reflektiert.
Daher dürfte ihm auch die Brisanz seiner Darstellungen klar gewesen
sein. Vermutlich haben sich Müller und er darüber unterhalten – in
Widerstandskreisen herrscht großes Vertrauen und Offenheit. Vielleicht etwas zu arglos geht Breidbach jedoch davon aus, dass Müller
äußerst sorgsam mit den Berichten umgeht.

VI.

Am 5. April 1943 werden Hans von Dohnanyi und Josef Müller festgenommen, Hans Oster unter Hausarrest gestellt. Nach den Devisenvergehen eines Abwehr-Agenten ist die Gestapo auf die Gruppe aufmerksam geworden. Entdeckt wird dabei auch ein Plan von Dohnanyi und seinem Schwager Dietrich Bonhoeffer, deutsche Juden als angebliche Agenten in die Schweiz zu schleusen und sie dort für einen Neustart mit Geld auszustatten. Den Fonds dafür verwaltet Hans Bernd Gisevius, der Vizekonsul am Generalkonsulat in Zürich. All das scheint eine günstige Gelegenheit für SS-Chef Himmler, gegen den Nachrichtendienst der Wehrmacht vorzugehen, der seine Kreise stört.

In Gewahrsam kommt auch Müllers Frau. Die Durchsuchung seines Büros am Maximiliansplatz durch Gestapo-Beamte ist zunächst ergebnislos, offenbar hat seine Sekretärin belastendes Material vernichtet, darunter die Briefe und andere handschriftliche Papiere Randolph von Breidbach-Bürresheims. Allerdings finden die Beamten in Müllers Wohnung die drei Berichte.

Weil er den Verfasser nicht nennen will, wird auch seine Sekretärin festgenommen, zumal schnell herauskommt, dass die Berichte auf ihrer Schreibmaschine getippt worden sind. Um die beiden Frauen zu schützen, gibt Müller schließlich den Namen preis – in der Hoffnung, Breidbach sei wieder an der Front. Doch der ist noch in Würzburg, wo er am 5. Mai 1943 von der Gestapo abgeholt wird. In seiner Wohnung wird ein Briefwechsel mit dem Bischof von Würzburg gefunden, der harmlos ist, aber den Verdacht nährt, Breidbach sei Teil eines Komplotts der Kirche.

Die Eltern in Fronberg versuchen nach dem ersten Schock, ihrem inhaftierten Sohn nach Kräften zu helfen. Hubert von Breidbach besorgt sich Namen und Adresse eines Kriegsgerichtsrates in Berlin, den er in einem Hotel trifft. Der Richter hört sich den Vater an und erklärt, dass der Vorwurf wohl auf Hoch- und Landesverrat hinauslaufen wird, was den Vater zutiefst erschreckt. Es gelingt ihm, seinen Sohn zu sprechen, »der sehr vertrauensselig in die Zukunft blickte«, wie er in seinen Erinnerungen festhält. Er selbst habe die Lage pessi-

Josef Müller (»Ochsensepp«) 1959 in seinem Büro. Der Freund bat Randolph von Breidbach, seine Kriegserlebnisse aufzuschreiben.

mistisch gesehen, sich aber gehütet, den Sohn das spüren zu lassen, »um seine Widerstandskraft nicht zu schwächen«. Allerdings habe er ihn früher mit den Worten »N'écrivez jamais!« (sinngemäß: »Niemals etwas schriftlich hinterlassen!«) gewarnt – was darauf deutet, dass er dessen Haltung kennt. Der Sohn hat die Mahnung verstanden, wie er seiner Mutter schreibt: »Es ist doch gut, wenn man jemanden in der Familie hat, der bremst.« Aber diese Einsicht sei leider zu spät gekommen, bedauert der Vater im Nachhinein.

In den kommenden Wochen wird Hubert von Breidbach weitere Male nach Berlin fahren, einmal reist er sogar nach Karlsbad, als er erfährt, dass der zuständige Richter dort zur Kur weilt. Doch er trifft ihn nicht an. Auch die Mutter macht sich, trotz Bombenangriffen, öfters auf den Weg zu ihrem Sohn. Der liegt im Haft-Krankenhaus, weil die alte Gelbsucht wieder ausgebrochen ist.

Bei den Vorbereitungen für den Prozess vor dem Reichskriegs-gericht spielen die Breidbach-Berichte eine wichtige Rolle. Sie enthalten nach Ansicht der Ankläger »eine Fülle unwahrer Behauptungen übelster Art« und lassen »durchweg eine scharfe deutschfeindliche Tendenz erkennen«. Originale und Kopien, die es gegeben haben soll, sind bis heute verschollen, allerdings zitiert die Anklageschrift daraus. In allen Berichten schildert Breidbach seine Erlebnisse von der Front: Übergriffe auf die Zivilbevölkerung, die »furchtbare« Behandlung von Gefangenen und russischen Arbeitskräften in deutschen Betrieben, die zunehmend negative Einstellung der Soldaten zum Nationalsozialismus, die Abnahme der Kampfmoral besonders bei Offizieren sowie die Korruption in der Etappe. Breidbach analysiert aber auch die politischen Strukturen in der Sowjetunion und vergleicht sie mit dem Nationalsozialismus.

In seinem ersten Ost-Bericht vom 9. September 1942 lobt er – im Gegensatz zur »Untermenschen-Theorie« der Nationalsozialisten – den Arbeits- und Kulturwillen sowie die ethische Grundhaltung des russischen Menschen, der besonders verachtend von »deutscher Kultur« spricht, wenn von den Besatzungstruppen Verurteilte öffentlich gehängt oder mit einem Genickschuss hingerichtet werden. Breidbach traut dem Bolschewismus eine führende Rolle bei der Befriedung Nachkriegseuropas zu. Presse und Rundfunk in Deutschland würden aber »in der dem Nationalsozialismus eigenen Folgerichtigkeit jeden dahingehenden Gedanken als Häresie verdammen«.

In seinem zweiten Bericht vom 31. Oktober 1942 zieht Breidbach stärker Vergleiche zwischen Sowjet-Regime und Nationalsozialismus. Er kritisiert die Sowjetunion als autoritär regiertes Land, das den Einzelnen unterdrücke und dessen Apparat jede menschliche Regung registriere. Wie die Anklageschrift vermerkt, weise Breidbach ironisch darauf hin, dass die Verwandtschaft des Bolschewismus mit der nationalsozialistischen Staatsauffassung für jeden Beobachter augenfällig sei. Er bezeichne den Nationalsozialismus als Teil »jener Kraft, die stets das Böse will«, und behaupte, dass für die europäische Intelligenz die bolschewistischen Gedanken verführerischer seien »als die rohen Überlegungen des Nationalsozialismus«.

In seiner dritten Abhandlung geht es um eine europäische Nachkriegsordnung. Breidbachs Ansicht nach würde ein wiederhergestelltes Polen als Bollwerk gegen den Bolschewismus gebraucht, weil es sich eher dem Westen zugehörig fühle. Aber auch bei den Polen habe der deutsche Militarismus, den Breidbach als »preußisch« bezeichnet, Verheerendes angerichtet, so dass der Hass auf alles Deutsche groß sei.

VII.

Die Verhöre und der Prozess zeigen das typische Vorgehen der NS-Justiz; dennoch hat das Verfahren seine Besonderheiten. Jedem der Angeklagten ist klar, dass die Breidbach-Berichte Sprengstoff sind. Josef Müller hat sich deshalb eine geschickte Strategie zur Verteidigung ausgedacht. Um ihre Bedeutung herunterzuspielen, stellt er die Berichte als »Spielmaterial« dar, ein üblicher Begriff bei Geheimdiensten für Material, das für Testzwecke verwendet wird. Er habe Breidbach gebeten, seine Eindrücke an der Ostfront und vom Verhalten der deutschen Soldaten gründlich zu schildern, um analysieren zu können, ob und welche Infektionsgefahr der Bolschewismus biete. Der antipreußische Ton und das Betonen der bolschewistischen Gefahr im Polen-Bericht sollten als Köder dienen, um von den Gesprächspartnern in Rom Angaben über die Pläne der Westmächte zu erhalten. Schließlich seien die Aufzeichnungen nie für die Öffentlichkeit gedacht gewesen und wären nur nach vorheriger Genehmigung durch das OKW verwendet worden, argumentiert Müller weiter. Letztlich seien sie für ihren Zweck aber unbrauchbar gewesen, und er habe sie versehentlich im Schreibtisch liegengelassen.

Randolph von Breidbach versucht es zunächst ebenfalls mit Müllers Strategie. Vieles an den Berichten sei schriftstellerisch erfunden, behauptet er. Auch habe er sie bewusst antinationalsozialistisch geschrieben, damit sie nicht sofort als »deutsche Tendenzberichte« erkannt würden. Doch im Gegensatz zum erfahrenen Anwalt Müller verstrickt sich Breidbach in Widersprüche. Die Vernehmer machen ihn schnell als Schwachstelle der Gruppe aus und setzen ihn besonders unter Druck, um ihn zu verunsichern, was durch seinen labilen Gesundheitszustand erleichtert wird. Bei nahezu jeder Befragung ändere Breidbach seine Angaben, vermerken die Ankläger. Einmal habe er die Urheberschaft für sämtliche heiklen Stellen der beiden Ost-Berichte und des Polen-Berichts abgestritten, selbst bei der Gegenüberstellung mit Müller, dann aber zugegeben, die Schriften selbst verfasst zu haben. Vier Wochen später habe er diese Darstellung erneut widerrufen, dann die Autorenschaft wieder eingeräumt, aber behauptet, von Müller aufgefordert worden zu sein, den Berichten eine gewisse Tendenz zu geben.

Randolphs Neffe Hubertus von Breidbach-Bürresheim hält es für möglich, dass sein Onkel sich absichtlich in Widersprüche verwickelt hat. Als Anwalt habe er gewusst, dass er es so den Vernehmern schwerer machen könne, ihm eine konkrete Schuld nachzuweisen. Ob Unsicherheit oder Taktik: Am Ende der Verhöre raten die Ankläger, alle Einlassungen der Beschuldigten nur mit Vorsicht zu genießen.

Josef Müller, der erlebt hat, wie sehr Breidbach sich vom Gebrüll der Vernehmer hat einschüchtern lassen, ist besorgt und versucht, ihm Tipps zu geben, wie er später betont. Er solle alles auf ihn schieben, weil ja nicht abzustreiten sei, dass die Berichte in der Kanzlei getippt wurden. Außerdem bittet er den Gefängnispfarrer, Breidbach aufzubauen, der offensichtlich glaubt, dass alles verloren sei.

Die Meinung der Anklage über seine Berichte ist eindeutig: Ihr Inhalt biete dem Ausland Stoff für übelste Propaganda, im Inland müssten sie wehrkraftzersetzend wirken. Den Nachweis, dass die Behauptungen veröffentlicht worden sind oder werden sollten, können die Ankläger jedoch nicht erbringen. Das macht den Beschuldigten Hoffnung. Zusätzlich ist es dem Abwehrchef Admiral Wilhelm Canaris gelungen, dem OKW-Chef Generalfeldmarschall Wilhelm Keitel einzureden, dass es sich bei dem Verfahren um einen Versuch handele, sein Amt der Wehrmacht wegzunehmen und dem Reichssicherheitshauptamt einzuverleiben. Keitel weist Oberstkriegsgerichtsrat Manfred Roeder an, den Verdacht auf Hoch- und Landesverrat nicht weiterzuverfolgen.

Als der Termin der Verhandlung feststeht, besorgt Randolphs Vater einen Verteidiger. Seinen Sohn persönlich kann Hubert von Breidbach nicht mehr sprechen. Die Angeklagten müssen sich am 3. und

4. März 1944 nach Monaten der Ungewissheit vor dem Reichskriegsgericht »nur« wegen militärischen Ungehorsams, Wehrkraftzersetzung und Heimtücke im Zusammenhang mit den Breidbach-Berichten (Josef Müller) sowie wegen Wehrkraftzersetzung in Mittäterschaft (Randolph von Breidbach) verantworten. Das Gericht folgt ihrer Darstellung, die Berichte hätten lediglich der besonderen Arbeitsweise des Nachrichtendienstes gedient, und kommt zu dem Urteil: Die Angeklagten seien freizusprechen – »wegen erwiesener Unschuld«. Das ist angesichts vieler Haftstrafen und Todesurteile in jener Zeit bemerkenswert. Doch der Erfolg ist nur von kurzer Dauer. Keitel hat es abgelehnt, sich weiter für die Angeklagten einzusetzen, falls die Gestapo Einspruch gegen das Urteil einlegt. Das geschieht natürlich. So bleiben Müller und Breidbach in Haft. Der Jüngere betrachtet seinen Lebensweg als von Gott vorgezeichnet und versucht, daraus Stärke zu ziehen. In einem Brief schreibt er: »Ihr müßt nicht bitter gegen das Schicksal werden – alles geht wie es vorgezeichnet ist. Ich glaube mehr und mehr, daß die Menschen nur Werkzeuge sind.«

VIII.
Breidbachs Mutter aber will das nicht hinnehmen. Zusammen mit Müllers Frau reist sie im Frühjahr 1944 nach Berlin, um Näheres über die Situation ihres Sohnes zu erfahren. Nach ihren Erzählungen spricht sie auch mit Claus Schenk Graf von Stauffenberg, dem entfernten Verwandten und Bamberger Regimentskameraden Randolphs. Stauffenberg habe sie um Geduld gebeten und sie zu trösten versucht mit der Bemerkung, es werde schon alles gut gehen. Doch das wird es nicht.

Nach dem 20. Juli verschärft sich die Lage der Inhaftierten. Im September 1944 findet die Gestapo in einem Safe der Wehrmacht in Zossen bei Berlin das »Widerstandsarchiv« Hans von Dohnanyis, das die wichtige Rolle der Abwehr an den Umsturzplänen deutlich macht. Unter den Dokumenten ist auch ein »X-Bericht« über Gespräche in Rom, der Müller zugeordnet wird. Jetzt rächt sich, dass

Dohnanyi die wiederholte Aufforderung seiner Mitverschwörer ignoriert hat, die Dokumentensammlung zu vernichten. Müller wird aus dem Gefängnis in die Gestapo-Zentrale überführt. Randolph von Breidbach lässt die »Sonderkommission 20. Juli« am 6. November aus der Krankenabteilung des Gefängnisses in die Prinz-Albrecht-Straße bringen.

Von neuen Verhören unter verschärften Bedingungen erhofft sich die Gestapo belastende Aussagen gegen Abwehr-Offiziere. Die kann Breidbach nicht liefern, offenbar ist er tatsächlich – bis auf seine Berichte – aus anderen Aktionen herausgehalten worden. Trotzdem wird er am 20. Februar 1945 mit einem Sammeltransport in das Konzentrationslager Sachsenhausen nördlich von Berlin überstellt und erhält die Häftlingsnummer 134 555. Von da an hört die Familie nichts mehr von ihm. Sorgen macht sie sich auch um Randolphs jüngeren Bruder Goswin, der als Gefreiter in einer Meldeeinheit an der Ostfront dient. Sie müssen befürchten, dass er wegen seines Bruders ebenfalls drangsaliert wird. Goswin schweigt sich nach dem Krieg darüber aus.

Am 9. April 1945 wird im KZ Sachsenhausen Hans von Dohnanyi durch den Strang hingerichtet. Josef Müller wird gerettet, als er in einer Gruppe von über 130 »Sippen- und Sonderhäftlingen« der Gestapo auf dem Weg nach Südtirol befreit wird. Nach dem Krieg gehört er zu den Gründern der CSU, ist 1946 bis 1949 Vorsitzender der Partei.

Randolph von Breidbach-Bürresheim erlebt am 22. April 1945 noch die Befreiung des KZs zusammen mit rund 3000 anderen schwer kranken Häftlingen, die bei der Evakuierung des Lagers zurückgelassen worden sind. Sein Gesundheitszustand hat sich trotz der Fürsorge von Mitgefangenen weiter verschlechtert. Gegen eine Tuberkulose sind auch die sowjetischen Militärärzte machtlos. Am 13. Juni stirbt Randolph mit 32 Jahren.

Mithäftlinge berichten, dass sie ihn als stillen, bescheidenen und dankbaren Menschen kennengelernt hätten, der seine Haft mit Fassung und ohne Klagen getragen habe. Sie verschweigen nicht, dass er gequält worden sei. Auch Lucie Frahm schildert in Briefen an Ran-

Denkmal der Familie für Randolph von Breidbach-Bürresheim in der kleinen Petruskapelle beim Schloss Fronberg in der Oberpfalz

dolphs Mutter ihre Erinnerungen. Frahm ist wie andere Frauen aus Oranienburg zur Pflege der Kranken verpflichtet worden. Durch sie erfährt Maria-Anna von Breidbach-Bürresheim im Januar 1946 vom Tod ihres Sohnes. Der Berliner Historiker Winfried Meyer hat Ausschnitte der Briefe veröffentlicht. Im ersten schildert Lucie Frahm, dass Randolph der einzige Deutsche unter den 32 bettlägerigen Patienten gewesen sei – und ihr Sorgenkind. Neben den gesundheitlichen Problemen habe er vor allem seelisch gelitten, häufig von seinem Zuhause und seiner Familie gesprochen und sich nichts sehnlicher gewünscht, als noch einmal sein Bayern wiederzusehen. Die Pflegerin fährt später selbst nach Fronberg, um über seine letzten Wochen zu berichten.

Alle Bemühungen, Breidbachs Leiche in die Heimat zu überführen, scheitern. Er findet seine Ruhe schließlich in einem Massengrab. Die Familie setzt ihm zu Hause ein Denkmal in der kleinen Petruskapelle beim Schloss.

In einem weiteren Brief antwortet Lucie Frahm am 1. Februar 1946 auf ein Schreiben von Randolphs Mutter, die nach einem Abschiedsbrief gefragt hat. Dazu könne sie nichts mitteilen, antwortet sie: »Ihr Sohn hatte ja eine schreckliche Abneigung vor jeglicher Schreiberei. Er wollte nichts Schriftliches mehr aus seinen Händen geben, er muß damit furchtbare Erfahrungen gemacht haben.«

Lars-Broder Keil

Hans Bernd Gisevius (1904–1974)

»Was habe ich eigentlich mit diesen Generälen gemein?
Und jetzt soll ich für sie sterben?«

I.

Was kann ein Einzelner oder eine Gruppe von Menschen am Verlauf der Geschichte ändern? Wie viel Spielraum hat ein Subjekt in der Zwangsläufigkeit von Ereignissen? Sind wir Getriebene, oder kann die gute oder schlechte Absicht einzelner Individuen historische Weichenstellungen sogar entscheidend beeinflussen?

Der Kalte Krieg begann bereits mitten im heißen. Längst bevor die Waffen schwiegen, Sieger und Besiegte endlich ausgemacht waren und die traumatisierten Menschen mühselig die Trümmer ihrer Existenz zusammensuchten, bestimmte die Nachkriegskonstellation der großen Blockkonfrontation zwischen Ost und West bereits die Deutung der Gegenwart.

Es war schon in den letzten Kriegsjahren nicht ganz einfach gewesen, die Allianz der Großen Drei aus Washington (Roosevelt), Moskau (Stalin) und London (Churchill) zusammenzuhalten, die der gemeinsame Kampf gegen Hitler und das NS-Regime geschmiedet hatte. Wer aber genug Ehrgeiz und Phantasie hatte, sich die kommende Weltordnung vorzustellen, der begann, die Koordinaten neu zu denken. In diese neue machtpolitische Konstellation geriet unweigerlich auch – ohne genau begreifen zu können, was da eigentlich geschah – der verzweifelte Kampf der Verschwörer des 20. Juli. Vor allem prägten die neuen Perspektiven dann auch die Rückschau auf die Bedeutung des Attentats und auf diejenigen, die dafür ihr Leben gewagt hatten.

Am 1. Februar 1945 wird von der schweizerischen Zentrale des amerikanischen Nachrichtendienstes OSS (Office of Strategic Services), die der spätere CIA-Chef Allen W. Dulles 1942 in Bern aufgebaut hatte, um die Aktionen gegen das nationalsozialistische Deutschland zu koordinieren, eine verschlüsselte Depesche an den amerikanischen Präsidenten Franklin D. Roosevelt gesandt. Diese Depesche verspricht, das Scheitern des missglückten Staatsstreichs auf gesicherter Quellenbasis zu analysieren. Darin heißt es:

Eine weitere maßgebliche Ursache für das Scheitern waren die Differenzen, die sich in letzter Minute unter den Verschwörern auftaten. Von Stauffenberg und dessen jüngere Kollaborateure erreichten eine Entscheidung zugunsten einer östlichen Lösung, die eine sofortige Öffnung der Front für die UdSSR vorsah. Es sollte dabei nicht einmal versucht werden, mit den Sowjets zu verhandeln. Von Stauffenberg behauptete seinen Mitverschwörern gegenüber, dass er Verbindung mit General von Seydlitz und dem Nationalkomitee Freies Deutschland in Moskau aufgenommen und über Madame Kollontai, die sowjetische Botschafterin in Schweden, von Seydlitz die Zusicherung erhalten habe, dass Deutschland einen fairen Frieden erhalten und die Wehrmacht nicht gänzlich entwaffnet werden würde. Trott zu Solz (später hingerichtet), der versucht hatte, Verbindung mit den Briten in Stockholm aufzunehmen, und von dort keinerlei Unterstützung erfuhr, habe dann auch die östliche Lösung favorisiert und Stauffenberg unterstützt.
Im Ergebnis gab es unter den Verschwörern Differenzen über die Zusammensetzung der künftigen Regierung. Die konservative, westlich orientierte Gruppe der Älteren bevorzugte eine Regierung mit Goerdeler und Beck an der Spitze. Die jüngere, prosowjetische Fraktion war zwar mit Beck als Staatschef einverstanden, wollte aber einen Kanzler vom linken Flügel, jemanden wie Wilhelm Leuschner, der prominenter Sozialist und früher hessischer Innenminister gewesen war, oder den ehemaligen Abgeordneten des rechten Flügels der Sozialdemokratischen Partei, Dr. Julius Leber (Es ist sehr unwahrscheinlich, daß die Sowjets einen von beiden akzeptiert hätten.) … Stauffenberg und Trott zu Solz sahen in der amerikanischen Politik oder Nicht-Politik keine Hoffnung für Deutschlands Zukunft und bauten deshalb auf die UdSSR.[1]

OFFICE OF STRATEGIC SERVICES

OFFICIAL DISPATCH

DATE 24 January 1945

FROM

BERN, SWITZERLAND

TO

OFFICE OF STRATEGIC SERVICES

DISTRIBUTION

	IN 2201
(FOR ACTION)	(FOR INFORMATION)
SI (1)	DIRECTOR(2), SECRETARIAT(3), MAGRUDER(4), CD BRANCH(5), F SEC(6), X-2(7-8)

PRIORITY
ROUTINE
DEFERRED

U. S. GOVERNMENT PRINTING OFFICE   16—37882-2

RECEIVED IN CODE OR CIPHER

#4039. Bern-Washington.   From 110.
#4039. Bern-London.
#4289. Bern-Paris.

512 has just escaped from Germany on last express train running from Berlin on papers prepared by C and D London (congratulations to London, particularly on Geheimstaats Polizei identification disk, which was particularly useful). He has been in hiding in Berlin since he left the Bendlerstrasse at 1830 hours July 20, ½ hour before the plotters were arrested. His friends' fate and 6 months hiding have shattered his nerves and it may take a few days to piece together his story, which will send soonest possible.

For 154. See #179** It might have good psychological effect if you could give any encouraging reaction regarding manuscript.

Schreiben von Allen Dulles mit dem Bericht über die Ankunft von Gisevius (Codenummer 512) in der Schweiz, Januar 1945. Es enthält auch einen Dank für die Unterstützung durch den britischen Geheimdienst bei der Herstellung einer gefälschten Gestapo-Marke.

Dieser deutlich denunziatorische Bericht verstand sich als »eine Ergänzung zu einem Memorandum vom 22. Juli 1944 und der Nachfolgememoranda über den ›Deutschen Staatsstreich‹ vom 20. Juli 1944«. Der Informant, so heißt es, »ist ein Mitglied und früherer Emissär der Verschwörergruppe und hatte maßgeblichen Anteil an der Konspiration. Er ist kürzlich nach der Schweiz geflüchtet und ist wahrscheinlich der einzige der aktiven Verschwörer, der sich in Sicherheit hat bringen können.«[2]

Ein weiteres, ebenfalls als GEHEIM bezeichnetes Memorandum an den US-Präsidenten vom selben Tag ist unterzeichnet von Charles S. Cheston, Acting Director, und nennt in Kurzfassung fünf Gründe, warum die Aktion gescheitert sei:

- die »nervliche Verfassung« der Verschwörer
- General Fellgiebel habe »versäumt«, die Funkverbindung zu zerstören
- der »Abfall« von Major Remer
- das »Versäumnis, sich mit der effizienten Nazi-Polizei auseinanderzusetzen«
- Differenzen innerhalb des Verschwörerkreises, welcher alliierten Macht gegenüber die Kapitulation erfolgen solle.

Seine ganze Brisanz erhält dieser Bericht dadurch, dass bekundet wird, er stamme von einem Mann aus dem innersten Kreis der Verschwörer, von ihrem mit zentralen Vollmachten ausgestatteten »Emissär«, der diese Analyse aus unmittelbarem eigenen Erleben am 20. Juli im Bendlerblock verbürgen könne. Dieser Mann, der vermeintlich einzige Überlebende, gilt als eine einzigartige und ungewöhnliche Spitzenquelle des OSS. Der Konfident wird unter der Kennzeichnung »Luber« oder »Nr. 512« geführt.

Der Autor dieser »Analyse« ist Hans Bernd Gisevius. Tatsächlich hatte Gisevius, damals offiziell als Vizekonsul des deutschen Generalkonsulats in Zürich akkreditiert, sich am 11. Juli 1944, unmittelbar vor den geplanten Attentatsterminen, aus der sicheren Schweiz nach Berlin begeben. Er hatte in den wenigen Tagen dort fast alle aus dem engsten Kreis der Verschwörer getroffen und allein den für die Führung des Umsturzes vorgesehenen General Beck sieben Mal in dessen Privatwohnung in Lichterfelde aufgesucht. Am 20. Juli, während der hektischsten Stunden des Nachmittags, war er persönlich im Bendlerblock und danach bei den Mitverschwörern im NS-Polizeiapparat, dem Reichskriminaldirektor und Chef des Reichskriminalpolizeiamtes, Arthur Nebe, und dem Polizeipräsidenten von Berlin, Wolf-Heinrich Graf von Helldorf, beide hohe SS- beziehungsweise SA-Funktionäre. Er war danach unbehelligt geflohen, hatte sich monatelang in Berlin verborgen gehalten und war dann im Januar 1945 mit direkter Unterstützung von Dulles mit gefälschten Papieren und einer ebenfalls gefälschten Gestapo-Marke in die Schweiz entkommen, um dem OSS aus allererster Hand zu berichten.

Wer war dieser Hans Bernd Gisevius, geboren am 14. Juni 1904 in Arnsberg (Westfalen), gestorben am 23. Februar 1974 in Müllheim (Baden), der gleichzeitig enge Kontakte zum deutschen Widerstand und zum amerikanischen Auslandsgeheimdienst pflegte?

II.

Der Nachlass von Gisevius, der allerdings überwiegend die Nachkriegszeit betrifft, befindet sich nach etlichen Zwischenstationen seit Juli 1983 im Archiv für Zeitgeschichte der ETH Zürich. Die Historikerin Susanne Sträßer[3] und der Schweizer Autor Peter Kamber in seinem sorgfältig und auf der Basis umfassender Quellenanalyse recherchierten Roman *Geheime Agentin*[4] haben sich beide auf die Suche nach einer der schillerndsten Persönlichkeiten des Widerstands gemacht und sind doch zu unterschiedlichen Schlussfolgerungen gekommen. Rudolf Augstein nennt Gisevius einmal den »Karl May des Widerstands«[5], und der Historiker Henning Köhler spricht vom »wichtigtuerischen Verschwörer«. Schon darin spiegelt sich, dass Gisevius eine umstrittene Figur war und ist, sowohl für seine Zeitgenossen wie für die Nachwelt und Biographen. Auf jeden Fall gibt es ein Geheimnis um diesen Menschen, das seine Deutung schwierig macht.

Unbestreitbar war Gisevius sein Leben lang ein überzeugter Konservativer, das entsprach schon seiner Herkunft als Sohn eines Oberverwaltungsgerichtsrates. Früh zeichnete er sich durch eine manchmal provokative Leidenschaft aus, seiner Meinung auch durch zugespitzte Formulierungen Nachdruck zu verschaffen. Während seines Studiums trat er dem Wehrverband Stahlhelm bei, ein Engagement, das bei den Rechtswissenschaftlern damals recht verbreitet war. Seine engagierte Parteimitgliedschaft in der Deutschnationalen Volkspartei (DNVP), wo er eindeutig dem rechtsradikalen Flügel angehörte, brachte ihn schon 1931 als jüngstes Mitglied in den Parteivorstand, vermutlich weil er in Düsseldorf eine »Kampfstaffel« junger Deutschnationaler erfolgreich aufgebaut hatte. Er suchte und fand dort die Nähe zu Alfred Hugenberg, dessen einflussreicher Medienkonzern wesentlich zum Aufstieg der Rechtsradikalen in der Weimarer Republik beigetragen hatte. Bald schon war er selbst in juristische Händel verwickelt – unter anderem, weil er den Reichskanzler Heinrich Brüning beleidigt hatte.

Wie der *Völkische Beobachter* vom 11. Juni 1933 meldete, traten Gisevius, damals Leiter des »deutschnationalen Kampfrings«, und der Reichstagsabgeordnete Martin Spahn in jenem Monat aus der DNVP aus, weil sie ein Zusammengehen mit Hitlers NSDAP vorantreiben wollten. »Der dezidierte Gegner der Weimarer Republik [gemeint ist Gisevius; AV] kommentierte seinen Austritt aus der DNVP scharfsinnig: ›Es ist kein Platz mehr für jene parlamentarische taktische Betrachtungsweise, als sei die heutige Regierung etwa das Ergebnis einer ›Koalition‹ und als könne das Wechselspiel zwischen Mehrheit und Minderheit weiterhin wie im überwundenen parlamentarischen System fortgesetzt werden. Der Parteienstaat ist tot.‹«[6]

Am 15. November 1933 beantragte Gisevius die Mitgliedschaft in der NSDAP.[7] Sträßer erklärt dies mit den ehrgeizigen politischen Zielen des frischgebackenen Juristen Gisevius, der sich zu dieser Zeit gerade heftig, aber vergeblich um den Posten des Leiters der neu entstehenden politischen Abteilung der Polizei in Berlin – der preußischen Vorläuferin der späteren reichsweiten Gestapo – bemüht habe und deswegen in seinem Bewerbungsschreiben sogar das Datum der ersten Bewerbung um die Parteimitgliedschaft auf März 1933 zurückdatierte. Den Posten bekam dann Rudolf Diels, der Günstling Hermann Görings, mit dem der Unterlegene fortan in bitterer Fehde lag.

Kamber ist vorsichtiger und hält die Bewerbung um die Parteimitgliedschaft für eine aus beruflichen Gründen auferlegte Notwendigkeit zur eigenen Absicherung, nachdem Gisevius statt in dem angestrebten Leitungsamt bei der Politischen Polizei schließlich im August 1933 als Assessor im preußischen Verwaltungsdienst unterkam. Er war erneut – und nicht zum letzten Mal – durch seine Heftigkeiten in politische und berufliche Schwierigkeiten geraten, und am 31. Oktober hatte die Gestapo sogar einen Haftbefehl gegen ihn wegen »reaktionärer Umtriebe« erlassen. Ob Diels oder Heydrich dahintersteckte, ist nicht mehr sicher zu ermitteln.

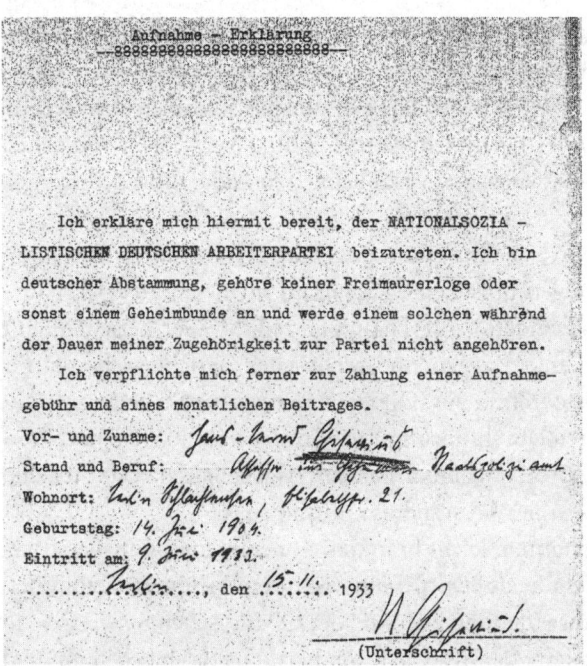

Gisevius' Antrag auf Mitgliedschaft in der NSDAP

Was auch immer der Grund für den Antrag gewesen sein mag, eine Parteimitgliedschaft erfolgte nicht – seit dem Frühjahr 1933 herrschte wegen des Massenandrangs sowieso eine Aufnahmesperre für die NSDAP, die erst in der Vorphase des Krieges, seit Mitte 1937, aufgehoben wurde. In seinen eigenen späteren Erinnerungen aber hat Gisevius sich immer als Nicht-Parteimitglied bezeichnet. Den Aufnahmeantrag hat er nicht erwähnt.

Offiziell war Gisevius nach seiner Zeit bei der Gestapo Beamter, erst im preußischen, dann im Reichsinnenministerium. Er war also dem Reichsinnenminister Wilhelm Frick unterstellt, auch wenn er dann im Rahmen seiner Tätigkeit für den Widerstand gelegentlich in unterschiedlicher Funktion an andere Stellen ausgeliehen wurde. Seinem NS-Chef hat er die Treue gehalten, und im Nürnberger Prozess wurde er sogar zu Fricks Entlastungszeugen. Beruflich aber bestand sein Tagesablauf fortan vor allem aus Sammeln, Erstellen und Archivieren von Dokumenten, Herumhocken in Vorzimmern von höheren Funktionären, Treffen mit Kollegen und später Mitverschwörern in und außerhalb der Dienstzeit, Verfassen und Verstecken von geheimen Notizen über wichtige Persönlichkeiten und politische Ereignisse.

Im Februar 1935 nahm er als zuständiger Referent an den internen Besprechungen über den Umgang mit dem seit 1933 verhafteten KPD-Vorsitzenden Ernst Thälmann teil. Sträßer berichtet: »Er sprach sich vehement gegen ein ordentliches Gerichtsverfahren für den Kommunistenführer aus. Ohnehin müsse man Thälmann, so Gisevius, auch nach Durchführung eines Strafverfahrens und nach Verbüßung der Haft ›in sicherem Gewahrsam behalten. Das Ausland werde dafür ... volles Verständnis aufbringen.‹«[8]

Den ambitionierten, leicht kränkbaren Beamten konnte das Referentenleben nicht ausfüllen. Bei interessanteren Aufgaben, zum Beispiel bei der Einsatzleitung während der Olympischen Spiele 1936 in Berlin, intervenierte der SD-Chef Reinhard Heydrich gegen ihn und sorgte so für seine Ablösung. »Für Gisevius ist dieser Misserfolg in der Frühphase des Nationalsozialismus allerdings zum Schlüsselerlebnis geworden«, schreibt Sträßer. »Seine aus einem Rivalitätsverhältnis entstandene Gegnerschaft zu den Mächtigen der Gestapo weitete sich schließlich zu einer Bekämpfung des Hitler-Regimes überhaupt aus.«[9]

III.

Gisevius' Leidenschaft ist und bleibt die Kriminalistik, die politische Recherche und Deutung verworrener Tatbestände, aber auch die geheimdienstliche Tätigkeit bis hin zur militärischen Abwehr. Das beschäftigt seine unruhige, stets sprungbereite Intelligenz, in diesem Umfeld findet er seine Freunde und großen Vorbilder – Nebe und Helldorf –, vor allem aber in der Abwehr den von ihm bewunderten Generalmajor und Verschwörer der ersten Stunde, Hans Oster, dazu Abwehrchef Admiral Wilhelm Canaris und dessen Nachfolger, Oberstleutnant Georg Hansen.

Gisevius schreibt gern. Er ist ein glänzender, oft suggestiver Autor, der manchmal zu Zynismen und Übertreibungen neigt, aber immer einen zupackenden journalistischen Stil pflegt, der den Leser fesselt. Dem bewunderten Kollegen und Freund Arthur Nebe setzt er in der Nachkriegszeit ein Monument mit einem ausführlichen biographischen Roman, *Wo ist Nebe?*[10], in dem er sowohl dessen Recherchen im Zusammenhang mit dem Reichstagsbrand 1933 hervorhebt – die darin enthaltene These der ursächlichen Mittäterschaft der SA gilt heute allerdings historisch als widerlegt – als auch die Einzeltäterschaft des Tischlermeisters Georg Elser beim Attentat im Münchener Bürgerbräukeller nachweist – diesmal gegen die ursprünglichen eigenen Zweifel an dieser Möglichkeit. Er stellt Nebe als unermüdlichen, unentbehrlichen Informanten und Wegbereiter des geplanten Umsturzes in schwierigster Position dar, einen Meister seines Faches, dessen Beitrag von den anderen Akteuren nie genug gewürdigt wurde. Er selbst verschweigt allerdings fast vollständig dessen mehrmonatigen Einsatz als Kommandeur der berüchtigten Einsatzgruppe B hinter der Front der Heeresgruppe Mitte; nach aktuellen Recherchen fielen ihrem Einsatz in diesem Zeitraum etwa 45 000 Juden, Ukrainer, Weißrussen, sowjetische Kommissare und sogenannte Partisanen zum Opfer. Auch den Beitrag des Kriminalkommissars Nebe zur Entwicklung der Vergasungstechnologie und zur Kriminalisierung und Vernichtung von Sinti und Roma übergeht der Autor Gisevius in seiner Gesamtwürdigung. Nebe sei nach diesen Jahren meist düsterer Geistesverfassung und nervlich zerrüttet gewesen, ein Schatten seiner selbst, so charakterisiert er ihn, ohne die Gründe zu nennen.

Dem ebenfalls bewunderten Freund Hans Oster, dem Leiter der Zentralabteilung der Abwehr unter Canaris, widmet er ausdrücklich die erste umfassende Darstellung der Jahre 1933 bis 1944 und dabei insbesondere der Ereignisse des 20. Juli, die unter dem Titel *Bis zum bitteren Ende* seit 1946 zuerst in der Schweiz und dann in vielen Auflagen und Übersetzungen international erscheint. Als eine Art zeitgeschichtlicher Roman aus subjektiver Sicht verfasst, hat doch gerade dieses Buch später Deutung und Wertung der Personen und

Ereignisse des versuchten Staatsstreichs vom Juli 1944 im In- und Ausland maßgeblich geprägt. Als Bericht eines der wenigen Überlebenden des 20. Juli im Bendlerblock hatte es faktisch ein Interpretationsmonopol.

IV.

Ins Zentrum der Verschwörung stößt Gisevius 1938 vor, nicht zuletzt durch seine Bewunderung für Oster. Damals, unmittelbar vor dem Münchener Abkommen und im Schatten von Hitlers spürbaren Kriegsvorbereitungen, waren Staatsstreichpläne und Kriegsverhinderungsstrategien noch eins. Als Gegner von Hitlers Kriegstreiberei fanden sich führende Generäle wie Halder, Witzleben, Beck und Hammerstein zusammen mit den Angehörigen der Abwehr Canaris, Oster und Dohnanyi sowie den Zivilisten Goerdeler, Schacht und eben Gisevius.

In diesem Rahmen übernimmt Gisevius die logistischen Vorüberlegungen für den Einsatz der Berliner Polizei am Tag des Staatsstreichs. Die Pläne für die Ausschaltung von Gestapo, SS- und SA-Führungsstäben, die Besetzung von Schlüsselgebäuden (etwa dem Haus des Rundfunks) und die Erstellung entsprechender Karten gehörten dazu. Getarnt werden diese Tätigkeiten als »Ordnen von Familienpapieren« im Wehrkreiskommando des Kommandierenden Generals Erwin von Witzleben.

Das Münchener Abkommen vom September 1938 macht all diese Vorbereitungen zunichte und desillusioniert die Verschwörer zutiefst. Auch die verschiedenen Emissäre, die versucht hatten, die britische Regierung zu einer so energischen Reaktion zu bewegen, dass Hitler es angesichts des Zögerns und der Warnungen seiner Generalität und der Kriegsunlust in der Bevölkerung nicht wagen könne, einen neuen Krieg zu riskieren, haben die Haltung des britischen Premiers Arthur Neville Chamberlain nicht mehr beeinflussen können. Nach diesem Rückschlag werden die Umsturzpläne bis auf weiteres vertagt. Nur die Entschlossensten warten weiter auf eine neue Chance zum Umsturz.

Zu diesen gehört unerschütterlich Hans Oster. Nach Kriegsbeginn zieht er Gisevius mit fingierten Papieren zur Abwehr im Oberkommando der Wehrmacht (OKW) ein, um ihn in seiner Nähe zu wissen. Von dieser Zeit an gewöhnt Gisevius sich an eine geheimdienstliche Sicht der Welt. 1940 wird er in die Schweiz ans Generalkonsulat in Zürich als Vizekonsul gesandt. Er soll für die Verschwörer alles versuchen, um Kontakte zu den Alliierten zu knüpfen und für die Unterstützung des Umsturzes zu werben. Im Laufe seiner Schweizer Jahre trägt Gisevius verschiedene Decknamen, so »Langer«, »Dr. Bernd«, »Gustav« oder »Dr. Schicht«, die OSS-Leute nennen ihn »Tiny« (dabei war er mindestens 1,90 m groß). Laut Sträßer gehörte er »sowohl dem Geheimen Meldedienst als auch der Spionageabwehr- und Gegenspionage-Abteilung der Kriegsorganisation Schweiz (KOS) an, so daß seine im Dienst der Opposition stehenden Verbindungen zu Vertretern alliierter Nachrichtendienste, insbesondere zum amerikanischen Office of Strategic Services (OSS) unter Allen Welsh Dulles, in der Schweiz abwehrdienstlich zu legitimieren waren«.[11]

An den neuen Überlegungen seit 1941/42 für den Staatsstreich und die Gewinnung neuer Mitstreiter, gerade im Kreis der Militärs um Tresckow und Stauffenberg, kann er schon aus räumlichen Gründen nicht beteiligt sein. Er kennt die Beteiligten nicht und hat auf sie keinen Einfluss. Seine Kontakte nach Berlin unterhalten für ihn das Ehepaar Elisabeth und Theodor Strünck (Letzterer wird noch am 9. April 1945 im KZ Flossenbürg ermordet) sowie Eduard Waetjen, alle drei Mitarbeiter der Abwehr. Gisevius verwaltet nach Rücksprache mit Dohnanyi und Canaris einen Devisenfonds, aus dem gelegentlich Kautionen zugunsten geflohener Berliner Juden für ihren Aufenthalt in der Schweiz bezahlt werden. Gleichzeitig soll dieser Fonds für die Aufwendungen der Übergangsregierung nach erfolgreichem Umsturz zur Verfügung stehen. Er ist also auch eine Art Kriegskasse für künftige Zeiten in den Händen von Gisevius, über deren Verwendung es einmal sogar zu einem Zerwürfnis mit Canaris kommt.

V.

Das feingestrickte konspirative Netzwerk vieler Nachrichtendienste in der eigentlich neutralen Schweiz der Kriegsjahre füllt allmählich mehr und mehr das Leben des Hans Bernd Gisevius aus. Inwieweit er dabei wirklich nur einer Loyalität folgt, müssten weitere Archivrecherchen in Washington und London klären. Auch mit dem britischen Nachrichtendienst MI6 versucht er, als Konfident Kontakt aufzunehmen. Dort aber hält man ihn für einen Doppelagenten und rückt von ihm ab. Umso intensiver gerät sein Kontakt zu Allen W. Dulles und dessen engstem Mitarbeiter, dem Deutsch-Amerikaner Gero von Gaevernitz. Begonnen hatte die Zusammenarbeit unmittelbar nach Dulles' Ankunft 1942 in der Schweiz, und sie setzt sich bis weit in die Nachkriegszeit hinein fort.

Dulles schreibt später über Gisevius: »Meine Verbindung zu Gisevius mußte durch alle nur erdenkliche Vorsicht geschützt werden. Im allgemeinen trafen wir uns spätnachts, entweder in Zürich oder in Bern, unter der schützenden Decke der Schweizer Verdunkelung, durch die es fast unmöglich wurde, jemanden zu erkennen oder zu verfolgen. Aber eine ständig vorhandene Gefahr gab es, nämlich die, daß unsere Geheimchiffren entziffert werden würden.«[12] Gisevius informiert Dulles gleich bei ihrem ersten Treffen direkt über ein von der deutschen Abwehr dechiffriertes Schreiben des OSS. »Der Zwischenfall des dechiffrierten Schlüssels brachte Gisevius und mich eigentlich noch enger zusammen«, bemerkt der vorsichtige Dulles[13], der es bei anderen Emissären (z.B. Adam von Trott zu Solz oder Helmuth James von Moltke) abgelehnt hatte, diese direkt zu treffen. Solche Kontakte überließ er in der Regel der Vermittlung von Gero von Gaevernitz.

Gisevius aber war sein wichtigster Informant für die berühmten »Breakers Cables«, jene Geheimberichte über Umfang und Absichten der Verschwörer in Deutschland, die die OSS-Mission wiederholt von Bern nach Washington schickte. Damit versuchte Allen W. Dulles seit Beginn seiner Mission in Bern, Präsident Roosevelts strikte Direktive zu erschüttern, dem Widerstand in Deutschland keinerlei Ermutigung zukommen zu lassen. »Absolute silence« und

»unconditional surrender«, so lautete die gemeinsame Absprache der Alliierten-Treffen von London, Casablanca und Teheran für den Umgang mit Emissären des Widerstands, die auf ein gewisses Verständnis auf Seiten der Alliierten hofften. Der US-Präsident bemühte sich in dieser Phase des Krieges nach Kräften, alles zu unterbinden, was die Zusammenarbeit mit Stalin gefährdet hätte. Ja, Roosevelt und sein engster Beraterstab waren damals sogar fest entschlossen, diese Kooperation auch nach dem Kriegsende noch fortzusetzen.[14]

Dulles, seinen engsten Mitarbeiter Gero von Gaevernitz und Gisevius aber einte ein militanter Antikommunismus und die Überzeugung, der Bolschewismus sei die Hauptgefahr für die Zukunft Europas und der Welt. Diesen zu bekämpfen, gingen sie manche unkonventionellen Wege, die unter anderem wenige Monate nach dem 20. Juli sogar zu Geheimverhandlungen und Kontaktversuchen mit höchsten NS-Vertretern in Italien und Deutschland führten.

Auch sonst ist die Quelle 512 (Gisevius) von geheimdienstlichem Nutzen für die Amerikaner. Geheimdienstkoordinator William Joseph Donovan schreibt über ihn im Juni 1945: »Durch diese Quelle erhielten wir früh Informationen über die Entwicklung der V1- und V2-Raketen. Zusammen mit anderen Quellen führte dies zur Identifizierung von Peenemünde als deutschem Testgelände zur Erprobung neuer Waffen.«[15]

Ob Gisevius nicht auch manche reichlich übertriebene Information weiterleitete, wie zum Beispiel jene über die für einen Vormarsch der Amerikaner vermeintlich bedrohliche »Alpenfestung« der Nazis, die so gar nicht existierte, ist heute schwer eindeutig festzumachen. Vermutlich aber war er intensiv als Ratgeber involviert, als es 1944/45, wieder in der »neutralen« Schweiz, zu geheimen Verhandlungen zwischen dem General der Waffen-SS und SS-Obergruppenführer Karl Wolff und den Vertretern des OSS kam, um die bedingungslose Kapitulation in Italien früher zu erklären als an den anderen Frontabschnitten (»Unternehmen Sunrise«). Generell lässt sich feststellen, dass Gisevius hohe SS-Funktionäre, die er kannte, eher für machtpolitische Pläne und Verhandlungen in Betracht zog als Generäle der Wehrmacht, denen er in der Regel abgrundtief misstraute.

Gisevius als Zeuge vor dem Internationalen Militärgerichtshof in Nürnberg, 1946

Im Nürnberger Prozess aber, als er wiederholt gegen Göring aussagt, wird Gisevius vom Chefankläger Robert H. Jackson gewürdigt und geadelt als »der einzige Vertreter der demokratischen Kräfte in Deutschland, der hier auf der Zeugenbank seinen Bericht abgibt«. Dulles erwähnt dies anerkennend und zustimmend in seinem Buch über seine Kontakte zu den Verschwörern in Deutschland.[16]

Gisevius ist in seiner Zeit in Zürich sehr umtriebig, und nicht alles ist bis ins Detail mit den Verschwörern in Berlin abgesprochen. Nach der Verhaftung von Dohnanyi im April 1943, in deren Folge auch sein Freund Oster kaltgestellt wird, fühlt er sich, nicht zu Unrecht, persönlich extrem gefährdet, hatte er doch, als eifriger Schreiber, etliche Papiere an das Dohnanyi-Archiv in Zossen geliefert. Zugleich sieht er sich zunehmend von seinen wichtigsten Kontakten nach Berlin und zum Widerstand abgeschnitten. Er beginnt, sich um seine eigene Zukunft zu sorgen. Liegt sie in Berlin bei den Verschwörern oder vielleicht sogar einmal in den USA, im Umfeld von Allen Dulles?

VI.

Dulles schreibt über seine Informationslage im April/Mai 1944:

Anfang April konnte ich aufgrund von Meldungen von Gördeler und General Beck, die Gisevius und Waetjen überbracht hatten, Washington die folgende Zusammenfassung über die Einstellung der Verschwörer senden:
»Die Situation in Deutschland spitzt sich rapide zu. Das Ende des Krieges in Europa ist klar abzusehen. In dieser Krise erklärt die von Gördeler und General Beck geleitete Widerstandsbewegung, bereit und fähig zu sein, eine Aktion für die Beseitigung Hitlers und den Sturz der Nazi einzuleiten. Diese Gruppe ist die einzige in Deutschland, die über genügend Autorität beim Heer und unter gewissen aktiven militärischen Führern verfügt, um einen Umsturz zu ermöglichen. Sie ist auch die einzige, die die Möglichkeit hat, persönlich an die Naziführer, einschließlich Hitler, heranzukommen und die auch genügend Waffen zur Verfügung hat, die Aktion durchzuführen.

Die Gruppe ist nur dann bereit loszuschlagen, wenn sie von den Westmächten die Versicherung erhält, daß sie nach Beseitigung der Nazi direkte Verhandlungen über die weiteren praktischen Schritte mit den Angelsachsen beginnen kann. Die Gruppe hat ein spezielles Interesse daran, die Verhandlungen über Washington und London zu führen und nicht direkt mit Moskau verhandeln zu müssen ...«

Ich war mir um diese Zeit darüber klar, daß auseinanderstrebende politische und soziale Vorstellungen die Verschwörer trennten. Diejenigen, mit denen wir hauptsächlich Fühlung hatten, schienen rechts gerichtet. Glücklicherweise waren unsere Informationen aber nicht ganz einseitig und Gisevius, der gründlich von der preußischen Militärkaste genug hatte, warnte uns ständig, wir sollten ja nicht annehmen, die »breakers« seien nur ein militärischer Klub. Er erzählte uns, daß der Sozialist Leuschner in der Verschwörung zunehmend mehr Einfluß geltend mache ...[17]

Das ist die Ausgangssituation aus der Sicht von Dulles/Gisevius unmittelbar vor dem 20. Juli. Diese Einschätzung beruht mindestens so sehr auf eigenen politischen Phantasien und Befürchtungen wie auf konkreten Informationen vom realen Aktionszentrum der Verschwörer in der Mitte des Jahres 1944, das Gisevius weitgehend gar nicht persönlich kennt. Die Nachricht, dass ein Attentat und damit verbunden der Staatsstreich unmittelbar bevorsteht, erhält Gisevius am 9. Juli 1944 von Strünck. Es wird ihm aber von Hansen, dem Nachfolger des kaltgestellten Abwehrchefs Canaris, mitgeteilt, dass er aus Sicherheitsgründen bis auf weiteres in der Schweiz abwarten soll, bis man ihn rufen wird.

Gisevius denkt nicht daran abzuwarten. Seit 1938 ist er in das Komplott eingeweiht, und jetzt, wo die Sache zur Entscheidung kommt, will er dabei sein. Vor allem aber will er mitmischen, welche politische Richtung der ganze Staatsstreich nimmt. Er hinterlässt über Waetjen eine »umfangreiche Ausarbeitung für Dulles«, worin er ein düsteres Bild über die Lage in Deutschland malt, bei der schnell ein Umschwung von der NS-Revolution zur bolschewistischen Massenerhebung erfolgen könne. »Die Gefahr besteht, daß die enttäuschten Menschen von einer Revolutionspsychose in die nächste hinüberwechseln ... Es ist durchaus möglich, daß sich die proletarisierten Massen mit dem Mut und der Wut der Verzweiflung in neue ideologische Abenteuer stürzen ... Die Hitlerrevolution endet also nicht in einem sogenannten ›Ruck nach links‹ ... Sie mündet ideologisch und materiell in die lenin'sche Weltrevolution.«[18]

Die weiteren Geschehnisse hat Gisevius selbst ausführlich in seinem Buch *Bis zum bitteren Ende* in eigener Darstellung und Interpretation festgehalten.[19] Diese höchst subjektive Schilderung der Tage vom 11. bis 20. Juli ist fast wie ein filmisches Drehbuch verfasst.

Es gelingt ihm tatsächlich, am 11. Juli – zusammen mit dem Ehepaar Strünck – ungehindert per Bahn die Grenze zu überqueren. Obwohl die drei kontrolliert werden, gelangen sie unerkannt nach Berlin.

Am 12. Juli trifft Gisevius als Erstes den Polizeichef Helldorf in dessen Büro am Alexanderplatz und erfährt von ihm, dass am 11. Juli ein Attentatsversuch gescheitert ist. Helldorf, so Gisevius, sei gegenüber der »ganzen Clique« Stauffenbergs und Schulenburgs voller Misstrauen. Er fühle sich von den Planungen durch die junge Offiziersgarde, die jetzt das Attentat plane, ausgeschlossen. Noch am selben Nachmittag gegen 16 Uhr fährt Gisevius zu Beck in die Goethestraße in Lichterfelde.»Na, endlich!«, soll Beck gesagt haben, als er sieht, wer der gemeldete »Dr. Lange« ist. Sie verabreden sich jedoch für den nächsten Tag, da Beck am Abend in der Mittwochsgesellschaft noch die Mitverschwörer Johannes Popitz und Ulrich von Hassell treffen will. Beck scheint optimistisch und bezeichnet Stauffenberg als eine »außerordentliche Hilfe«, als einen, »der wirklich aufs Ganze geht«.

Gegen 18 Uhr desselben Tages trifft Gisevius in der Wohnung Strüncks erst Goerdeler, der sich skeptisch und persönlich gekränkt über Stauffenberg äußert – so wiederum die Wiedergabe durch Gisevius. Er, Goerdeler, habe den Eindruck, dieser junge Mann wolle Deutschland durch »politische Offiziere« retten. »Auf eine kurze Formel gebracht, die Nation soll soldatisch bleiben und sozialistisch werden.«

Gisevius findet bei aller Anspannung noch Zeit, seine eigenen politischen und beruflichen Ambitionen anzusprechen. Er notiert: Goerdeler wolle ihn als Staatssekretär in der Reichskanzlei haben, daneben solle er das »Reichskommissariat zur Säuberung und Wiederherstellung der öffentlichen Ordnung« verwalten. Gisevius aber weist, nur zur Klarstellung, darauf hin, an sich sei verabredet worden, dass er Becks rechte Hand werden solle – an der Spitze der Übergangsregierung.

Gegen Mitternacht erscheint in der Wohnung Strüncks schließlich der mit so viel Vorschussmisstrauen bedachte Stauffenberg zusammen mit Hansen. Es spricht für die Intuition Stauffenbergs, dass er bei diesem allerersten Treffen zu später Nachtstunde Gisevius gleich als einen Menschen einschätzt, vor dem er sich in Acht nehmen muss. Der aber wird noch mit dem sicheren Abstand von Jahren später über ihn schreiben: »Soll ich ehrlich sein, ich würde den jungen Oberst weder als Abbild eines Offiziers von ehedem bezeichnen noch als glaubwürdigen Vertreter einer den Nazis innerlich entfremdeten, heranwachsenden Generation. Nein, dieser Stauffenberg, zweifellos ein Draufgänger, der weiß, was er will, fanatisch, wirkt geradezu als der Typ des ›neuen‹ Generalstäblers, so wie ihn sich Hitler nicht besser wünschen könnte – oder wie der geschaffene Attentäter.«[20]

Es kommt zum Eklat zwischen beiden, als Gisevius über Stauffenberg dem General Olbricht ausrichten lässt, er »stünde ihm jederzeit zur Verfügung«. Stauffenberg weist ihn an, sich nirgendwo im Aktionszentrum blicken zu lassen, sei ihm selbst doch – nach seinen eigenen dramatischen Angaben – die Gestapo unerbittlich auf den Fersen. Gisevius wird sich auch daran nicht halten. Die Autorität von Stauffenberg erkennt er nicht an.

Allein bei Beck, dem Chef des Umsturzes, ist er vom 13. bis zum 19. Juli an jedem einzelnen Tag in der Privatwohnung in Lichterfelde, deren Überwachung man jedenfalls befürchten muss. Hartnäckig versucht er, Becks Vertrauen in die Loyalität und Fähigkeit Stauffenbergs zu erschüttern.

Am 13. Juli weist er ihn auf die Bedenken Nebes und Helldorfs hin, sie, die obersten Polizeikräfte, seien nicht ausreichend genug in die Planung der Militärs einbezogen. Er moniert, die Verschwörer nutzten längst überholte Straßenkarten, hätten sich also schlampig vorbereitet.

Am 14. Juli, einen Tag vor dem nächsten Attentatstermin, bringt er den Abwehrchef Hansen mit, dem, so Gisevius, auch längst Zweifel an der ganzen Planung gekommen seien, die er gern Beck persönlich vortragen möchte. (Hansen wird es denn auch vorziehen, am 20. Juli nicht in Berlin zu sein. Das rettet ihn aber nicht vor Hitlers Schergen.)

Am 15. Juli, als Attentat und Staatsstreich ein weiteres Mal abgebrochen werden müssen, da Himmler und Göring nicht mit im Raum sind, ist er zusammen mit Goerdeler bei Beck. Die drei warten fieberhaft auf Nachrichten aus dem Bendlerblock. In der Zwischenzeit verwerfen sie einen Redeentwurf, den Stauffenberg gemacht hat und den Gisevius als völlig unpassend abtut. Unter anderem auf seine Anregung hin skizziert Goerdeler einen neuen Aufruf. »Goerdeler«, so

Gisevius, »ist ein ausgezeichneter Stilist. Klassisch sind seine Formulierungen in ihrer Eindringlichkeit und Kürze. Keine überflüssigen Begründungen. Kein falsches Pathos. Keine ›Politik‹.« (Nicht alle Kenner von Goerdelers zahlreichen Memoranden teilen diese Ansicht.)

Am Abend treffen Gisevius und Goerdeler den Grafen Helldorf, wieder bei Strünck. Zusammen analysieren sie von ferne, Stauffenberg, der in den letzten Tagen sehr nervös gewesen sei, müsse eine »psychische Ladehemmung« gehabt haben.[21] Am nächsten Tag, wieder bei Beck, wird dafür den Aufzeichnungen von Gisevius zufolge das Bild gebraucht, ein Pferd, das zweimal verweigert habe, werde schwerlich beim dritten Mal den Sprung wagen.

In dieser Runde bei Strünck unterbreitet Gisevius noch einmal die Idee einer »Westlösung«, über die er mit seinen »Freunden in der Schweiz« gesprochen habe. »Westlösung«, so führt er nun aus, das bedeute: Verzicht auf das Attentat und die Staatsstreichaktion im Bendlerblock zugunsten eines einseitigen Handelns im Westen. »Praktisch hieße das, die Front im Westen wird aufgerissen, die angelsächsischen Truppen fluten mehr oder minder kampflos über die Siegfriedlinie nach Deutschland herein. Das mindeste ist, sie erreichen Berlin eher als die Russen. Gewiß, darin liegt beinahe noch mehr enthalten als in der bedingungslosen Kapitulation. Auch müssen wir mit offenem Bürgerkrieg rechnen. Die Dolchstoßlegende wird aufs Neue ihr Unwesen treiben. Aber wie viel Blut können wir auf diese Weise sparen und wie viel Trümmer!«

Jetzt, so will uns Gisevius übermitteln, waren plötzlich alle Anwesenden für diesen Plan. Von Hansen und Nebe wird er beschworen, am folgenden Tag noch einmal zu Beck zu gehen. Ein Flugzeug stehe, von Hansen organisiert, bereit – ursprünglich sei es für Gisevius (!) vorgesehen gewesen, falls die Gestapo ihn bedrohen sollte. Nun aber sollen Beck, Goerdeler und »ein paar weitere Zivilisten« damit zu Generalfeldmarschall Hans Günther von Kluge an die Westfront fliegen, um ihn von der »Westlösung« zu überzeugen.

Am 16. Juli wird dieser Vorschlag Beck unterbreitet, natürlich von Gisevius. Beck aber will erst einmal mit Stauffenberg sprechen.

Am 17. Juli treffen sich Polizeichef Helldorf und Abwehrchef Hansen bei Strünck, offenbar auf Betreiben von Gisevius. Die Bedenkenträger verstärken also ihre gegenseitige Skepsis. »Beide sind sich einig, mehr gefühlsmäßig, als daß sie durchschlaggebende Begründungen geben könnten, die Sache müsse schiefgehen.«[22] Das ist keine gute Ausgangsbasis, um drei Tage später selbst das Äußerste für das Gelingen des Staatsstreichs beizutragen. »Beide drängen daher auf mich ein«, so Gisevius, »ich müsse Beck gegenüber unbedingt auf der Westlösung beharren.«

Am selben Tag erfährt Nebe bei einer Mittagsrunde mit den SS-Oberen, dass ein Haftbefehl gegen Goerdeler vorliegen soll. Wieder fährt Gisevius, diesmal mit Hansens Auto, zu Beck, er überbringt die Hiobsbotschaft über Goerdeler und drängt jetzt erst recht auf die »Westlösung«. Beck reicht es allmählich mit diesen ständigen Interventionen, so kurz vor dem Attentatstermin. Gisevius: »Erstmals höre ich aus Becks Munde eine scharfe Reaktion. Er könne sich nicht von uns hereinreden lassen. Wenn wir seine Führerstellung anerkennten, müßten wir ihm auch in der Frage Attentat oder Westlösung die letzte Entscheidung lassen. Stauffenberg habe ihm gestern Abend das Ehrenwort gegeben, kommenden Donnerstag die Bombe, so oder so, zur Auslösung zu bringen. Diesem Angebot habe er sich nicht entziehen können. Diese letzte Chance müsse er loyalerweise Stauffenberg gewähren.«[23]

Auch am 18. Juli ist Gisevius gegen Mittag bei Beck. »Nun sage ich Beck auf den Kopf zu, woran es meines Dafürhaltens [nach] mangelt. Er muß endlich die Führung übernehmen: auch und gerade die militärische!«

Am 19. Juli, erneut bei Beck, heißt es: »Es gibt nichts mehr zu besprechen. Hoffen wir, daß morgen dieses qualvolle Warten sein Ende findet.« Beck verbittet sich aber, zum 20. Juli auch noch von Gisevius abgeholt zu werden. Ulrich Wilhelm Graf Schwerin von Schwanenfeld ist derjenige, den er dafür ausersehen hat.

VII.

Am 20. Juli ist Gisevius schon um 11 Uhr bei Helldorf. Gegen 12
Uhr kommt ein Major, den Olbricht geschickt hat, »kleine Figur,
kreidebleich, sichtlich nervös, ganz und gar nicht kriegerisch wir-
kend … Der ganze Anblick wirkt irgendwie komisch.«

Offensichtlich ist es Major von Oertzen, der hier von der Alther-
renrunde so verspottet wird. Er ist einer der besten Leute Tresckows,
den dieser Stauffenberg und Olbricht zur Verfügung gestellt hat. Er
zeichnet sich während der ganze Aktion durch Ruhe und große Tapferkeit aus und wird sich angesichts seiner drohenden Festnahme am
21. Juli – ähnlich wie Tresckow am gleichen Tag – mit einer Gewehrsprenggranate umbringen, um niemanden zu verraten.

Helldorf erklärt dem jungen Major, erst tätig werden zu wollen,
wenn das Ersatzheer unter Leitung der Verschwörer alle wichtigen
Gebäude und damit auch seine Zentrale umstellt hat. »Erst die Wehrmacht, dann die Polizei«, so habe er seine Rolle verstanden. Die folgenden Stunden verbringt die Herrenrunde mit Räsonieren und Warten auf Nebe; bei all ihrer konspirativen Erfahrung haben sie den
untereinander ausgemachten Treffpunkt missverstanden. Gegen
16.30 Uhr kommt der angekündigte Anruf Olbrichts, der Helldorf in
die Bendlerstraße einberuft. Natürlich fährt Gisevius »in Helldorfs
Limousine« mit, den Potsdamer Regierungspräsidenten Bismarck,
der gerade vorbeigeschaut hat, lassen sie auch gleich in die Zentrale
des Putsches folgen, obwohl er kaum eingeweiht ist und dort Irrita-
tionen auslöst.

Im Bendlerblock sieht Gisevius Stauffenberg, Olbricht, Schwerin,
Schulenburg, Hoepner und andere, er hält sich aber vorzugsweise in
der Nähe Becks auf. Schließlich gelingt es ihm in dem Durcheinan-
der – »wir zwei Zivilisten unter all den Uniformierten« –, mit ihm
allein zu sein. »Ich platze mit der Kernfrage heraus. Wieso ist Stauffenberg schon zurück? Weshalb hat man solange gewartet? Von selber sind aus einer Frage zwei geworden … Irgend etwas muß schief-
gelaufen sein.«

Im Laufe des Nachmittags macht der Zivilist Gisevius viele Ver-
besserungsvorschläge: Man müsse den inhaftierten Befehlshaber des

Ersatzheeres, Friedrich Fromm, erschießen, Goebbels erschießen, den SS-Standartenführer Achamer-Pifrader und Gestapo-Müller gleich mit »über den Haufen schießen«, das ganze Gestapo-Gebäude erstürmen. Er fordert im Wortgefecht Stauffenberg auf, ihm, dem bekennenden »Zivilisten«, dafür einen entschlossenen Stoßtrupp anzuvertrauen. Es müssten jetzt endlich »sichtbare Tatsachen« geschaffen werden. Es kommt zu einem heftigen Eklat, den Beck schlichten muss.

Die einzige konkrete Bitte Becks an ihn – einen Entwurf für die geplante Rundfunkerklärung am Abend zu machen, da General Fritz Lindemann, der diese Aufgabe für die Verschwörer übernommen hatte, nicht auffindbar ist – erfüllt er nicht. »Becks gute Meinung in allen Ehren, aber ein bißchen staunen muß ich doch ... Eine böse Ahnung sagt mir, wer weiß, vielleicht ist diese Rundfunkübertragung das einzige, was vom heutigen Tage an die Öffentlichkeit dringt.«[24]

Nach zeitraubendem Zögern entschließt sich Gisevius, auf das erneute Drängen Becks hin, doch an den erwünschten Aufruf zu gehen. In all dem Chaos bildet er so etwas wie eine Arbeitsgruppe. »Olbricht gesellt sich hinzu, dann Hoepner, dann Schulenburg, Yorck und Schwerin, zeitweise Stauffenberg. Wie ich so dastehe, meinen Notizblock gezückt und von den verschiedensten Seiten Stichworte entgegennehmend, komme ich mir vor wie ein Zeitungsreporter, der als erster am Unfallplatz eingetroffen ist und die aufgeregten, widerspruchsvollen Berichte der Tatzeugen aufschreibt.«[25]

Die Rede, das Einzige, was er konkret hätte beitragen können, wird nie fertig. Später am Abend wirft Gisevius seine zerrissenen Zettelschnipsel aus einem fahrenden Auto.

Wenig später ruft sein Freund Helldorf ihn dringend zurück ins Polizeipräsidium, um Neues aus dem Bendlerblock zu erfahren. Kurz vor 21 Uhr verlässt Gisevius das Gebäude, trifft Helldorf und Nebe, die die ganze Sache umgehend für gescheitert erklären. »Es war alles Beschiss, alles Beschiss ...«, soll Helldorf gesagt haben. Er empfiehlt Nebe und auch Gisevius, alles abzustreiten und zu »verduften«. Gisevius lässt sich noch einen Wagen für die Rückfahrt geben, er habe das Beck versprochen. Nach kurzer Fahrt aber befiehlt er dem Fahrer zu wenden. »Je weiter wir uns fortbewegen, desto unsinniger kommt mir meine Situation vor. Was habe ich eigentlich mit diesen Generälen gemein? Und jetzt soll ich für sie sterben? Nein, ich denke gar nicht daran, für sie zu sterben.«[26]

Die Nacht verbringt er wieder im Keller der Familie Strünck. Dann bereitet er seine Flucht vor, zunächst gemeinsam mit Nebe und Strünck. Nach einer Irrfahrt von einigen Tagen – alle, die ihnen dabei Unterschlupf bieten, werden von der Gestapo hinterher entdeckt – trennt er sich von Nebe in Berlin und taucht für ein halbes Jahr allein unter. Die letzten Monate verbringt er bei einer Bekannten, Ruth Brugsch. Weihnachten 1944 besucht er unvorsichtigerweise die Wohnung von Alexandra (»Lexi«) Roloff, deren Mann, Wilhelm Roloff, und deren Vater, Werner von Alvensleben, zu diesem Zeitpunkt auch im Zusammenhang der Ereignisse des 20. Juli verhaftet sind. Von der als äußerst mutig bekannten Lexi erwartet er sich Unterstützung, die er auch bekommt. Er sucht auch Kontakt zum Ehepaar Koch und hält sich zeitweilig in dessen Haus auf. Hans Koch war der Rechtsanwalt der Bekennenden Kirche und Martin Niemöllers gewesen und gehörte ebenfalls zur Abwehr. All diese Angaben stammen von Charlotte Pommer, einer Freundin von Lexi Roloff. Sie arbeitete als Assistenzärztin in dem Staatskrankenhaus, in das auch viele der Widerstandskämpfer nach Folter, Selbstmordversuch oder Herzinfarkt eingeliefert wurden. Sie fragt sich: »Wie konnte ein Mann wie Gisevius aus Sentimentalität noch zu Weihnachten in ein solches Haus gehen, andere gefährden!«[27] Selbst seit März 1945 im Gefängnis, wird Charlotte Pommer zeitweise mit Ruth Brugsch zusammengelegt, wohl um die beiden Frauen heimlich über ihre Kontakte zu Gisevius abhören zu können. »Ruth erzählte mir, daß er [Gisevius] seinen ersten falschen Paß zurückgeschickt habe, weil die Fälschung ihm nicht gut genug war!«[28]

Aus dem Versteck heraus hatte Gisevius mit Hilfe seiner deutschen Unterstützer Kontakt zu Allen Dulles aufnehmen können, der ihm diese gefälschten Papiere und sogar eine gefälschte Gestapo-Marke besorgt. Von Lexi Roloff bekommt er auch noch eine Pistole, eine Walter 08. Am 20. Januar 1945 gelangt er so sicher in die Schweiz, wo er seinen Bericht über die Vorgänge und über seine persönliche Deutung des 20. Juli abliefert.

Seine Helfer in Berlin aber werden aufgrund der Denunziation einer NS-Agentin (Charlotte Pommer kannte sie unter dem Namen Frau Land) allesamt im Februar/März 1945 verhaftet: Hans Koch und seine Frau Annemarie, Lexi Roloff und Charlotte Pommer, Ruth Brugsch und eine Brigitte K.[29] Hans Koch wird noch am 23./24. April 1945 von einem Sonderkommando des Reichssicherheitshauptamtes erschossen. Da war die Rote Armee schon auf Berliner Boden.

IX.

Hans Bernd Gisevius blieb der Erste und fast der Einzige, der mit seinem romanhaften Buch *Bis zum bitteren Ende* einen, wenn auch äußerst subjektiven zeitnahen Bericht aus dem Umsturzzentrum des 20. Juli für die Nachwelt überlieferte, wobei die zweite, überarbeitete Fassung (1964) dieses Werks in ihrem vernichtenden Urteil über den engsten Kreis um Stauffenberg gegenüber der ersten keineswegs gemildert wirkt. Die meisten anderen unmittelbaren Zeitzeugen aus den dramatischen Stunden im Bendlerblock wurden hingerichtet oder begingen Selbstmord (Beck, Stauffenberg, Olbricht, Haeften, Yorck von Wartenburg, Oertzen, Schulenburg, Witzleben, Hoepner Klausing u. a.), waren monatelang verhaftet (Gerstenmeier, Kleist) oder bis zum Kriegsende im Untergrund (Hammerstein). Sie konnten nicht mehr für sich selbst sprechen.

Hammerstein, Kleist und Gerstenmeier haben auch später nur auf Nachfrage und eher zurückhaltend von diesen traumatischen Erlebnissen berichtet. Gisevius besaß also faktisch eine Monopolstellung in der Darstellung dessen, wer wie unmittelbar vor dem 20. Juli und am Tag selbst gehandelt hat. Diese Sonderstellung war ihm auch in der Nachkriegszeit wichtig. Er war nicht nur Zeuge im Nürnberger Prozess. Er war auch die wichtigste Referenz der ersten verdienstvollen Zeitungsserie über die Verschwörung, die 1947 in acht Teilen in der Zeitung *Die Welt* erschien. Gisevius taucht noch im Fernsehfilm *Operation Walküre* von Joachim Fest aus dem Jahr 1971 auf. Und selbst der hochgeachtete Doyen der Forschung über den Widerstand und den versuchten Staatsstreich vom 20. Juli, der Historiker Peter Hoffmann, beruft sich in vielen Passagen seiner Darstellung der Ereignisse des 20. Juli auf ihn, da es kaum andere schriftliche Schilderungen gibt.

Zwar bemühte sich auch Fabian von Schlabrendorff in seinem frühen Buch *Offiziere gegen Hitler*, das 1946 in der Schweiz und erst später in Deutschland erscheinen durfte, ein weitaus positiveres Bild des militärischen Widerstands und seiner führenden Persönlichkeiten zu zeichnen, aber er selbst war am 20. Juli an der Ostfront und konnte deswegen über die entscheidenden Tage in Berlin wenig Authentisches sagen.

Aus menschlicher Sicht bleiben viele Fragen offen, und zwar sowohl in Bezug auf die Tage vor als auch auf die Zeit nach dem 20. Juli. Ganz offensichtlich wollte Gisevius in dieser Woche das Attentat zugunsten der von ihm favorisierten »Westlösung« verhindern. Aus seiner eigenen Darstellung wird auch deutlich, dass er in diesem Sinne die für ein Gelingen des Staatsstreichs wichtigen Akteure bei der Polizei, Gestapo und in der Abwehr in ihrem Zögern und in ihren Zweifeln bestärkt hat. Im Bendlerblock selbst verhält er sich teils wie ein Agent Provocateur, teils wie ein ständiger Bedenkenträger, obwohl doch alles auf das entschlossene Handeln ankam.

In der Rückschau verschärft sich die Frage: Warum enthält der einzige große Bericht eines überlebenden Zeitzeugen solche verzerrenden Darstellungen und Dekonstruktionen der toten Mitkämpfer, die sich nicht mehr wehren können? Woher stammt sein Zynismus selbst bei Details, mit denen er Stauffenberg und gerade die jungen Verschwörer kennzeichnet? Diese Frage bleibt sogar dann bestehen, wenn man – zugunsten des Autors – voraussetzen würde, er habe wahrheitsgemäß und nur ein wenig zugespitzt formuliert.

Aber Gisevius berichtet nicht wahrheitsgemäß. Den George-Schüler und Tresckow-Vertrauten Stauffenberg als Befürworter eines Bündnisses mit Stalin und einer bolschewistischen Revolution in Deutschland hinzustellen ist nicht nur dreist, es ist einfach absurd und entbehrt jeder Kenntnis der Person. Stauffenberg wie Tresckow lehnten bis zuletzt sogar ein Bündnis mit dem »Nationalkomitee Freies Deutschland« unter General von Seydlitz ab, weil man »hinter Stacheldraht nicht frei denken und entscheiden« könne. Ein Treffen mit der sowjetischen Botschafterin in Schweden, Madame Kollontai, und Verhandlungen mit Emissären Stalins hat es nie gegeben. Wenn Stauffenberg, Tresckow und Trott zu Solz für ein Zusammengehen mit den Sozialdemokraten und bekannten Arbeiter- und Gewerkschaftsführern Leber und Leuschner plädierten, so taten sie das, um der Übergangsregierung in Deutschland das Gewicht einer parteiübergreifenden Volksregierung zu geben und die Gefahr eines Bürgerkriegs zu vermindern. Die geplante Notregierung aber sollte generell nur so lange im Amt bleiben, bis sie durch eine frei gewählte Regierung ersetzt werden konnte.

Stauffenberg, der schwerstverletzt war und mit dem Attentat an sein absolutes Limit ging, war auch weit davon entfernt – wie Gisevius ihm unterstellt –, als »politischer Offizier« für sich einen politischen Posten zu ergattern und baldmöglichst den General Beck in seiner geplanten zentralen Rolle in der Übergangsregierung abzulösen, also eine Art Putsch im Putsch vorzubereiten. Das sind Phantasien und Verschwörungstheorien, die jeder Quellenbasis entbehren. Stauffenberg hatte für sich überhaupt keine zentrale Rolle mehr vorgesehen – er wollte den Staatsstreich, und er musste, als Letzter, der einen Zugang zu Hitler bekam, das Attentat durchführen. Damit wäre seine Mission mehr als erfüllt gewesen.

Dass Stauffenberg und der Kreis der jüngeren Verschwörer – Gisevius ist der Erfinder des Begriffs »Grafen-Gruppe« – inhaltliche Differenzen zu den stark konservativen Vertretern der Mittwochsgesellschaft (Popitz, Langbehn) und eine gewisse Skepsis gegenüber den hohen Funktionären aus Gestapo- und Polizeiapparat (Nebe und Helldorf) hatten, ist richtig, kann aber keineswegs mit einem politischen Seitenwechsel begründet werden. Ihre gelegentliche Zurückhaltung gegenüber Goerdeler war einerseits in dessen notorischer Unvorsichtigkeit in konspirativen Dingen und andererseits in der Einschätzung begründet, Goerdeler verfolge manchmal utopische

Ziele, beispielsweise, wenn er für möglich hielt, Hitler in einem persönlichen Gespräch noch überzeugen oder Himmler politisch umdrehen zu können. Die Frage aber, wie die Übergangsregierung personell zusammengesetzt werden sollte, wurde weitgehend dem Kreis um Goerdeler überlassen, der auch keine Einwände gegen eine Beteiligung von Sozialdemokraten hatte.

Die berühmte »Westlösung« aber, das kampflose Öffnen der Westfront durch die Generäle Kluge und Rommel, damit die Westalliierten Deutschland besetzen sollten, bevor es ganz in die Hände Stalins fiel, war längst aus eigenen strategischen Überlegungen Teil der Gespräche zwischen Tresckow und Stauffenberg. Gerade in den Kurierbotschaften von Juni/Juli 1944 spielt diese Variante eine Rolle, sie wird allerdings durch die wiederholte Erfahrung der kalten Zurückweisung seitens der Westalliierten nicht gerade bestärkt. Die von ihnen angedachte »Westlösung« sollte aber keinesfalls das Attentat und den Staatsstreich ersetzen, sondern mit ihnen verbunden sein, um die allerletzte Chance zu ergreifen, vor der Welt zu dokumentieren, dass es ein anderes Deutschland gab.

X.

Warum also schreibt der einzige Zeitzeuge der dramatischen Julitage im Bendlerblock, der die Chance wahrnimmt, seine Erlebnisse schriftlich mitzuteilen, erst einmal in seinem Bericht an Allen Dulles und dann noch einmal zwei Jahre später in seinem Buch solche bösartigen Verzerrungen der Tatsachen und solche politischen Denunziationen seiner früheren Mitverschwörer?

Ohne Zweifel spielt dabei die Persönlichkeit von Hans Bernd Gisevius eine Rolle. Er fühlte sich von Stauffenberg gekränkt, er sah sich aus dem Zentrum der Verschwörer an den Rand des Kreises gedrängt, und seiner Meinung nach wurde die Gruppe, der er sich besonders verpflichtet wusste – die Nationalkonservativen in der Abwehr, bei der Gestapo und im Polizeiapparat –, gemessen an dem Risiko, das sie eingingen, nicht genügend gewürdigt und in die Planung einbezogen. Er fürchtete auch für sich selbst, wieder einmal zu kurz zu kommen, wenn es um die Verteilung von Posten, Ämtern und Ehre in der Zukunft ging. Aber das alles hätte doch durch die schlichte Tatsache gemildert werden müssen, dass er am Leben war, während so viele andere tot waren.

War Gisevius ein Doppelagent, der schon seine Hauptloyalität geändert hatte? War er ein Karrierist im Übergang zu neuen Ufern? War er ein unverbesserlicher Provokateur, oder war er einfach durch die lange Widerstandstätigkeit verbraucht und verbittert?

Es gibt – bis jetzt – keine Belege dafür, dass Gisevius sich eine gezielte Demontage des Verschwörerkreises zum Ziel gesetzt hat und dabei einen Auftrag von dritter Seite erfüllte. Gisevius war, bei jeweils wechselnden Standorten seiner Biographie, immer ein Überzeugungstäter seiner jeweiligen Sichtweise, und womöglich glaubte er sich selbst, was er schrieb.

Des Rätsels Lösung findet sich eher, wenn man sich überlegt, in welche Umgebung hinein und für welche Leser er seinen »Roman« verfasste.

Das Attentat war gescheitert, die Verschwörer hatten weder vor ihrem Volk noch vor der Geschichte recht behalten. Mit der Schilderung von Gisevius konnten alle übereinstimmen, die nie, nicht ganz oder nicht entschlossen genug auf der Seite der Verschwörer waren. Von ihm konnten sich sogar die Täter und Mitläufer des NS-Regimes entlastet fühlen, die sich moralisch nicht mehr rechtfertigen wollten. Gisevius schrieb die Version für die Überlebenden, die die Toten ruhen lassen wollten. Er schrieb auch die Version, die das Verhalten der Westalliierten begründen konnte, welche den Verschwörern jede Unterstützung versagt hatten, während sie später – ganz Realpolitiker – sogar mit höchsten SS-Leuten (z.B. mit Himmlers Adjutanten Wolff) mit langfristiger Bindung verhandelten. Mit dem Kern der Darstellung von Gisevius, wonach das Unternehmen »Walküre« irgendwie als nicht ganz seriös und politisch als unzuverlässig einzustufen sei, konnten viele gut leben. Er schrieb die Version für die Zeit des Kalten Krieges und der Blockkonfrontation, in die die Becks, Olbrichts, Stauffenbergs, Tresckows, Klausings etc. angeblich nicht mehr hineinpassten.

»Kann keine Trauer sein, zu fern, zu weit« (Gottfried Benn).
Die Nachkriegszeit hatte endgültig begonnen.

In den frühen Jahren der Bundesrepublik tauchte Hans Bernd Gisevius immer wieder mal bei den Familien aus dem Zusammenhang
des Widerstands auf. Sie wussten nie genau, was er eigentlich wollte.

Antje Vollmer

Ewald-Heinrich von Kleist (1922–2013)
über seine Teilnahme am Widerstand gegen Hitler

»Der Tod war ein großes Thema«

Fällt Ihnen die Erinnerung an den 20. Juli schwer?
Früher hatte ich bestimmte Erinnerungen an Ereignisse, von denen
wusste ich ganz klar, wie sie waren. Heute ist das nicht ganz so einfach. Inzwischen habe ich so viele Dinge über ein und dieselbe Sache
gehört und gelesen, dass ich manchmal schon gar nicht mehr weiß,
haben die anderen eigentlich recht oder ich. Es wird vieles auch
falsch dargestellt. Außerdem kommen natürlich neue Themen hinzu,
die mich mehr interessieren als die alten Sachen. Die sind ja auch
mehr als sechzig Jahre her.
**Trotzdem wollen wir mit diesem Buch an den 20. Juli erinnern und
vor allem an vergessene Mitverschwörer wie Friedrich Karl Klausing.
Er stammte aus einer überzeugten NS-Familie und hatte es aus diesem
Grund schwerer, zum Widerstand zu finden, als jemand, der aus einer
NS-kritischen Familie kam. Dementsprechend grausam reagierte seine
Familie auf seinen Entschluss. In dem Abschiedsbrief des Vaters wirft
dieser seinem Sohn vor, nicht den Tod an der Front gesucht und Schan-
de über die Familie gebracht zu haben. Klausing wiederum, der in sei-
nem Abschiedsbrief an die Familie das Bild der Schande vorweg-
nimmt, schreibt: »Streicht mich aus Eurem Gedächtnis.« Wie erklären
Sie sich diesen Brief?**
Für mich ist das völlig unverständlich. Ich kannte Klausing eigentlich
ganz gut. Wir waren ja fast vier Jahre zusammen, wenn auch nicht
ständig.
Wie haben Sie sich kennengelernt?
Zunächst einmal war er mein Fähnrichs-Vater bei der Ausbildung im
I. R. 9 in Potsdam. Er wurde »Bubi« genannt – wegen seines jugendlichen Aussehens und seiner hohen Stimme. Später war er in Russ-

land Kompaniechef (der 9. Kompanie). Wie ich nach Russland kam und mich am Regimentsgefechtsstand meldete, wollte mich Richard von Weizsäcker erst in die 4. Kompanie stecken. Als Adjutant des Regimentskommandeurs »regierte« er eigentlich das Regiment. »Da will ich aber gar nicht hin«, sagte ich zu Weizsäcker, »ich möchte in die 9. Kompanie.« Ich wollte nämlich zu Klausing. Ich bin dann zum Kommandeur. Der meinte zunächst, Weizsäcker habe das bereits entschieden, aber ich kannte den Kommandeur seit 1934 und wusste, wie man ihn überzeugen kann. Dann sagte er: »Gut, gehen Sie zu Weizsäcker und sagen Sie ihm, dass Sie in die 9. Kompanie kommen.«

Sie haben Klausing als tapferen Soldaten, aber auch als jemanden erlebt und beschrieben, der grundsätzlich zweifelte, der es sich bei Entscheidungen niemals leicht machte. Beim Staatsstreich war er dann einer der Aktivsten. Warum aber hat er in seinem Abschiedsbrief das Verhalten von einigen Beteiligten kritisiert?
Das ist ganz erstaunlich.

Vielleicht hat er gemeint, dass ihn die Zögerlichkeit und Hektik der höheren Offiziere am 20. Juli irritierte, als allmählich die Nachricht durchsickerte, Hitler sei noch am Leben?
Ich habe nicht mit ihm darüber gesprochen. Aber das würde sehr zu ihm passen. Dass ihm das missfallen hat. Er war sicherlich nicht von allem angetan, was dort passierte, er wusste, jetzt ging es ums Ganze. Klausing war ein Mann, der nie kneifen wollte, der an sich selbst die höchsten Anforderungen stellte. Er war irgendwie ein Parzival. An ihm war etwas Entschlossenes und auch Tragisches.

Weil er einen besonders schwierigen Weg in den Widerstand hatte aufgrund seiner familiären Situation und dann miterleben musste, wie andere im entscheidenden Augenblick zögerten und versagten?
Ja. Es lief ja auch vieles schief. Schon am Beginn wurde kostbare Zeit verloren, als der »Walküre«-Befehl nicht sofort ausgelöst wurde. Dann wurde viel mit den Wehrkreisen und Einheiten telefoniert. Viele wollten nicht mitmachen oder sich erst bei anderen Vorgesetzten rückversichern. Andere zogen sich im Laufe des Abends wieder zurück. Dann wurde im Bendlerblock das Wachbataillon abkomman-

diert, wir waren also ohne Schutz. Da entsteht plötzlich eine riesige Hektik. Das Wichtigste aber, was zur Hektik und Ratlosigkeit beigetragen hat, war schlicht die Tatsache: Hitler war nicht tot. Alles war vage. Die Unsicherheit und Zweifel, die wir im Bendlerblock hatten, lähmten natürlich einige von uns, wie die Militärs Erich Hoepner und Erwin von Witzleben oder den Berliner Polizeipräsidenten Wolf-Heinrich Graf von Helldorf. Das wurde im Laufe des Tages immer schlimmer. Stauffenberg hat versucht, die Stimmung umzudrehen, indem er zunächst darauf beharrte, dass Hitler tot sei. Ich bin am Nachmittag einmal an dem Zimmer von Fromm vorbeigekommen und habe mitgehört, wie er mit Keitel telefonierte, der ihm versicherte, dass Hitler lebt. Ich bin daraufhin sofort zu Stauffenberg gegangen und habe gesagt: »Es gibt Ärger.« Aber er hat nicht reagiert.

Haben Sie dafür eine Erklärung?

Wissen Sie, während der gesamten Aktion lastete ein Druck auf einem, den man überhaupt nicht messen kann. Und in dem Augenblick, wenn eine Geschichte auf des Messers Schneide balanciert, wird dieser Druck unendlich viel größer. Das kann man sich nicht vorstellen, und das kann niemand beschreiben.

Wo haben Sie sich zur Vorbereitung des Attentats getroffen?

An verschiedenen unauffälligen Orten, zum Beispiel in Neuhardenberg bei Berlin.

Da gab es viele junge Damen?

Die gab es, aber es gab da auch ein Gästebuch, in das wir uns eintragen sollten. Das war damals so üblich. Ich fand das gefährlich. Am 9. Juli 1944 waren wir noch mal da. Ich habe mich erst geweigert und verdrückt. Da kam die Altgräfin und forderte mich auf, mich auch einzutragen. In dem Buch standen Stauffenberg, Haeften, Klausing ... Und das wurde dann bei der Gestapo natürlich nachgefragt. Das war so eine Ausrede für die Gestapo: »Da waren so hübsche Mädchen ...«

Wann haben Sie Klausing das letzte Mal gesehen?

In der Nacht vor seinem Prozess. Wir wurden bei der Gestapo gegenübergestellt. Diese wollte Aussagen, die wir gemacht hatten, im gemeinsamen Verhör überprüfen. Sie wollte Widersprüche aufdecken. Die Gestapo versuchte immer, etwas aus einem herauszulocken, um einem den Kopf abzuhacken. Da werden also Dinge gefragt, und wenn man etwas aussagte, was für Freislers Strategie taugte, wurde das gegen einen benutzt. Und wenn zwei da sind, die nicht das Gleiche sagen, dann hakte die Gestapo sofort ein: »Warum sagen Sie etwas anderes als er? Lügen Sie oder er?« Wir wurden die ganze Nacht verhört, es war schon hell, als wir uns trennten. Getrennt ist gut. Als jeder von uns wieder abgeführt wurde.

Klausing musste also völlig übernächtigt und schlaflos in seinen Prozess?

In dieser letzten Nacht war er vollkommen ruhig, er hatte Zivil an, sah sehr unelegant aus, aber er war vollkommen sachlich, fair, sehr anständig. Nach fünf, sechs Stunden werden manche mürbe und sagen Sachen, die sie eigentlich nicht sagen wollten. Es kann jedem passieren, etwas zu sagen, was ihn selbst entlastet und den anderen möglicherweise belastet. Das haben viele ja auch getan. Klausing nicht. Das meine ich mit fair.

Wollte er Sie beim Verhör schützen?

Das konnte er gar nicht in dieser Situation.

War er durch seine Anwesenheit eine Stütze für Sie?

Nein, gar nicht. Unangenehm war das. Wir waren doch Freunde. Eine Gegenüberstellung bei der Gestapo war immer gefährlich, für jeden von uns.

Hatten Sie da noch den Eindruck, dass er hinter dem Attentat steht?

Das kann ich Ihnen nicht beantworten. Ich habe mich mit ihm ja nicht unterhalten können. Am 20. Juli waren wir zusammen im Bendlerblock, und wir haben uns dort am Nachmittag häufiger getroffen. Einmal traf ich ihn auf dem Gang, es war spät, sehr spät, und er sagte: »Komm mal mit!« Ich fragte ihn: »Wo willst du hin?« »Nach oben, meine Pistole holen!«

»Was willst du jetzt damit?«, fragte ich. Er antwortete: »Ich habe dir immer gesagt, wir schaffen das, wir kommen durch – in Russland und an all den anderen gefährlichen Orten. Aber jetzt sage ich dir: Es ist aus!«

Das spricht dafür, dass er sich für Sie verantwortlich fühlte. Und er blieb während der ganzen Aktion ruhig?

Ja, bis auf das Gespräch auf dem Gang.

Nach dieser Gegenüberstellung in der letzten Nacht haben Sie sich von Klausing nicht verabschieden können, oder?

Jedenfalls nicht so, wie man sich das vorstellt. Trotzdem war es beeindruckend. Wir standen, als die Gefängnisautos uns abholen sollten, auf der Straße für einen Augenblick wartend nebeneinander, und Klausing schaute mich plötzlich an. Ich hatte das Gefühl, er schaut mich mit ganz großen Augen an.

Es ist erstaunlich, dass Freisler beim ersten Prozess gegen Stauffenbergs Mitverschwörer ausgerechnet Klausing ausführlich reden lässt. Freisler sagt am Ende sinngemäß zu Hoepner und Witzleben: »Solche jungen, leidenschaftlichen Offiziere wie ihn haben Sie auf dem Gewissen!« Freisler wollte Klausing in diesem Augenblick für die Demütigung der anderen benutzen.

Ja, man muss sagen, dass Freisler außerordentlich geschickt vorging.

Wann haben Sie erfahren, dass Klausing hingerichtet worden war?

Genau kann ich das nicht sagen. Aber das war erst viel später. Damals erfuhr man gar nichts: weder, wer verhaftet, noch, wer verurteilt worden war. Von Klausings Verhaftung wusste ich nur, weil wir gegenübergestellt wurden. Das war auch das einzige Mal, dass ich ihn nach dem 20. Juli gesehen habe.

Warum waren Sie selbst am 20. Juli im Bendlerblock?

Man brauchte doch Hilfstruppen, ich war als Ordonnanz vorgesehen.

Davor gab es am 11. und 15. bereits Versuche, das Attentat auszuführen. Da standen Sie auch bereit?

Ja.

Sie haben in einem Hotel in der Nähe auf den Einsatz gewartet. Wie fühlt man sich da?

Nicht sehr angenehm. Und man ist auch aufgeregt. Aber man muss diszipliniert sein.

Klausing musste sich mit dem Gedanken auseinandersetzen, Hitler zu töten. Wie sehr machte ihm das zu schaffen?

Er machte es sich auch hier schwer, prüfte alles sehr genau. Da war er anders als einfacher gestrickte Leute. Manche Menschen sind sich immer ganz sicher. Das war er nicht. Er musste sich immer wieder mit sich selbst seine Position erarbeiten.

Sie selbst standen Anfang 1944 vor der Entscheidung, für die Tötung Hitlers Ihr eigenes Leben zu geben. Hitler sollte bei einer Uniformvorstellung durch das Auslösen einer Bombe getötet werden. Erst wurde die Vorführung verschoben, dann fiel der vorgesehene Attentäter von dem Bussche wegen einer Verwundung aus, daher wurden Sie gefragt. Wie war das für Sie?

Unangenehm.

Der Tod schreckt kriegserfahrene Soldaten wenig, heißt es. Auch den Teilnehmern des Hitler-Attentats wird nachgesagt, der Tod habe ihnen am wenigsten Gedanken gemacht.

Das ist ganz falsch. Der Tod war ein gewaltiges Thema. Auch für uns Soldaten. Wenn Sie jung sind, finden Sie den Gedanken an den Tod nicht sehr erfreulich.

Sind Sie aus diesem Grund zu Ihrem Vater gegangen und haben ihn um Rat gefragt, ob Sie sich und Hitler töten sollen?

Ich stand vor der Frage: Sage ich ja, bin ich tot. Sage ich nein, bin ich ein Schwein. Beides ist nicht gut. Als Kind schiebt man gern Eltern, die einen lieben, die Verantwortung zu, weil man glaubt, dann fein raus zu sein.

Was haben Sie denn für eine Antwort erwartet?

Erwartungen hatte ich keine. Obwohl, man musste damit rechnen, dass mein Vater mir zurät.

Was hat er konkret gesagt?

»Du musst das tun. Wer in so einem Moment versagt, hat nie wieder Freude am Leben.« Aber die Uniformvorführung wurde dann immer wieder verschoben.

Wo war Ihr Vater am 20. Juli?

Zu Hause. Er ist dann wegen mir verhaftet worden. Er kam sozusagen in Sippenhaft.

Gleichwohl war auch er involviert in die Staatsstreichplanung.

Mein Vater war vorgesehen als Politischer Beauftragter für Pommern.

Wann und wo haben Sie Ihren Vater noch gesehen?
Im Gefängnis in der Lehrter Straße. Ich bin einmal zu einer Vernehmung abgeführt worden. Vor der Zentrale musste man sich mit dem
Gesicht zur Wand stellen, während der Posten einen anmeldete. Da
ging die Haupttür auf, es war dunkel, und ich habe zur Seite gelinst
und zwei Leute gesehen, einer kam mir vom Gang und der Statur her
bekannt vor, der wurde neben mich gestellt und auch angemeldet.
Das war mein Vater. Dann gab es einen Oberaufseher [Oberschar-
führer], einen Österreicher, der kam eines Nachts in meine Zelle, um
sich mit mir zu unterhalten, und gab mir sogar etwas zu essen: Le-
berwurstbrote mit Butter! Er wollte reden und erzählte mir von seinem Leben und was er als SS-Angehöriger gemacht hatte in Polen,
in Dänemark. Unvorstellbar grausame Sachen, die man nicht schildern kann! Und so einer gibt einem sein Leberwurstbrot zu essen!
Eines Tages sagt er zu mir: »Hier ist ja noch ein Kleist.« Ich blieb
gelassen und zeigte keine Reaktion. Dann schaute er nach und meinte: »Das ist ja Ihr Vater. Wollen Sie ihn mal sehen?« Dann wurden
wir tatsächlich in eine leere Zelle geführt, mein Vater und ich. Wir
waren eine halbe Stunde zusammen. Unglaublich. Das war das letzte
Mal.
Wollte der Wärter Ihnen was Gutes tun?
Ich nehme nie etwas an. Es gibt verschiedene Möglichkeiten bei einem Mann, der so grausam war wie dieser Kerl. Für diese Aktion
wäre er erschossen worden, wenn das rausgekommen wäre. Ich habe
aber vermutet, dass wir abgehört werden.
Worüber haben Sie sich mit Ihrem Vater unterhalten?
Eigentlich über Nichtssagendes. Wie es einem geht und so weiter.

*Der Sohn wurde überraschend im Dezember 1944 entlassen. Der
Vater, Ewald von Kleist-Schmenzin, wurde am 28. Februar 1945
vom Volksgerichtshof zum Tode verurteilt und noch kurz vor Kriegsende, am 9. April, in Plötzensee hingerichtet.*

**Ein ganz anderes Thema: Welche Rolle spielte Ihrer Meinung nach
Hans Bernd Gisevius am 20. Juli? Er war ja eigentlich für die Abwehr**

am deutschen Generalkonsulat in Zürich tätig, aber an diesem Tag in Berlin.

Gar keine. Sie müssen sehen, in einem Krieg ist ein Zivilist in einem militärischen Hauptquartier nichts. Er ist ein Häuptling großer Zunge. Otto John habe ich auch nicht gesehen.

Aber der Mitarbeiter des Auswärtigen Amtes und spätere Bundestagspräsident Eugen Gerstenmeier war da?

Aber wie. Ein toller Kerl. Ich kam einmal in ein kleines Zimmer rein. Da stand zum Fenster, an die Heizung gelehnt, dieser kleine Kerl. Er strahlte irgendwie in dieser Hektik Ruhe aus. Nachher, als alles drunter und drüber ging, wollte er mit der Pistole schießen, konnte die aber nicht entsichern.

Hatten Sie denn eine Pistole?

Ich hatte drei.

Haben Sie geschossen?

Nein.

Hat Klausing geschossen?

Das weiß ich nicht. Ich war nicht im Bendlerblock, als das Ende kam.

Wo waren Sie?

Ich sollte Truppen besorgen, nachdem das Wachregiment abgezogen worden war. Deshalb war ich auf der Stadt-Kommandantur. Dann bin ich durch den Tiergarten zurück und hörte es knallen wie von einer Schießerei. Da wurde ich vorsichtig. Dann erinnerte ich mich, dass ich selbst zuvor jemanden zurückgehalten hatte, der aus dem Bendlerblock verschwinden wollte. Da habe ich gedacht, wenn du andere zurückhältst, kannst du selber nicht verschwinden, bevor du nicht wirklich weißt, dass alles zu Ende ist. Also bin ich reingegangen, doch da standen Wachen, und ich wurde sofort verhaftet. Kommandeur war Otto Skorzeny.

Wohin wären Sie denn geflohen?

Ich hatte mir eine Blankofahrkarte besorgt, die zum Reisen für alle Züge berechtigte, und ich hatte mir eine deutsche Truppe ausgesucht, die an der norwegisch-schwedischen Grenze lag. Und dann wäre ich ins neutrale Schweden gegangen.

Wohin sind Sie nach der Verhaftung gebracht worden?

In die Prinz-Albrecht-Straße.

Wie sind Sie behandelt worden?

Schlecht. Ich wurde vernommen, wie man sich das vorstellt. Mit Scheinwerfer und Brüllerei. Man schwitzt ganz schön, kann das aber aushalten. In der Zelle musste ich dann die Stiefel ausziehen und ununterbrochen stehen.

Haben Sie damit gerechnet, dass Sie lebend in der Prinz-Albrecht-Straße ankommen?

Nein, und ich geniere mich heute sogar etwas, dass ich bei der Einfahrt ins Gefängnis an die *Göttliche Komödie* dachte. Da steht über dem Tor zur Hölle: »Lasst, die ihr hier eingeht, alle Hoffnung fahren.« Mir fiel das wirklich ein, und ich dachte, das ist ja ganz schön, dass ich, bevor ich sterbe, an so etwas denke. Ist das nicht etwas eitel?

Nein, gar nicht. Warum soll das eitel sein? Sie waren mit 22 Jahren der jüngste der Beteiligten am Staatsstreich. Ältere Teilnehmer wie Ulrich-Wilhelm Graf von Schwerin haben sich Sorgen um Sie gemacht.

Ja, das stimmt. Wir wurden ins KZ Ravensbrück gebracht. Mit einem Lkw, fünf Personen. Oberstleutnant Fritz von der Lancken. Dann waren da ein Rittmeister, den ich nicht kannte, dann Peter Yorck von Wartenburg, Schwerin und ich. Im KZ wurden wir wieder vernommen, am nächsten Tag kam ein Gestapo-Mann und fragte mich: »Sie sind doch sehr befreundet mit dem Schwerin?« Ich sagte: »Nein.« Er meinte: »Ich glaube doch, denn Schwerin hat sich nach Ihnen erkundigt, wie es Ihnen geht.« Er war hier viel anständiger als ich, das muss ich sagen. Wir hatten später auch eine Gegenüberstellung. Da hat er sich ähnlich anständig benommen.

Wie sind Sie zum Widerstand gekommen? Gab es einen Anlass, eine Person?

Bei mir waren es das Elternhaus, mein Vater, meine Großeltern, und natürlich mein Regiment und dort besonders Fritz von Schulenburg. Der war im Prinzip mein Mentor. Mein Vater war sehr emotional, wie viele in der Anti-NS-Bewegung. Das war eigentlich unvernünftig und wenig zielführend. Man beschimpfte offen die Generalität, aber entscheidend war nur die oberste Heeresführung. Man hat abschät-

zig über den »Gefreiten aus Braunau« gesprochen, den »Pinselquä-
ler«. Das hatte so etwas Ungefährliches. Ich war da schon in jungem
Alter sehr realistisch. Mir war klar, eine solche Diktatur kann man
nicht mit solchen Sprüchen bekämpfen. Man muss überlegen, wie
man das System abschaffen kann – im Zimmer zu sitzen und zu klagen, wie schrecklich Hitler ist, hilft da nicht weiter. Das muss man
auch verstehen. Die Leute waren sehr verzweifelt und konnten im
Prinzip mit ihren Mitteln auch nichts machen. Macht muss man
haben, um so etwas stürzen zu können! In einer Diktatur zählt nur
die Macht. Der Kern ist, so viel Macht in die Hand zu bekommen,
um die Macht tatsächlich übernehmen zu können. Und diese Diktatur, das muss man zugeben, funktionierte lange fabelhaft, ein erst-
klassiges System! Und das zu beseitigen war wirklich unsagbar
schwer.

**Das zeigten die Aktivitäten Ihres Vaters, der Jurist war, aber auch
preußischer Monarchist und ein stark christlich geprägter Konservativer. Er ist 1938 im Auftrag der Verschwörergruppe um den damaligen Generalstabschef des Heeres Ludwig Beck nach England gefahren, um Unterstützung für die Anti-Hitler-Bewegung zu bekommen?**
Wir haben darüber gesprochen. Aber was sollte England denn machen, wenn da ein Privatmann hinkommt? Es war klar, dass London
deswegen nicht seine außenpolitische Haltung ändern wird. Aber es
war immerhin ein Versuch, das muss man anerkennen.

**Bei der Beurteilung des Widerstands vom 20. Juli fällt auf, dass er bei
aller Kenntnis der Hintergründe und Personen auch heute noch nicht
eindeutig positiv gesehen wird.**
Das Problem bei der historischen Betrachtung der damaligen Zeit ist
ein gewisses Schwarz-Weiß-Denken. Alle Menschen jener Zeit gelten
entweder als kleine Lichter oder als große Verbrecher. Natürlich waren viele Menschen auch fröhlich unter Hitler, zumindest bis zum
Beginn des Krieges 1939. Und sie waren von Hitler angetan. Das
machte es dem Widerstand ja so schwer. Andererseits gab es selbst
im NS-Apparat bis zum Schluss anständige Menschen. Ein Kriminalrat, der bei meinen Verhören anwesend war, hat mir sogar geholfen. Wenn ich nach Personen und Orten gefragt wurde und manch-

mal mit der Antwort zögerte, hat er unmerklich mit dem Kopf genickt oder ein winziges Zeichen der Ablehnung gemacht. Er hat mir damit indirekt Signale für die Antwort gegeben, so sind mir unangenehme Nachfragen erspart geblieben.

Auch der Widerstand hatte einen Maßstab, nach dem er die Menschen klar einteilte, wenn er mit ihnen verkehrte. Da gab es die Nazis und die Anti-Nazis. Und Anti-Nazis gab es sehr wenige. Wir hatten und suchten keinen Zugang zu den Nazis und schon gar nicht zum Kreis um Hitler. Weil man mit denen nichts zu tun haben wollte. Deshalb waren wir auch gar nicht immer auf dem richtigen Dampfer. Uns fehlte der Zugang zu wichtigen Informationen. Unsere Kenntnisse und Vorstellungen, was da wirklich los war, waren sehr begrenzt. Was die Nazis machten, wer von denen was dachte, wussten wir im Widerstand eigentlich nicht.

Wer hat Sie von den Mitstreitern am meisten beeindruckt?

Da gibt es einige. Den Tegeler Gefängnispfarrer Harald Poelchau. Das war ein großartiger Mann. Ich kannte ihn aus dem Gefängnis. Da kam er eines Abends in meine Zelle und fragte mich, ob ich evangelisch oder katholisch sei. Wir haben uns unterhalten. Ich habe läppisch so getan, als ob alles in Ordnung sei mit mir, weil ich ihn nicht einschätzen konnte. Dann sagte er plötzlich ganz offen: »Nein, nein! So geht das nicht. Alle, die hier sind, müssen sich darauf einstellen, dass sie über die Klinge springen müssen.« Ich dachte: Na das ist ja ein netter Vertreter des lieben Gottes. Der hat ja gleich die richtige Tröstung parat. Am nächsten Tag habe ich das anderen erzählt, da sagte man mir: »Der Poelchau ist in Ordnung, der gehört zu uns.«

Schulenburg war einer der wichtigsten Mitstreiter. Neben Stauffenberg und Tresckow. Es gibt kaum einen, der so entschlossen, klar und klug war wie Tresckow. Schulenburg gehört dazu, war aber ganz anders.

Die Leute um Goerdeler, Moltke oder die Leute vom Auswärtigen Amt waren sicherlich wichtig für den Widerstand – aber sie bewegten sich doch auf sehr theoretischem Gebiet, und einige wollten nicht die Tat, das Attentat.

Warum war Schulenburg so wichtig?

Es gibt Menschen, die sind ausgesprochen edel. Und haben wunderbare Ideen und sind große Idealisten, sind aber auch auf eine Art sehr unrealistisch. Dann gibt es die kalten Macher, die wenig ethische Motivationen, sondern nur das Ergebnis im Sinn haben und kühl oder nüchtern sind. Und dann gibt es ganz selten eine Mischung von beidem, Menschen, die ausgewogen sind. So war Fritz, er war ein Mensch, der sich in Machtfragen auskannte, der die Macht beherrschen konnte, der in Machtkategorien dachte, mit den Beinen auf dem Boden. Aber wiederum war er auch ein glühender Idealist, der mehrfach angeboten hatte, Hitler selbst umzubringen. Aber er kam einfach nicht in dessen Nähe.

Sie beide haben im Mai 1944 einen Prozess am Volksgerichtshof besucht. Was hat Sie dazu bewogen?

Es diente der Vorbereitung. Wir haben das getan, um zu sehen, was uns blühen könnte. Ich wohnte mit Schulenburg zusammen, und er sagte eines Tages zu mir: »Lass uns doch mal anschauen, wie der Freisler das macht. Sprich doch mal mit dem Polizeichef von Potsdam!« Der war gelegentlich im Casino eingeladen und konnte uns Karten für die Verhandlung besorgen. Und dann sind wir gemeinsam hingegangen. Es ging um den Verleger August Bonneß.

Zunächst war Freisler nicht da, sondern sein Vize Wilhelm Crohne leitete die Verhandlung und Oberreichsanwalt Erich Lautz. Der Verleger in Potsdam soll wohl sinngemäß gesagt haben: »Bei den alten Germanen gab es eine nützliche Regel. Da haben die Stammeshäuptlinge gegeneinander gekämpft. Sollen das doch Stalin und Hitler auch tun, da bleibt dem Volk viel erspart!« Das fiel unter das Heimtückegesetz. Der Verleger wurde zum Tode verurteilt. Offenbar gab es einen Prozessfehler, deswegen wurde der Fall wieder aufgerollt. Beim zweiten Mal leitete Freisler selbst in seiner üblichen Art. Die Verteidigung hatte einen Oberstleutnant zitiert, der mit dem Verleger zum fraglichen Zeitpunkt der Äußerung zusammen in Nürnberg gewesen war, während die Äußerung in Berlin oder Potsdam gefallen sein sollte. Der Offizier wurde vorgeladen und von Freisler angefahren. »Was reden Sie da? Das ist doch gar nicht möglich! Ich mache

Sie darauf aufmerksam, dass Sie belangt werden können, wenn Sie hier falsch aussagen. Das gibt zehn Jahre Zuchthaus. Ich gebe Ihnen jetzt fünf Minuten Bedenkzeit!! Raus!« Nach fünf Minuten wurde der Offizier wieder reingeholt und meinte, er könne sich nicht mehr daran erinnern. Der Oberreichsanwalt forderte erneut die Todesstrafe. Und die gab es dann auch für den Bonneß. Der hatte zuvor die Tat an sich zugegeben. Daran hat sich Freisler mit seiner Begründung aufgehängt. Am Ende des Prozesses sagte Fritz Schulenburg zu mir: »Siehst du, eines haben wir gelernt, man darf nichts zugeben, unter keinen Umständen.«

Sie sollten sich das für alle Fälle merken. Wie war er im Umgang?
Wir hatten uns eine Wohnung über dem Casino besorgt. Schulenburg hatte so »kommunistische« Vorstellungen, dass wir nach dem Krieg den Grundbesitz aufteilen müssten. Einmal hat er Zigaretten von mir erbeten, obwohl er Pfeife rauchte. Die Zigarette hat er einfach in die Pfeife gesteckt, das hat mich sehr geschmerzt. Wein, den er mitbrachte, haben wir auch geteilt. Ein anderes Mal haben wir uns nachts unterhalten, da hat er gesagt: »Wenn uns das jetzt gelingt, was wir vorhaben, werde ich mich noch zehn Jahre dem Staat zur Verfügung stellen, dann werde ich Theologie studieren, und dann wird mein eigentliches Leben beginnen.« Diese Äußerung hat mich zutiefst beeindruckt. Das war eine ungewöhnliche Äußerung. Schulenburg interessierte sich auch sehr für Städteplanung und die Probleme zunehmender Verstädterung. Zu Beginn war er ein ziemlich strenger Nazi und sogar mit Gauleiter Koch bekannt. Er war aber auch etwas anderes, er war ein Menschenfischer. Er hat auch mich gefischt. Und Klausing wohl auch.

Hat Schulenburg gezweifelt?
Nein.

War er unvorsichtig?
Er hat immer gesagt, die Leute sollten nur so viel wissen, wie es für ihre Aufgabe notwendig ist.

Kannte Schulenburg Ihren Vater?
Ich habe sie mal zusammengebracht. Aber das Gespräch war nicht sehr ertragreich.

Was waren aus Ihrer Sicht Hemmnisse für den Widerstand?

Der Eid auf Hitler und der Satz: Ich muss Rücksicht auf meine Familie nehmen. Beides war nicht zu widerlegen. Bei beiden konnte man nicht wissen, wie wichtig das dem Gegenüber war. Und dann war da immer die Frage: Steht eigentlich die Bevölkerung hinter uns?

Was war Ihre ganz persönliche Motivation?

Mich interessierte vor allem das Schicksal der vielen Millionen Menschen. Ich hatte als junger Offizier das Glück, auf unterer militärischer Ebene viele Kriegseinsätze zu überstehen. Die untere Ebene ist wichtig, weil Sie dort eng mit den Leuten zusammenleben, für die Sie zuständig sind. Ich war verantwortlich für das Schicksal dieser Menschen, die mir bedingungslos vertrauten und meine Befehle ausführten. Und dann sehen Sie, wie diese Menschen sterben und verrecken. Ein Bauer, der immer nur traurig war, weil er an seine Felder und seine Familie dachte. Oder der Mensch, der für uns immer gesungen hat, der dann plötzlich mit Bauchschuss dalag und sagte: »Herr Leutnant, jetzt kann ich nicht mehr für Sie singen.« Schrecklich. Dann war ich nach einer Verwundung einige Zeit in Berlin im Einsatz. Dort erlebte ich schwere Bombenangriffe auf die Stadt. Und dann kamen die Meldungen der Verschütteten, dort dreißig, dort zehn. Irgendwo müssen Sie anfangen, diese zu bergen. Wo immer Sie anfangen, das bedeutet, dass Sie für andere zu spät kommen. Und diese Not, die ich gesehen habe, diese Tode – das hat mich bewogen, etwas zu tun. Damit das aufhört, dass diese Millionen Menschen sinnlos sterben.

Im Gegensatz zu vielen anderen sind Sie wieder aus der Haft entlassen worden. Wann war das?

Am 6. Dezember 1944. Das war überraschend für mich. Ich hatte vor meiner Entlassung keinen Prozess. Warum, weiß ich nicht. Man saß in Tegel, und gelegentlich kam während der Freistunde der Vorsteher, da wurden die Häftlingsnummern aufgerufen, und diejenigen erhielten dann ihre Anklageschriften. Das war aber nicht immer so. Da lief vieles oft auch irrational ab.

Wie ist Ihre Freilassung begründet worden?

Ich wurde vor der Entlassung zu dem Kriminalrat gebracht, den ich schon erwähnt habe. Und der sagte zu mir: »Manche Leute glauben, sie sind frei, aber die sind nur unter der ›Käseglocke‹. Und Ihren Freund Hammerstein werden wir auch bald haben. Ich bringe Sie runter zur Straße.« Dort fragte er mich, was ich nun tun würde. Ich druckste etwas rum. Er sagte: »An Ihrer Stelle würde ich zur Front gehen.« Ich erwiderte: »Das würde ich ja tun, aber der Führer hat mich ja aus der Wehrmacht ausgeschlossen.« Er wieder: »Ich würde das trotzdem tun. Und zwar sofort. Machen Sie es gut!«

Er hat mich also indirekt davor gewarnt, Ludwig von Hammerstein zu suchen, und ihn und mich dadurch gerettet. Hammerstein war am 20. Juli aus dem Bendlerblock entkommen und untergetaucht. Er hatte sich einen falschen Pass machen lassen, mit einem Foto mit Bart, die Fälscherin war aber aufgeflogen. Mir hatte man das Bart-Foto bei den Vernehmungen vorgelegt, aber ich hatte so getan, als würde ich ihn nicht erkennen. Nun dachte man vielleicht, ich würde nach meiner Entlassung Verbindung mit dem Gesuchten aufnehmen.

Ich hatte einen Bekannten in Berlin aus meiner Einheit, Oberstleutnant Viktor von Schweinitz, der im Generalstab der Heeresgruppe C in Italien tätig war. Der wollte im Widerstand nicht offen mitmachen, er zweifelte am Erfolg. Ich bin aber zu ihm hin, und er hat mir Papiere ausstellen lassen, Marschpapiere nach Italien und zwei Fahrscheine, einen an die Adria und einen ans Ligurische Meer. Damit bin ich bis zum Schluss immer hin- und hergefahren, bis der Krieg zu Ende war. Ich war nie bei einer Truppe, sondern immer nur unterwegs. Schweinitz hat das später in der Bundesrepublik nie für sich genutzt. Er hat immer gesagt, er war kein Held. Er hat die Hilfe für mich sogar lange abgestritten.

Haben Sie nach dem Krieg Kontakt zu den Familien der anderen Widerstandskämpfer gesucht?

Man kannte sich.

Haben Sie nach dem Krieg Anfeindungen wegen Ihrer Teilnahme am Attentat auf Hitler erlebt?

Nie.

Sie haben 1962 die Münchener Wehrkundetagung gegründet, aus der

später die Münchener Sicherheitskonferenz wurde. Einmal im Jahr treffen Militärs und Politiker aus aller Welt zum Austausch zusammen. **Inwieweit hat das mit den Erfahrungen im Widerstand zu tun?**

Es geht mir um das Verhältnis zum Krieg. Ich habe gesehen, dass die Politiker kaum Zeit für solche Debatten haben, dass sie eingezwängt sind, auch in parteipolitische Vorgaben. Aber wenn man mit den Leuten einzeln sprach, merkte man schon, dass es Brücken zwischen den Lagern gab. Das wollte ich ausnutzen mit der Konferenz. Es ist dumm zu sagen, in einer Demokratie kann man nichts machen, außer alle paar Jahre zur Wahl zu gehen. Man kann sehr wohl etwas machen. Den Politikern eine Hilfestellung geben. Mit der Erkenntnis, etwas präventiv machen zu können und eine Gesprächsebene zwischen Menschen zu schaffen, die sonst nicht so leicht zueinandergefunden hätten. Die Konferenz war somit ein mächtiges informelles Gremium während des Kalten Krieges. Nach dem Zusammenbruch des Ostblocks habe ich sofort das Motto ausgerufen: Kooperation statt Konfrontation und Siegerposen.

Danksagung

Ein Porträtband wie dieser kann nur entstehen durch die Zusammenarbeit und die Unterstützung vieler Menschen. Wir Autoren möchten uns in erster Linie bedanken bei den Angehörigen und Freunden der Porträtierten, die bereit waren, ihre oft schmerzhaften Erinnerungen mit uns zu teilen und uns Zugang zu sehr privaten Unterlagen zu gewähren. Es waren dies Ewald-Heinrich von Kleist (†), Peter Kraske, Friedrich Wilhelm Strippel und Richard von Weizsäcker (†) (**Klausing**); Barbara Fellgiebel, Katrin Potel, Susanne Potel, Dörte Wermescher (**Fellgiebel**); Ursula Gräfin zu Dohna, Lothar Graf zu Dohna (**Dohna**); Andreas Graf von Bernstorff, Annelies Gräfin von Bernstorff, Hartwig Graf von Bernstorff, Johann-Hartwig Graf von Bernstorff, Stefan Schulz-Dornburg (**Bernstorff**); Uta von Aretin, Rüdiger von Voss (**Oven**); Ingrid Simonsen, Torsten Simonsen, Philipp von Boeselager (†) (**Oertzen**); Dorothea-Marion Freifrau von Plettenberg, Karl-Wilhelm Freiherr von Plettenberg (**Plettenberg**); Georg Schulze-Büttger, Jobst Schulze-Büttger (**Schulze-Büttger**); Hubertus Freiherr von Breidbach-Bürresheim, Huberta Riederer von Paar (**Breidbach-Bürresheim**).

Bedanken möchten wir uns weiterhin bei den Historikern und Widerstands-Experten, die sich zum Teil intensiv mit einzelnen hier vorgestellten Verschwörern beschäftigt haben und die uns im kollegialen, fachlichen Austausch eine große Hilfe waren. Dies waren vor allem Prof. Johannes Tuchel und Dr. Ekkehard Klausa von der Gedenkstätte Deutscher Widerstand, dazu Rainer Blasius, Maria Frisé, Dr. Winfried Meyer, Prälat Prof. Helmut Moll, Prof. Reinhard Neebe, Prof. Eberhard Schmidt. Wertvolle Anregungen und umfassenden Zugang zu den von ihm gesammelten Quellen zu Gisevius gab der Publizist Peter Kamber. Unterlagen für das Buch steuerten bei: Dr. Frank Böttcher und Dr. Uwe Wieben.

Ein besonderer Dank gilt Sven Felix Kellerhoff, der mit gewohnter Sorgfalt und dem nötigen kritischen Blick die Arbeit begleitet hat, Unterstützung kam auch von Johannes Wiedemann. Bei den Recherchen in Washington half Ansgar Graw. Danken möchten wir Jan-Eric Peters, Chefredakteur der *Welt*-Gruppe, der im Juli 2012 in der Tageszeitung *Die Welt* den Autoren eine viel beachtete fünfteilige Serie zum Widerstand des 20. Juli ermöglichte. Die Porträts der Serie sind in erweiterter Form mit in dieses Buch eingeflossen.

Auf Seiten des Verlags Hanser Berlin bedanken wir uns insbesondere bei Elisabeth Ruge und dem Lektor Ludger Ikas für ihre Begeisterung für das Projekt.

Anmerkungen

Friedrich Karl Klausing
1 Hinweis und Dokument von Peter Kraske.
2 Abgedruckt in A. Leber, *Der Ruf der Freiheit*, S. 16.
3 Zitiert nach Mišková, *Die Deutsche (Karls-)Universität vom Münchener Abkommen bis zum Ende des Zweiten Weltkrieges*, S. 212.
4 Ebenda, S. 213.
5 Ebenda, S. 213.
6 Informationen von Kraske und Strippel.

Heinrich Graf zu Dohna-Tolksdorf
1 Vgl. Lothar Graf zu Dohna, *Vom Kirchenkampf zum Widerstand*, S. 871.
2 Zitiert nach Szepansky, *Frauen leisten Widerstand 1933–1945*, S. 50 f.
3 Zitiert nach Fabian Graf zu Dohna, *Kurzer Abriss des Kirchenkampfes in Ostpreußen 1933–1945*.
4 Aus A. Leber, *Das Gewissen steht auf*, S. 394.
5 Aus Moltke, *Briefe an Freya*, S. 526.
6 Aus den Prozessakten, zitiert nach Bengt von zur Mühlen (Hrsg.), *Die Angeklagten des 20. Juli*, S. 263

Margarethe von Oven
1 Seehafer, Interview mit Margarethe von Oven.
2 Ueberschär, *Stauffenberg und das Attentat vom 20. Juli*, S. 29.
3 Hoffmann, *Widerstand, Staatsstreich, Attentat*, S. 369; Ueberschär, a. a. O., S. 30 f.
4 Weizsäcker, Brief an Reinhild Gräfin von Hardenberg.
5 Seehafer, a. a. O.
6 Meding, *Mit dem Mut des Herzens*, S. 103.
7 Ebenda, S. 108.
8 Mündliche Auskunft von Rüdiger von Voss, 2012.
9 Hoffmann, a. a. O., S. 370.
10 Ebenda, S. 379.
11 Meding, a. a. O., S. 104; Weizsäcker, a. a. O.; Hoffmann, a. a. O., S. 369.
12 Mündliche Auskunft von Hans Günter Grauer, 2012.
13 Ebenda; Weizsäcker, a. a. O.
14 Grauer, a. a. O.
15 Enzensberger, *Hammerstein und der Eigensinn*, S. 204.

16 Meding, a.a.O., S. 105.
17 Ebenda, S. 106.
18 Weizsäcker, a.a.O., S. 12.
19 Ebenda.
20 Meding, a.a.O., S. 109.
21 Ebenda, S. 110.
22 Ebenda, S. 115.
23 von Oven, Ein Schutzengel einmal anders; Meding, a.a.O., S. 108f.
24 Meding, a.a.O., S. 119.
25 Ebenda, S. 116.
26 v. Aretin, *Die Enkel des 20. Juli.*

Georg Schulze-Büttger
 1 Zitiert nach Schlabrendorff, *Begegnungen in fünf Jahrzehnten*, S. 239.
 2 Zitiert nach Hoffmann, *Stauffenbergs Freund*, S. 56.
 3 Schlabrendorff, a.a.O., S. 240.

Hans Bernd Gisevius
 1 Aus: Bericht über den Staatsstreich vom 20. Juli, Office of Strategic Services (OSS) Washington, D.C., 1. Februar 1945. In: Bengt von zur Mühlen, *Die Angeklagten des 20. Juli*, S. 352 ff.
 2 Aus: Ebenda, S. 352–354.
 3 Sträßer: »Hans Bernd Gisevius«, S. 56 ff.
 4 Berlin 2010 – in diesem historischen Roman ist Gisevius eine der Schlüsselfiguren.
 5 *Spiegel* Nr. 18/1960.
 6 Zitiert nach Sträßer, a.a.O., S. 57.
 7 Dazu Sträßer, a.a.O., S. 57. Kamber in den ausführlichen Anmerkungen zu seinem Buch unter dem Stichwort: Gisevius auf dem »rechtsradikalen Flügel« der »Deutschnationalen Volkspartei«.
 8 Zitiert nach Sträßer, a.a.O., S. 59.
 9 Ebenda, S. 58.
10 Erstveröffentlichung Zürich 1963. Eine deutlich kritischere Analyse zur Doppelrolle Nebes bringt Walter Kiess: *Der Doppelspieler. Reichskriminaldirektor Arthur Nebe zwischen Kriegsverbrechen und Opposition,* Stuttgart 2011.
11 Sträßer, a.a.O., S. 61.
12 Aus Dulles, *Verschwörung in Deutschland*, S. 163.
13 Ebenda.
14 Vgl. dazu Costigliola, *Roosevelts Lost Alliances.*
15 Zitiert nach Sträßer, a.a.O., S. 64.
16 Dulles, a.a.O., S. 42.
17 Ebenda, S. 169–171.
18 Aus *Archiv für Zeitgeschichte* NL Gisevius I.4.5.1, Manuskript für Allen Dulles.
19 1. Auflage Hamburg 1946, Bd. 2, S. 245 ff.
20 Ebenda, S. 264.
21 Ebenda, S. 294.
22 Ebenda, S. 299.
23 Ebenda, S. 302.

24 Ebenda, S. 335 f.
25 Ebenda, S. 339.
26 Ebenda, S. 353.
27 Pommer, *Aerogramm an Lexi im Elysium*, S. 51.
28 Ebenda, S. 62.
29 Ebenda, S. 5.

Quellen und Literatur

Benutzte Archive

Archiv für Zeitgeschichte an der ETH Zürich
Bundesarchiv Berlin
Bundesarchiv-Militärarchiv Freiburg i. Br.
Digitales Archiv Marburg
document center Berlin
Gedenkstätte Deutscher Widerstand
Infopool der Axel Springer AG
National Archives and Records Administration, Washington
Privatarchiv der Familie v. Bernstorff
Privatarchiv der Familie v. Breidbach-Bürresheim
Privatarchiv der Familie zu Dohna
Privatarchiv der Familie v. Plettenberg
Privatarchiv Familie Schulze-Büttger
Privatarchiv Ingrid Simonsen
Privatsammlung der Autoren

Befragte Zeitzeugen/Angehörige/Freunde

Uta von Aretin
Andreas Graf von Bernstorff
Annelies Gräfin von Bernstorff
Hartwig Graf von Bernstorff
Johann-Hartwig Graf von Bernstorff
Philipp von Boeselager (†)
Hubertus Freiherr von Breidbach-Bürresheim
Ursula Gräfin zu Dohna
Lothar Graf zu Dohna
Stefan Schulz-Dornburg
Barbara Fellgiebel
Hans Günter Grauer
Ewald-Heinrich von Kleist (†)
Peter Kraske
Dorothea-Marion von Plettenberg
Karl-Wilhelm Freiherr von Plettenberg
Katrin Potel

Susanne Potel
Huberta Riederer von Paar
Georg Schulze-Büttger
Jobst Schulze-Büttger
Ingrid Simonsen
Torsten Simonsen
Rüdiger von Tresckow (†)
Rüdiger von Voss
Richard von Weizsäcker
Dörte Wermescher

Unveröffentlichtes/Privatdrucke

Bernstorff, Werner Graf von: Die Herren und Grafen von Bernstorff. Eine Familiengeschichte, o. O. u. J.

Breidbach-Bürresheim, Hubert Freiherr von: »Von der Postkutsche zur fliegenden Festung«, Schloss Fronberg 1955.

Buchenhagen 1885–1912 (Fellgiebel).

Dohna, Fabian Graf zu: Kurzer Abriss des Kirchenkampfes in Ostpreußen 1933–1945, Privatmanuskript, o. O. u. J.

Dohna, Ursula Gräfin zu: Erinnerungen, Privatmanuskript, o. O. u. J.

Eisenbart, Constanze: Interview mit Gundalena von Weizsäcker, unveröffentlichtes Manuskript 1995.

Falkenhausen, Gotthard Freiherr von: Erinnerungen an den Widerstand, Manuskript, Privatarchiv Bettina Freifrau v. Falkenhausen, o. O. u. J.

Fellgiebel-Schering: Großmutters Aufzeichnungen aus dem Jahr 1978, o. O. u. J.

Fellgiebel: Kleine Chronik der Tage vom 27.1. bis 6.2.1945, o. O. u. J.

German Embasy/German historical Institute London: In Memory of Count Albrecht von Bernstorff, Memorial Lecture held at the German Historical Institute London, Thursday, 3 December 1992, Bonn, 1995

Iwand, Hans Joachim: Über Heinrich Graf zu Dohna, Manuskript im Institut für Zeitgeschichte, München, o. O. u. J. (Buchprojekt von Ricarda Huch).

Kraske, Peter: Privatarchiv über Friedrich Karl Klausing.

Marion Gräfin Dönhoff: Kurt Freiherr von Plettenberg, Briefe 1928–1945, o. O. 2009.

Oven, Margarethe von: Ein Schutzengel einmal anders, unveröffentlichtes Manuskript, o. O. u. J.

Pommer, Charlotte: Aerogramm an Lexi im Elysium, unveröffentlichtes Manuskript, o. O. u. J.

Praun, Albert: Soldat in der Telegraphen- und Nachrichtentruppe, Würzburg o. J.

Reventlow, Elisabeth von (Hrsg.): Albrecht Bernstorff zum Gedächtnis, Altenhof 1952.

Roloff, Michael: Erinnerungen, Privatmanuskript, o. O. u. J.

Schilling v. Canstatt, F.-W.: Über den Widerstand gegen Hitler. Referat im »Ruhrinstitut« Essen am 4. Mai 1984, Manuskript.

Schulze-Büttger, Georg: Tagebuch 1923 (Original im Familienarchiv).

Schulze-Büttger, Georg: Abschiedsbrief (Original im Familienarchiv).

Schulze-Büttger, Georg: Meine Kindheit 1936–1946, unveröffentlichtes Manuskript, o. O. 2011.

Seehafer, Kurt: Interview mit Margarethe von Oven, unveröffentlichtes Manuskript 1988.

Strippel, Friedrich Wilhelm: Privatarchiv über Friedrich Karl Klausing.

Tuchel, Johannes: Zur Festnahme, Haft und Enteignung von Albrecht Graf Bernstorff 1943–1945 (Gutachten), Berlin 1991.

Ufer, Ernst: Männer im Feuerofen. Tageserlebnisse eines Kriegspfarrers 1939–1945, Manuskript o. O. u. J.

Weizsäcker, Gundalena von: Brief an Reinhild Gräfin von Hardenberg, Privatarchiv, o. O. 1998

Quellen

Boeselager, Philipp Freiherr von: »Der Widerstand in der Heeresgruppe Mitte«, in: *Beiträge zum Widerstand 1933–1945*, Heft 40, Berlin 1990.

Boeselager, Philipp von: *Wir wollten Hitler töten. Ein letzter Zeuge des 20. Juli erinnert sich*, München 2011.

Bundeszentrale für Heimatdienst Bonn (Hrsg.): *20. Juli 1944. Ein Drama des Gewissens und der Geschichte. Dokumente und Berichte*, Freiburg im Breisgau 1961.

Bussche, Axel Freiherr von dem: Zur Erinnerung an Kurt v. Plettenberg. Gedenkrede aus Anlass einer Gedenktafel am Geburtshaus durch die Stadt Bückeburg, Bückeburg 1985.

Dönhoff, Marion Gräfin: *Zeichen ihrer Zeit. Ein Lesebuch*, Zürich 2012.

Dies.: Erinnerungen an Kurt Plettenberg. Gedenkrede aus Anlass einer Gedenktafel am Geburtshaus durch die Stadt Bückeburg, Bückeburg 1985.

Dohna-Schlobitten, Alexander Fürst zu: *Erinnerungen eines alten Ostpreußen* (Sonderausgabe), Berlin 2000.

Dohna, Lothar Graf zu: Vom Kirchenkampf zum Widerstand, in: *Deutschland und Europa in der Neuzeit, Festschrift für von Aretin*, Stuttgart 1988.

Duff, Shiela Grant: *Fünf Jahre bis zum Krieg (1934–1939). Eine Engländerin im Widerstand gegen Hitler*, München 1978.

Gisevius, Hans Bernd: *Bis zum bitteren Ende. Bericht eines Augenzeugen aus den Machtzentren des Dritten Reiches*, Bd. 1 und 2, Hamburg 1947, Neuauflage 1963 ff.

Godin, Hans von: *Strafjustiz in rechtloser Zeit. Mein Ringen um Menschenleben in Berlin 1943–45*, Berlin 1990.

Grabner, Sigrid und Röder Hendrik (Hrsg.): *Henning von Tresckow. Ich bin, der ich war*, Berlin 2001.

Hammerstein-Equord, Kunrat Freiherr von: *Spähtrupp*, Stuttgart 1963.

Hardenberg, Reinhild Gräfin von: *Auf immer neuen Wegen. Erinnerungen an Neuhardenberg und den Widerstand gegen den Nationalsozialismus*, 2. Auflage, Berlin 2005.

John, Otto: »*Falsch und zu spät*«. Der 20. Juli 1944, Berlin 1989.

Kosthorst, Erich: *Die Geburt der Tragödie aus dem Geist des Gehorsams. Deutschlands Generäle und Hitler – Erfahrungen und Reflexionen eines Frontoffiziers*, Bonn 1998.

Müller, Josef: *Bis zur letzten Konsequenz. Ein Leben für Frieden und Freiheit*, München 1975.

Röhricht, Edgar: *Pflicht und Gewissen. Erinnerungen eines deutschen Generals 1932 bis 1944*, Stuttgart 1965.

Rohe, Georgia van der: *La donna è mobile. Mein bedingungsloses Leben*, Berlin 2002.

Schlabrendorff, Fabian von: *Begegnungen in fünf Jahrzehnten*, Tübingen 1979.

Ders.: *Offiziere gegen Hitler*. Herausgegeben von Gero von Gaevernitz, Zürich 1946.

Schulz, Alfons: *Drei Jahre in der Nachrichtenzentrale des Führerhauptquartiers*, 2. erw. Auflage, Stein am Rhein 1997.

Wildhagen, Karl Heinz (Hrsg.): *Erich Fellgiebel. Meister operativer Nachrichtenverbindungen. Ein Beitrag zur Geschichte der Nachrichtentruppe*, Wenningsen 1970.

Winnig, August: *Aus zwanzig Jahren*, Hamburg 1949.

Literatur

Achmann, Klaus und Hartmut Bühl (Hrsg.): *20. Juli. Lebensbilder aus dem militärischen Widerstand*, Hamburg 1999.

Aretin, Felicitas von: *Die Enkel des 20. Juli 1944*, Leipzig 2004.

Bormann, Cornelius: *Polen – Unser Nachbar. Der Adler mit der Frau im Herzen*, Teetz 2004.

Brakelmann, Günter: *Peter Yorck von Wartenburg 1904–1944. Eine Biographie*, München 2012.

Conze, Eckart: *Von deutschem Adel. Die Grafen von Bernstorff im zwanzigsten Jahrhundert*, Stuttgart und München 2000.

Costigliola, Frank: *Roosevelts Lost Alliances*, Princeton 2011.

Diestelkamp, Bernhard und Michael Stolleis: *Juristen an der Universität Frankfurt am Main*, Baden-Baden 1989.

Dulles, Allen Welsh: *Verschwörung in Deutschland*, Kassel 1948.

Dulles, Allen Welsh und Gero von S. Gaevernitz: *Unternehmen »Sunrise«. Die geheime Geschichte des Kriegsendes in Italien*, Düsseldorf und Wien 1967.

Enzensberger, Hans Magnus: *Hammerstein oder der Eigensinn*, Frankfurt am Main 2008.

Europäische Publikation e. V. (Hrsg.): *Die Vollmacht des Gewissens*, München 1956.

Finker, Kurt: *Graf Moltke und der Kreisauer Kreis*, Berlin 1980.

Fraenkel, Heinrich und Roger Manvell: *Der 20. Juli*, Berlin 1964.

Gisevius, Hans Bernd: *Wo ist Nebe? Erinnerungen an Hitlers Reichskriminaldirektor*, Zürich 1966.

Glettler, Monika und Alena Mišková: *Prager Professoren 1938–1948*, Essen 2001.

Hansen, Knut: *Albrecht Graf von Bernstorff. Diplomat und Bankier zwischen Kaiserreich und Nationalsozialismus*, Frankfurt am Main 1996.

Hettler, Friedrich Hermann: *Josef Müller (»Ochsensepp«). Mann des Widerstands und erster CSU-Vorsitzender*, München 1991.

Hoffmann, Peter: *Stauffenbergs Freund. Die tragische Geschichte des Widerstandskämpfers Joachim Kuhn*, München 2007.

Ders.: *Claus Schenk Graf von Stauffenberg und seine Brüder*, Stuttgart 1992.

Ders.: *Widerstand, Staatsstreich, Attentat. Der Kampf der Opposition gegen Hitler*, München 1969.

Hürter, Johannes: »Auf dem Weg zur Militäropposition. Tresckow, Gersdorff, der Vernichtungskrieg und der Judenmord«, in: *Vierteljahrsheft für Zeitgeschichte*, Heft 3/2004, S. 527–562.

Jacobsen, Hans-Adolf (Hrsg.): *Spiegelbild einer Verschwörung. Opposition gegen*

Hitler und der Staatsstreich vom 20. Juli 1944 in der SD-Berichterstattung, Bd. 1 und 2, Stuttgart 1989.

John, Antonius: *Philipp von Boeselager. Freiherr, Verschwörer, Demokrat*, Bonn 1994.

Jonas, W. Klaus: *Der Kronprinz Wilhelm*, Frankfurt am Main 1962.

Kageneck, August Graf von: *Zwischen Eid und Gewissen. Roland von Hößlin. Ein deutscher Offizier*, Berlin und Frankfurt am Main 1991.

Kamber, Peter: *Geheime Agentin*, Berlin 2010.

Keil, Lars-Broder: *Hans-Ulrich von Oertzen. Offizier und Widerstandskämpfer. Ein Lebensbild in Briefen und Erinnerungen*, Berlin 2005.

Keil, Lars-Broder und Sven Felix Kellerhoff: *Gerüchte machen Geschichte. Folgenreiche Falschmeldungen im 20. Jahrhundert*, Berlin 2006.

Kellerhoff, Sven Felix: *Berlin im Krieg. Eine Generation erinnert sich*, Berlin 2011.

Ders.: *Attentäter. Mit einer Kugel die Welt verändern*, Köln 2003.

Kershaw, Ian: *Hitler 1936–1945*, Stuttgart 2000.

Kiess, Walter: *Der Doppelspieler. Reichskriminaldirektor Arthur Nebe zwischen Kriegsverbrechen und Opposition*, Gatzanis, Stuttgart 2011.

Klemperer, Klemens von, Syring, Enrico und Rainer Zitelmann (Hrsg.): *Für Deutschland. Die Männer des 20. Juli*, Berlin 1993.

Klemperer, Klemens von: *Die verlassenen Verschwörer. Der deutsche Widerstand auf der Suche nach Verbündeten 1938–1945*, Berlin 1994.

Krebs, Albert: *Fritz-Dietlof Graf von der Schulenburg. Zwischen Staatsraison und Hochverrat*, Hamburg 1964.

Kuropka, Joachim (Hrsg.): *Grenzen des katholischen Milieus. Stabilität und Gefährdung katholischer Milieus in der Endphase der Weimarer Republik und der NS-Zeit*, Münster 2013.

Lang, Jochen von: *Der Adjutant*, München und Berlin 1985.

Leber, Annedore und Freya Gräfin von Moltke: *Für und Wider. Entscheidungen in Deutschland 1918–1945*, Frankfurt am Main 1961.

Leber, Annedore: *Das Gewissen steht auf. Lebensbilder aus dem deutschen Widerstand 1933–45*, Ludwigsburg 1984.

Meding, Dorothee von: *Mit dem Mut des Herzens. Die Frauen des 20. Juli*, Berlin 1992.

Meyer, Winfried (Hrsg.): *Verschwörer im KZ. Hans von Dohnanyi und die Häftlinge des 20. Juli 1944 im KZ Sachsenhausen*, Berlin 1999.

Miškovà, Alena: *Die deutsche (Karls-)Universität vom Münchener Abkommen bis zum Ende des Zweiten Weltkrieges*, Prag 2005.

Moll, Helmut (Hrsg.): *Zeugen für Christus. Das deutsche Martyrium des 20. Jahrhunderts*, herausgegeben im Auftrag der Deutschen Bischofskonferenz (2., durchges. Auflage), Paderborn 2000.

Moltke, Helmuth Caspar von und Ulrike von Moltke (Hrsg.): *Helmuth James und Freya Moltke. Abschiedsbriefe Gefängnis Tegel. September 1944–Januar 1945*, München 2011.

Moltke, Helmuth James von: *Briefe an Freya 1939–1945*, hrsg. von Beate Ruhm von Oppen, München 1988.

Mühlen, Bengt von zur (Hrsg.): *Die Angeklagten des 20. Juli vor dem Volksgerichtshof*, Berlin-Kleinmachnow 2001.

Müller, Christian: *Oberst i. G. Stauffenberg*, Düsseldorf 1971.

Müller, Klaus-Jürgen: *Generaloberst Ludwig Beck. Eine Biographie*, Paderborn 2008.

Ders.: »20. Juli. Der Entschluss zum Staatsstreich«, in: *Beiträge zum Widerstand 1933–1945*, Heft 27, Berlin 1989.

Müller, Wolfgang: *Gegen eine neue Dolchstoßlegende. Ein Erlebnisbericht zum 20. Juli 1944*, o. O. 1947.

Nayhauss-Cormons, Mainhardt Graf von: *Zwischen Gehorsam und Gewissen. Richard von Weizsäcker und das Infanterie-Regiment 9*, Bergisch-Gladbach 1994.

Opitz, Eckardt: »Albrecht Graf Bernstorff. Fundamentalopposition gegen Hitler und den Nationalsozialismus«, in: *Politischer Wandel, organisierte Gewalt und nationale Sicherheit. Beiträge zur neueren Geschichte Deutschlands und Frankreichs – Festschrift für Klaus-Jürgen Müller*, München 1995.

Ders.: *Die Bernstorffs. Eine europäische Familie*, Heide 2001.

Ortner, Helmut: *Der Hinrichter. Roland Freisler. Mörder im Dienste Hitlers.* (Neuauflage), Springe 2012.

Ottnad, Bernd (Hrsg.): »Kurt Hahn«, in: *Baden-Württembergische Biographien*, Bd. II, S. 182–187, Stuttgart o. J.

Page, Helena P.: *General Friedrich Olbricht. Ein Mann des 20. Juli*, Bonn 1994.

Parssinen, Terry: *Die vergessene Verschwörung. Hans Oster und der militärische Widerstand gegen Hitler*, München 2008.

Plettenberg, Karl-Wilhelm Freiherr von: »Kurt Freiherr von Plettenberg. Loyalität und Menschlichkeit im Widerstand«, in: *Gegen den Strom. Widerstand und Zivilcourage im Nationalsozialismus in Schaumburg*, herausgegeben von der Schaumburger Landschaft, Bielefeld 2005.

Rauch, Andreas M.: *Ein Offizier gegen Hitler. Oberleutnant Dr. Randolph von Breidbach-Bürresheim*, Baden-Baden 2007.

Ringshausen, Gerhard: *Hans-Alexander von Voss. Generalstabsoffizier im Widerstand 1907–1944*, Berlin 2008.

Ders.: »Hans-Alexander von Voß (1907–1944). Offizier im Widerstand«, in: *Vierteljahrshefte für Zeitgeschichte*, Heft 3/2004, S. 361–407.

Rüthers, Bernd: »Spiegelbild einer Verschwörung? Zwei Abschiedsbriefe zum 20. Juli 1944«, in: *Juristenzeitung* 14, 60. Jahrgang 2005.

Scheurig, Bodo: *Henning von Tresckow. Ein Preuße gegen Hitler*, Berlin 1987.

Schlie, Ulrich: *Kein Friede mit Deutschland. Die geheimen Gespräche im Zweiten Weltkrieg 1939–1941*, München 1994.

Schultze, Harald und Andreas Kurschat (Hrsg.): »*Ihr Ende schaut an ...*«. *Evangelische Märtyrer des 20. Jahrhunderts*, Leipzig 2006.

Schwerin, Detlef Graf von: »*Dann sind's die besten Köpfe, die man henkt*«. *Die junge Generation im deutschen Widerstand*, München 1991.

Stadie, Babette (Hrsg.): *Die Macht der Wahrheit. Reinhold Schneiders »Gedenkwort zum 20. Juli« in Reaktionen von Hinterbliebenen des Widerstands*, Berlin 2008.

Steinbach, Peter und Johannes Tuchel (Hrsg.): *Widerstand gegen die nationalsozialistische Diktatur 1933–1945*, Bonn 2004.

Dies.: *Lexikon des Widerstands*, München 2004.

Steinbach, Peter: *Der 20. Juli 1944. Gesichter des Widerstands*, München 2004.

Sträßer, Susanne: »Hans Bernd Gisevius – ein Oppositioneller auf Außenposten«, in: »*Für Deutschland*«. *Die Männer des 20. Juli*, herausgegeben von Klemens von Klemperer u. a., Frankfurt am Main und Berlin 1994.

Stutterheim, Kurt: *Die Majestät des Gewissens. In Memoriam Albrecht von Berns-torff*, Hamburg 1962.

Szepansky, Gerda: *Frauen leisten Widerstand 1933–1945*, Frankfurt am Main 1983.

Thun-Hohenstein, Romedio Galeazzo Graf von: *Der Verschwörer. General Oster und die Militäropposition*, Berlin 1982.

Trott zu Solz, Clarita von: *Adam von Trott zu Solz. Eine Lebensbeschreibung*, Berlin 2009.

Ueberschär, Gerd R.: *Hitlers militärische Elite*, 2. durchges. Auflage, Darmstadt 2001.

Ders.: *Stauffenberg und das Attentat vom 20. Juli 1944*, Frankfurt am Main 2006.

Ders.: »Das Dilemma der deutschen Militäropposition«, in: *Beiträge zum Widerstand 1933–1945*, Heft 32, Berlin 1988.

Vogel, Thomas (Hrsg.): *Aufstand des Gewissens. Militärischer Widerstand gegen Hitler und das NS-Regime 1933 bis 1945*, Hamburg 2000.

Vollmer, Antje: *Doppelleben. Heinrich und Gottliebe von Lehndorff im Widerstand gegen Hitler und von Ribbentrop*, Frankfurt am Main 2010.

Walle, Heinrich (Hrsg.): *Aufstand des Gewissens. Militärischer Widerstand gegen Hitler und das NS-Regime 1933–1945*, Katalog zur Wanderausstellung, heraus-gegeben im Auftrag des Militärgeschichtlichen Forschungsamtes, Herford 1994.

Weizsäcker, Richard von: *Die deutsche Geschichte geht weiter*, Berlin 1983.

Weyhe, Ferdinand von: *A. E. Wassermann. Eine rechtshistorische Fallstudie zur »Arisierung« zweier Privatbanken*, Frankfurt am Main 2007.

Wieben, Uwe: »Albrecht von Bernstorff (1890–1945)«, in: *Persönlichkeiten zwischen Elbe und Schaalsee*, Schwerin 2003.

Wurmeling, Henric L.: *Adam von Trott zu Solz. Schlüsselfigur im Widerstand gegen Hitler*, München 2009.

Zeller, Eberhard: *Geist der Freiheit. Der zwanzigste Juli*, Berlin 1965.

Zuckmayer, Carl: *Memento*, Frankfurt am Main 1969.

Bildnachweis

Weizsäcker
S. 16: picture alliance / dpa (Florian Schuh); S. 24: Landesarchiv Berlin

Klausing
S. 26: Bildarchiv Preußischer Kulturbesitz; S. 31, 33, 41, 42: Archiv Friedrich-Wilhelm Strippel

Fellgiebel
S. 44: Gedenkstätte Deutscher Widerstand, Berlin; S. 49, 51: Familienbesitz;
S. 58: Martin Lengemann, Berlin

Dohna
S. 62, 64, 75: Familienbesitz; S. 78: Gedenkstätte Deutscher Widerstand, Berlin;
S. 67: Christian Burkert, Hannover

Bernstorff
S. 80, 85, 90: Familienbesitz; S. 93, 97: Lars-Broder Keil

Oven
S. 100, 104, 113: Familienbesitz

Oertzen
S. 116, 122, 124, 127, 129: Familienbesitz

Plettenberg
S. 136, 141, 143, 149: Familienbesitz; S. 152: Gedenkstätte Deutscher Widerstand,
Berlin

Schulze-Büttger
S. 154, 163: Gedenkstätte Deutscher Widerstand, Berlin; S. 158, 160, 161, 164, 165:
Familienbesitz

Breidbach-Bürresheim
S. 170, 180: Gedenkstätte Deutscher Widerstand, Berlin; S. 174: Familienbesitz;
S. 182: picture alliance / dpa; S. 188: Lars-Broder Keil

Gisevius
S. 190, 204: picture alliance / dpa; S. 193, 197: Archiv Peter Kamber

Kleist
S. 220: Dominik Gigler, München

Personenregister